쉬어가는
인생 이야기 수행 편

쉬어가는 인생 이야기 - 수행 편

발행일	2021년 8월 12일		
지은이	남일희		
펴낸이	손형국		
펴낸곳	(주)북랩		
편집인	선일영	편집	정두철, 배진용, 김현아, 박준
디자인	이현수, 한수희, 김윤주, 허지혜	제작	박기성, 황동현, 구성우, 권태련
마케팅	김회란, 박진관		
출판등록	2004. 12. 1(제2012-000051호)		
주소	서울특별시 금천구 가산디지털 1로 168, 우림라이온스밸리 B동 B113~114호, C동 B101호		
홈페이지	www.book.co.kr		
전화번호	(02)2026-5777	팩스	(02)2026-5747
ISBN	979-11-6539-914-6 04220 (종이책)		979-11-6539-915-3 05220 (전자책)
	979-11-6539-913-9 04220 (세트)		

잘못된 책은 구입한 곳에서 교환해드립니다.
이 책은 저작권법에 따라 보호받는 저작물이므로 무단 전재와 복제를 금합니다.

(주)북랩 성공출판의 파트너

북랩 홈페이지와 패밀리 사이트에서 다양한 출판 솔루션을 만나 보세요!

홈페이지 book.co.kr • **블로그** blog.naver.com/essaybook • **출판문의** book@book.co.kr

---

작가 연락처 문의 ▶ ask.book.co.kr

작가 연락처는 개인정보이므로 북랩에서 알려드릴 수 없습니다.

붓다가·들려주는·행복·여행

쉬어가는
인생 이야기 수행편

남일희 지음

북랩 book Lab

목차

[인생 편]

들어가는 말

I. 달려가는 인생

1. 인간관계는 삶을 지속시키는 것
    가. 인도의 신분 계급과 평등사상
    나. 같이 가면 좋은 친구
    다. 배우자의 일곱 구분
    라. 기름과 물, 우유와 물의 관계

2. 마음은 빠르게 변화하는 것
    가. 마음의 빠른 변화
    나. 종기, 번개 및 금강과 같은 마음
    다. 몸의 치장과 마음의 치장
    라. 호수와 마음의 청정

3. 구행은 줄여야 하는 것
   가. 구행과 비구름의 경향
   나. 땅, 물감, 횃불 및 가죽과 구행의 특성
   다. 똥, 꽃 및 꿀의 향기가 나오는 말
   라. 거북이의 입을 지키지 못한 파멸

4. 불행은 내 마음이 만드는 것
   가. 불행으로 인도하는 열 개의 씨앗
   나. 눈먼 자를 파멸로 이르게 하는 문
   다. 큰 뱀과 뗏목의 활용
   라. 마음의 삼체화와 불행의 발단

5. 욕망은 전도몽상인 것
   가. 뱀, 지렁이와 원숭이의 욕망 습관
   나. 국자의 국 맛과 욕망에 가린 행복
   다. 독수리와 열 가지 욕망의 비유
   라. 까마귀와 탐·진·치의 바다

6. 분노는 엄습하는 것
   가. 불씨와 같은 분노
   나. 눈먼 수행자의 전생
   다. 본부인의 질투
   라. 분노를 먹고 사는 야차

7. 어리석음은 밝지 못한 것
   가. 해와 달의 네 가지 오염
   나. 어리석은 여섯 가지 파멸의 문
   다. 피해야 할 나쁜 친구
   라. 승냥이로 변한 제석천의 충고

II. 돌고 도는 인생

1. 인간 탄생은 신비스러운 것
　　가. 인간의 형성과 탄생
　　나. 인간 유전, 심신 형성 및 전생 기억
　　다. 인간의 존재 이유
　　라. 작지만 큰 존재들

2. 부모님은 은혜로운 존재인 것
　　가. 어린아이의 위험
　　나. 부모님의 은혜
　　다. 늙은 바라문과 부모님의 유산
　　라. 뒤늦은 후회와 그녀의 길

3. 인생은 나그넷길인 것
　　가. 생·노·병·사의 길
　　나. 스승과 두 명의 제자
　　다. 잠 못 이루는 여행자의 길
　　라. 자존감의 형성

4. 인연의 장은 자신이 만든 것
　　가. 활활 타오르는 불의 인연
　　나. 녹자모 강당 안의 보물
　　다. 성패와 보시
　　라. 인연의 장

5. 과보는 업의 창고에서 나온 것
    가. 거위배의 보석
    나. 두려운 과보의 행
    다. 누구도 피할 수 없는 네 가지 과보
    라. 재난과 공덕

6. 생사는 돌고 도는 것
    가. 죽지 않은 집의 흰 겨자씨
    나. 열한 번 윤회한 어린 암퇘지
    다. 삶과 죽음의 삼 요소
    라. 까마귀, 도적과 수행승의 굴레

7. 지옥은 고통이 가득한 것
    가. 염라대왕의 판결과 지옥 세계
    나. 악마 빠삐만의 공격과 굴복
    다. 군인의 잘못된 사랑
    라. 지옥으로 향하는 길

[수행 편]

III. 쉬어가는 인생

1. 우주는 장엄한 것   16
   - 가. 우주의 구성과 조건 / 18
   - 나. 천신과 아수라의 싸움 / 31
   - 다. 천신들의 승리 / 38
   - 라. 제석천이 되는 일곱 가지 서원 / 42
   - 마. 우주의 빅뱅과 인간의 사명 / 47

2. 공덕은 미래의 자산인 것   58
   - 가. 공덕은 깨달음의 토대 / 59
   - 나. 큰 공덕과 작은 공덕 / 63
   - 다. 좋은 밭에 뿌려진 씨앗의 열매 / 68
   - 라. 운명을 바꾸는 예경의 공덕 / 74
   - 마. 가르침은 참다운 이익 / 86

3. 참사람은 드러나는 것   94
   - 가. 참사람의 향기 / 97
   - 나. 참된 보시의 덕목 / 101
   - 다. 회당을 짓게 된 연유 / 107
   - 라. 슬기로운 장로와 어리석은 장로 / 113
   - 마. 참사람이 마음의 밝음을 드러내는 길 / 118

4. 행복은 내 안에 있는 것　　　　　　　　124
　　가. 활과 화살 / 126
　　나. 대지가 진동하는 원인 / 130
　　다. 공덕의 힘으로 받게 되는 선물 / 137
　　라. 맹인과 코끼리 / 144
　　마. 행복의 발판 / 150

IV. 멈춰서 보는 인생

1. 수행 생활은 수승한 것　　　　　　　　158
　　가. 출가와 불교의 유래 / 159
　　나. 개를 잡는 백정 집안의 선행 / 164
　　다. 숯불 구덩이로 다시 들어가려는 싸누 / 168
　　라. 참사람에 대한 예절 / 175
　　마. 남의 허물은 왕겨, 자기의 허물은 얼룩 / 179
　　바. 왕자의 출가 / 182

2. 수행은 마음을 경작하는 것　　　　　　188
　　가. 코끼리의 자유자재 / 190
　　나. 누더기와 깨진 그릇은 스승 / 195
　　다. 삶의 주인이 되는 길 / 200
　　라. 수행의 포살과 재일 / 206
　　마. 마음의 경작 / 210

3. 괴로움은 소멸하는 것   217
   가. 재산의 삼 등분 / 218
   나. 독화살의 치료 시기 / 223
   다. 자애 수행의 공덕 / 228
   라. 코끼리의 발자국과 같은 최상의 법 / 231
   마. 자신의 운명을 바꾸는 방법 / 238

4. 깨달음은 세상을 밝히는 것   246
   가. 두 친구와 해탈의 산 / 248
   나. 청정한 소를 잃은 자의 깨달음 길 / 253
   다. 붓다의 시공간 / 259
   라. 열반의식과 불성 / 265
   마. AI 시대를 향한 깨달음의 길 / 270

나가는 말 - 수행은 인간만의 특권   278

약어   282
참고 문헌   283

III. 쉬어가는 인생

> **인간은 '쉬어가는 인생'을 살아야 합니다.**
>
> 인간이 사는 '우주는 장엄한 것'이며, 이곳에서 쌓은 '공덕은 미래의 자산'이 됩니다. 그리고 이를 통해 '참사람의 성품은 드러나게' 됩니다. 그래서 행복해지기 위해서는 '행복은 내 안에 있는 것'이라는 것을 알아야 합니다. 이처럼 참다운 인생길을 가기 위해서는 지금 달려가며 돌고 도는 인생에서 잠시 쉬면서 '쉬어가는 인생'을 살아야 합니다.

'인생 편'에서 살펴본 바와 같이, 인간은 '달려가는 인생'과 '돌고 도는 인생' 속에서 삶을 살아나가고 있습니다. 그리고 이런 삶 속에서 나타나는 괴로움으로 힘들어합니다. 그러니 이제는 그런 길에서 잠시 내려서 '쉬어가는 인생'과 '멈춰서 보는 인생'을 살아야 합니다. 이를 통해 내가 가고 있는 길이 어떤 길인지, 그 길이 바른길인지, 그리고 바른길을 따라서 잘 가고 있는지 살펴봐야 합니다. 그래서 이제는 달려가는 인생길에서 잠시 쉬면서 주위도 돌아보고, 앞길도 살펴보면서, 인생에 대해 깊이 숙고도 해보고, 지속적인 고찰과 통찰도 해보아야 합니다.

먼저, 내가 가고 있는 길이 바른길인지, 그 길이 내가 원하는 길인지, 또한 방향은 맞게 가고 있는지 살펴봐야 합니다. 이렇게 달려가는 길에서 잠시 내려서 자기가 가고 있는 길을 살펴보는 시간을 가져야 합니다. 두 번째로, 내 주변에 어떤 사람들과 그 길을 같이 가고 있는지도 살펴보시기를 바랍니다. 지금 내가 좋은 선우와 같이 길을 가고 있는지, 그리고 내 주변엔 누가 있는지, 또한 과거에는 누가 있었고 앞으로는 누가 있을지에 대해서 살펴보시기를 바랍니다. 이를 통해 주변에 좋은 선우들을 만들고, 이들과 함께 인생의 바른 길을 가는 것은 중요합니다. 세 번째로, 자신이 가고 있는 인생길에서 미래 생을 위해 내가 무엇을 준비하고 있는지 살펴보시길 바랍니다. 만약에 내가 이번 생을 끝으로 다시는 존재로 사는 삶이 없을 것이라고 확신한다면 상관이 없습니다. 그러나 분명한 것은 지구상에 존재하는 대부분의 존재는 미래 생으로 윤회를 하게 된다는 것입니다. 그러면 내가 몸이 파괴되어 죽은 뒤에는 어떤 세계로 가고 싶은지 살펴보고 이에 대비해야 합니다.

이렇게 미래 생을 대비하는 마음을 갖고 인생을 쉬어가면서 미래 생에 대한 준비를 조금이라도 더 한다면 그에 따른 혜택은 이루 헤아릴 수 없을 만큼 크다는 것을 알아야 합니다. 그래서 참다운 인생길을 가기 위해서는 지금 '달려가는 인생'과 '돌고 도는 인생'에서 잠시 멈추어서 '쉬어가는 인생'을 살아야 합니다. 그래서 본 장에서는 이런 쉬어가는 인생에 대해 살펴보겠습니다.

1. 우주는 장엄한 것

밤하늘에서 밝게 빛나고 있는 별들은 지구로부터 수백만 광년이나 떨어져 있습니다. 그리고 지구는 태양계가 속해 있는 은하계 안에 있습니다. 우리 은하계의 지름은 약 10만 광년에 해당합니다. 이런 은하계의 질량은 안드로메다 성운과 비슷한 태양의 약 1,400억 배라고도 합니다. 그리고 은하계는 1,000억 개 이상의 항성 및 성간 물질 등으로 이루어져 있으며, 그 안에 태양계가 자리 잡고 있습니다. 이런 태양계는 약 2억 5천만 년을 주기로 은하의 중심을 공전합니다. 그리고 지구가 속해 있는 은하계를 1,000여 개 정도 구성한 것이 은하단입니다. 또한 우주에는 800개 이상의 은하단이 있는 것으로 조사되고 있습니다. 이때 어떤 은하단의 질량은 태양의 1,380조 배에 해당한다고도 합니다. 이렇게 우주의 크기와 규모는 상상을 초월할 정도로 거대하며 장엄합니다.

이처럼 우주의 규모는 숫자로는 표현할 수 없을 정도로 어마어마하며, 장엄한 규모입니다. 이런 광활한 우주 속에 인간이 사는 지구가 자리를 잡고 있습니다. 그리고 지구는 태양계에 속해 있으며, 태양을 중심으로 1년마다 한 번씩 공전하고 있습니다.

그런데 태양의 중심부에서는 매초 수조 개의 수소폭탄이 터지고 있습니다. 그리고 이런 태양의 폭발에서 나오는 빛은 지구에 적절한 에너지를 공급해줍니다. 이렇게 태양에서 나오는 빛 온도는 수억 년 동안이나 거의 변함이 없었으며, 이는 지구에 따뜻한 온기를 전달해주고 있습니다.

이런 태양의 빛은 8분 만에 지구에 도착해서 지구에 생명력을 불어넣어줍니다. 그리고 앞으로도 50억 년 이상은 태양이 지속할 것이라고 합니다. 이런 태양의 작용으로 인해 지구는 현재 80억 명의 인간이 살 수 있는 행성의 조건을 갖추게 되었습니다.

이렇게 광활한 우주에서 보면 지구의 크기는 초라할 정도로 작은 규모입니다. 그리고 그곳에 사는 80억 명의 인간은 크기로만 보면 더 초라해 보일 수도 있습니다. 왜냐하면 우주의 규모는 상상을 초월할 정도로 크기 때문입니다. 지구에서 가장 가까운 안드로메다 성운까지의 거리도 약 250만 광년이나 지나야 도달할 수 있는 거리에 해당합니다. 이렇게 우주의 거리를 측정하기 위한 단위 자체가 광년입니다. 빛이 1년에 걸쳐서 갈 수 있는 거리입니다. 이렇게 과학적으로 접근하다 보면 인간의 수 개념으로는 우주의 크기는 헤아릴 수 없을 정도로 크며 장엄하다는 것을 알 수 있습니다. 본 장에서는 이렇게 '우주는 장엄한 것'에 대해 살펴보겠습니다.

가. 우주의 구성과 조건

우주는 욕계, 색계 및 무색계의 삼계로 구성됩니다. 이런 우주의 삼계는 성·주·괴·공하는 변화 속에서 순환하고 있습니다. 그래서 우주는 공에서 출발해서 성장하며 팽창합니다. 그리고 어느 순간이 되면 그 상태에서 머물렀다가, 다시 소멸의 과정을 거쳐 공의 상태로 되돌아갑니다. 이런 삼계의 우주공간에서 존재들은 저마다 자신들이 지은 업에 따라 삼계의 세계를 돌고 돌며 윤회하는 삶을 살게 됩니다.

우주의 현상계를 구성하는 욕계, 색계 및 무색계의 삼계에 대해서 살펴보겠습니다.

먼저, 인간이 사는 욕계가 있습니다. 이런 욕계는 감각적 욕망이 있는 세계입니다. 그리고 욕계는 지옥, 아귀, 축생, 아수라, 인간과 천으로 구성됩니다.

두 번째로, 욕계의 위로 미세한 물질과 정신으로 형성된 색계가 있습니다. 이런 색계는 감각적 욕망이 없으며, 미세한 물질로 구성된 세계입니다. 이는 초선, 이선, 삼선 및 사선이 있으며, 이 세계는 천신들로 구성된 범천의 세계입니다.

세 번째로, 색계의 위로 정신으로만 형성된 무색계가 있습니다. 이런 무색계는 공무변처, 식무변처, 무소유처 및 비상비비상처입니다. 이 세계는 미세한 물질도 없으며, 정신으로만 구성된 범천의 세계입니다.

네 번째로, 색계와 무색계에서도 떠나서 물질도 없고, 의식도 정지된 상수멸정의 상태가 있습니다. 이곳을 유사열반의 상태라고도 합니다. 여기서는 열반의 상태를 경험하기도 합니다. 그래서 여기에 들어갈 때는 나올 때를 미리 정하고 들어갑니다.

마지막으로, 깨달음을 통해 도달하게 되는 열반계인 열반이 있습니다. 이는 대행복이며, 대자유이고, 깨달은 자가 가게 되는 불사의 경지입니다. 이렇게 우주를 형성하는 '삼계의 구성'에 대해 이를 표로 나타내면 다음과 같습니다.

[표 III-1] 삼계의 구성

구분 삼계			삼계의 세부 구성	삼계로 가는 조건
무색계			무소유처, 비상비비상처 공무변처, 식무변처,	선정수행
색계	천상계 (28천)	범천계	정거천: 무번천, 무열천, 선현천, 선견천, 색구경천	
			사선: 무운천, 복생천, 광과천, 무상유정천	
			삼선: 소정천, 무량정천, 편변정천	
			이선: 소광천, 무량광천, 극광천	
			초선: 범중천, 범보천, 대범천	
욕계 (육도)	지상계	천계	천: 사천왕천, 도리천, 야마천, 도솔천, 화락천, 타화자재천	선행 (보시·지계)
		지상계	인간	선행
			아수라	싸움, 분노
			축생	탐·치
			아귀	간탐, 집착
			지옥	악행

이처럼 세상은 욕계, 색계 및 무색계의 삼계로 구성되어 있습니다(전재성 2011: 1531~1533). 그리고 욕계에 태어나는 길에는 여섯 갈래가 있습니다. 여기서 지상계는 인간계, 아수라계, 축생계, 아귀계 및 지옥계를 말합니다. 그리고 천상계는 하늘나라(천계)와 천신의 세계(범천계)로 나뉘게 됩니다.

이런 삼계에 존재로 태어나는 방법에는 태생·난생·습생·화생의 네 종류가 있습니다. 우선 인간은 태생으로 태어납니다. 그리고 하늘 세계(천계)와 천신의 세계(범천계)는 화생으로 태어납니다. 축생은 태생·난생·습생으로 태어납니다. 또한 지옥·아귀·아수라는 화생으로 태어납니다. 이렇게 존재로 태어나는 것에는 네 종류가 있습니다.

이런 태어남은 각각의 세계로 존재가 형성되면 이에 맞추어서 태어납니다. 그래서 마음에 고요함을 간직하는 선정수행을 하면 천신의 세계(범천계)에 태어나며, 보시나 지계와 같은 윤리적인 덕목을 지키며 선행을 하면 하늘나라(천계)에 태어납니다. 그리고 인간계에 나게 되는 선행을 하면 인간으로 태어납니다. 그러나 싸움을 좋아하고 분노가 많으면 아수라의 세계에 태어나며, 탐욕과 어리석음이 많으면 축생의 세계에 태어납니다. 또한 간탐과 집착이 많으면 아귀의 세계에 태어나며 악행과 살생을 저지르면 지옥의 세계에 태어납니다. 이렇게 업에 따라가게 되는 조건이 다릅니다.

이처럼 우주는 장엄하게 구성됩니다. 붓다는 이런 욕계의 육도에서 윤회하는 세계를 뛰어넘어 불생불멸의 세계로 나가는 길을 알려주셨습니다. 그리고 이런 가르침이 2,500여 년이 지난 현재까지도 전해지고 있습니다. 이렇게 인간 삶의 괴로움에서 벗어나는 방법으로 붓다의 가르침을 활용하고 있습니다.

○ 세계의 수명

현재 우주의 나이는 약 135억 년에서 250억 년에 해당합니다. 그리고 지구의 나이는 약 45억 년에 해당하며, 이곳에 생명체가 나타난 것은 약 30억 년 전입니다. 또한 불과 수백만 년 전에 인류가 나타나기 시작해서 최근의 수백 년 동안 인류 문명은 급속한 발전을 이룩합니다. 이렇게 우주의 역사에서 인류가 나타나기 시작한 것은 하루 24시간 중에서도 오후 23시 59분 이후가 됩니다. 이런 우주의 세계는 욕계·색계·무색계의 삼계로 이루어졌습니다. 이때 나타나는 삼계에 있는 세계들의 수명은 모두 다르며, 또한 천상계에 있는 존재의 수명도 계층마다 다릅니다.

그래서 천계에 있는 사천왕천의 수명은 약 9백만 년입니다. 도리천의 수명은 약 36백만 년입니다. 야마천의 수명은 약 144백만 년입니다. 도솔천의 수명은 약 576백만 년입니다. 화락천의 수명은 약 2,304백만 년입니다. 타화자재천의 수명은 약 9,216백만 년입니다. 초선정의 수명은 약 1/3~1겁입니다. 이선정의 수명은 약 2~8겁입니다. 삼선정의 수명은 약 16~64겁입니다. 사선정의 수명은 약 100~500겁입니다. 정거천의 수명은 약 1,000~16,000겁입니다. 무색천의 수명은 약 20,000~84,000겁의 수명을 갖게 됩니다. 이렇게 천상에서는 무량한 기간의 수명을 갖게 되고, 여기서 천신들은 평온한 삶을 영위하고 있습니다. 그런데 지옥, 아귀, 축생, 아수라인 인간 이하의 수명은 결정되어 있지 않습니다. 이곳에서는 업이 해소될 때까지 그에 따른 과보를 받아야 합니다. 그리고 이곳에서의 기간은 상대적인 시간입니다.

그래서 인간이 사는 욕계의 하루에 비해 천상계의 하루의 기간은 다르게 나타납니다. 하늘 세계 중에서 사천왕천은 천상에서의 하루가 인간계에서의 50년에 해당합니다. 도리천에서의 하루는 인간계의 100년에 해당합니다. 야마천에서의 하루는 인간계의 200년에 해당합니다. 도솔천에서의 하루는 인간계의 400년에 해당합니다. 화락천에서의 하루는 인간계의 800년에 해당합니다. 타화자재천에서의 하루는 인간계의 1,000년에 해당합니다(전재성 2011: 1533).

이렇게 천상에서의 하루와 수명은 인간계와는 차원이 다릅니다. 이곳에서의 세월은 시공간을 넘나들며, 과거·현재·미래를 넘나드는 시간 개념입니다. 이렇게 우주는 장엄하며, 그래서 이들의 시간을 인간세계의 시간으로 단순 비교하는 것은 큰 의미가 없습니다. 그리고 이렇게 시공간을 넘나드는 행에 의해 천상에서는 인간계와는 다른 차원의 행복을 누리게 됩니다.

○ 세계의 기원과 형성

세계는 욕계, 색계, 무색계인 삼계로 구성되며, 이는 성·주·괴·공하며 형성과 소멸을 반복합니다. 그런데 이런 세계가 있기 전에는 공의 세계가 있었습니다. 이로부터 세계의 기원이 시작됩니다. 이렇게 세계가 형성될 때는 무색계, 색계, 욕계의 순으로 형성됩니다. 그래서 처음에는 정신으로만 이루어진 세계인 무색계의 범천이 형성됩니다. 다음으로 미세한 물질과 정신으로 이루어진 세계인 색계의 범천이 형성됩니다. 다음으로 인간계를 포함한 욕계의 세상에서 천계가 이루어집니다. 이어서 인간계, 아수라계, 축생계, 아귀계 및 지옥계가 펼쳐집니다. 이렇게 세계의 기원은 이루어집니다. 그리고 소멸 시에는 이와는 반대로 욕계, 색계, 무색계의 순으로 소멸합니다. 이를 통해 공으로 들어가며, 세계의 형성과 소멸이 반복됩니다.

'디가니까야'의 '세계의 기원에 대한 경'을 보면, 사왓티 시의 뿝바라마 승원에 있는 녹자모 강당에서 붓다는 사미인 바쎗타에게 '세계의 기원'에 대한 이야기를 합니다(D. Ⅲ. 84~97). 여기를 보면, 세계의 기원은 공으로부터 시작해서 형성됩니다. 그리고 이런 상태는 유지되다가 어느 시점이 되면 이는 다시 소멸의 과정을 거치게 됩니다. 이렇게 세계는 성·주·괴·공하며, 돌고 도는 순환의 연결선상에 있습니다.

이런 세계의 기원을 살펴보면 다음과 같습니다. 오랜 세월이 지나게 되면 괴멸의 시기를 거쳐서 공의 시기가 오며, 다시 오랜 세월이 흐른 뒤에 이런 공의 시기를 지나서 이제는 세계가 생성되는 시기가 옵니다. 이로부터 세계의 기원이 시작됩니다.

먼저, 이때 대부분의 뭇 삶들은 빛이 흐르는 범천의 세계에 태어납니다. 그들은 거기서 정신으로 이루어진 자로서, 기쁨을 먹고 지내며 스스로 빛을 내고 허공을 날면서 영광스럽게 오랜 세월을 그곳에서 살게 됩니다(범천계).

두 번째로, 오랜 세월이 지나서 땅이 출현하는 시기가 옵니다. 그때 암흑, 칠흑 같은 어둠 속에서 오로지 물의 존재가 있었습니다. 달, 태양, 별, 밤, 낮, 계절, 여자와 남자도 없었습니다. 오랜 세월이 지나 마치 끓인 우유가 식으면 그 위에 엷은 막이 생기는 것처럼, 맛있는 땅 조각이 물 위에 막을 형성하며 나타납니다. 이것은 아름답고 향기로운 맛이 있습니다.

세 번째로, 오랜 세월이 지나서 달과 태양이 출현하는 시기가 옵니다. 땅 조각을 깨어서 먹자, 뭇 삶들은 스스로 빛나던 광명이 사라졌습니다. 이 광명이 사라지자 달과 태양이 나타났습니다. 이어 별자리와 별빛이 나타나기 시작합니다. 그리고 밤과 낮이 생겨나고, 한 달과 보름이 생겨나며, 계절과 일 년이 나타나기 시작합니다. 뭇 삶들은 오랜 세월을 땅 조각을 먹으며 살게 됩니다. 그러자 몸은 거칠어지고, 아름답고 추한 것이 나타나며, 잘생기고 못생긴 것이 나타납니다. 이를 통해 경멸과 오만이 생기기 시작했고, 그러자 맛있는 땅이 사라지고 슬픔이 나타나기 시작합니다(천계).

네 번째로, 오랜 세월이 지나서 균류가 출현하는 시기가 옵니다.

맛있는 땅 조각이 사라지자, 땅 위에 균류가 나타났습니다. 버섯이 생겨나듯 아름답고 향기롭고 맛이 있었습니다. 버터와 같은 색깔, 야생 벌꿀과 같은 맛입니다. 이것을 음식으로 삼아서 오랜 세월을 보냅니다. 그러자 몸은 거칠어지고, 아름답고 추한 것, 잘생기고 못생긴 것이 나타났고, 깔봄, 경멸, 자만 및 오만이 생겨났으며, 그러자 균류는 사라집니다.

다섯 번째로, 오랜 세월이 지나서 바달라따초가 생겨나는 시기가 옵니다. 마치 넝쿨이 생겨나듯 그것은 아름답고 향기롭고 맛이 있었습니다. 이것은 버터와 같은 색깔, 야생 벌꿀과 같은 맛을 갖고 있습니다. 이것을 음식으로 삼아서 오랜 세월을 보냅니다. 그러자 몸은 거칠어집니다. 그리고 아름답고 추한 것, 잘생기고 못생긴 것이 나타났으며, 깔봄, 경멸, 자만 및 오만이 생겨납니다. 그러자 바달라따초가 사라졌습니다.

여섯 번째로, 오랜 세월이 지나서 쌀이 나타나는 시기가 옵니다. 이때는 경작하지 않아도 여문 쌀이 나타나는 시기입니다. 이것은 속겨도 없으며, 왕겨도 없고, 깨끗하고 향기로운 쌀입니다. 그리고 이런 쌀을 저녁에 가져오면 이런 쌀은 아침에 다시 자라나서 성장해 있습니다. 그래서 이것을 음식으로 삼아서 오랜 세월을 보냅니다.

일곱 번째로, 오랜 세월이 지나서 남녀의 특징이 나타나는 시기가 옵니다. 그리고 이렇게 오랜 세월이 지나자, 몸은 거칠어지고 아름답고 추한 것이 나타납니다. 그리고 여자의 특징이 나타나고,

남자의 특징이 나타납니다. 그러자 여자는 남자에게, 남자는 여자에게 몰두하기 시작합니다. 이들은 서로에게 몰두하며, 탐욕이 생기고, 몸이 달아올라 성적인 교섭을 하게 됩니다. 그 당시에는 성적인 교섭을 하면 주변의 사람들이 재를 던지며 쇠똥을 던지고 흙먼지를 던지며 그들을 멸시했습니다(인간계).

여덟 번째로, 오랜 세월이 지나서 성적인 교섭을 하며 생활하는 시기가 옵니다. 그러나 뭇 삶들이 성적인 교섭을 하게 되면, 그들은 한 달이나 두 달간 마을에 들어가지 못했습니다. 그래서 이것을 가리기 위해 집을 짓기 시작합니다. 그리고 이를 위해 한꺼번에 쌀을 수집하기도 합니다. 이렇게 한 번에 이틀치나 사흘치씩 쌀을 축적하면서 먹기 시작하자, 속겨가 흰쌀을 둘러싸게 되고, 왕겨가 흰쌀을 둘러싸게 됩니다. 그렇게 된 후에는 이를 수확하기 위해 베어버리면 쌀은 다시 자라나지 않게 됩니다.

아홉 번째로, 오랜 세월이 지나서 다툼이 일어나는 시기가 옵니다. 그러자 쌀을 둘러싸고 다툼을 하기 시작합니다. 이들은 쌀을 구분하게 됩니다. 그리고 자기들 간의 경계를 설정합니다. 그러자 이제는 어떤 뭇 삶들은 탐욕을 냅니다. 그리고 주지 않은 것을 빼앗아 먹습니다. 두 번째 수확 시에도 그들은 탐욕을 내며, 주지 않은 것을 빼앗아 먹습니다. 세 번째 수확 시에도 그들은 탐욕을 내며, 주지 않은 것을 빼앗아 먹습니다. 이런 행위가 반복되자, 어떤 자는 손으로 때리고 어떤 자는 흙덩이로 때리며 어떤 자는 몽둥이로 때립니다. 이때부터 주지 않은 것을 빼앗으며 서로 비난하고 거짓말하는 것들이 나타납니다. 그러자 이에 대한 처벌이 나타납니다(아수라계).

열 번째로, 오랜 세월이 지나서 왕이 출현하는 시기가 옵니다. 이제 뭇 삶들은 그들 가운데 더 출중하고, 더 보기 좋고, 더 사랑스럽고, 더 능력이 있는 뭇 삶에게 다가가서 '추방해야 할 자를 바르게 추방해주시오, 그러면 우리가 당신에게 쌀을 몫으로 나누어 주겠소'라고 하며 그를 추대합니다. 여기서 왕과 왕족들이 나타납니다.

열한 번째로, 오랜 세월이 지나서 바라문 집단이 나타납니다. 그리고 바라문 집단이 정신적으로 기원하는 시기가 옵니다. 이들은 악하고 불건전한 것들을 제거하고자 합니다. 그러자 이런 것들로부터 바라문 집단이 생겨납니다.

열두 번째로, 오랜 세월이 지나서 노예 집단이 나타납니다. 이제 뭇 삶들 가운데 왕, 왕족 및 바라문 집단이 아닌 나머지 뭇 삶들은 사냥하거나 잡스러운 일을 했습니다. 그러자 이런 것들로부터 노예라는 명칭이 생겨나기 시작합니다.

열세 번째로, 오랜 세월이 지나서 수행자 집단이 나타납니다. 이제 왕족, 바라문, 평민과 노예도 자신의 속성을 경멸하면서 집에서 집 없는 곳으로 수행자가 되리라 하고 출가하게 됩니다. 그들은 진리야말로 현세에서도 내세에서도 사람들 가운데 최상의 것이라는 것을 알게 됩니다. 그러자 이런 것들로부터 수행자 집단이 생겨납니다.

열네 번째로, 악행과 선행이 나타납니다. 이제 왕족, 바라문, 평민, 노예와 수행자도 신·구·의로 악행을 하고 잘못된 견해를 갖게 되며 악업을 짓는다면, 그들의 몸이 파괴되어 죽은 뒤에 나쁜 곳, 비참한 곳, 지옥에 태어납니다. 그리고 왕족, 바라문, 평민, 노예와 수행자도 신·구·의로 선행을 하고 올바른 견해에 따라 선업을 짓는다면, 그들의 몸이 파괴되어 죽은 뒤에 좋은 곳, 하늘나라에 태어납니다. 이렇게 인간보다 하층의 세계가 생겨나면서 삼계가 이루어집니다(축생계, 아귀계, 지옥계).

마지막으로, 깨달음의 기원이 있습니다. 이제 왕족, 바라문, 평민, 노예와 수행자도 신·구·의를 자제하고 일곱 가지 깨달음에 도움이 되는 원리를 닦는다면, 현세에서 완전한 열반에 듭니다. 이렇게 해탈한 거룩한 존재들은 네 가지 계급 가운데 최상이며, 이런 진리야말로 현세에서도 내세에서도 사람들 가운데 최상의 것입니다(열반계).

이렇게 세계는 성·주·괴·공의 순환 속에 있습니다. 그래서 형성의 시기들을 거쳐 세계가 유지되면서 오랜 세월이 흐르게 되면 이 세계는 다시 괴멸하는 시기로 들어가게 됩니다. 그래서 지옥계, 아귀계, 축생계, 아수라계, 인간계 및 천계가 차례대로 소멸하며 뒤이어 색계와 무색계인 범천이 소멸합니다. 이렇게 세계가 괴멸하는 시기를 거쳐 공의 시기로 들어갑니다. 그리고 이를 거쳐 세계가 다시 생성되는 시기가 나타납니다. 이렇게 삼계의 형성은 순환됩니다. 이처럼 세계는 성·주·괴·공하는 순환의 연결고리를 지속합니다. 이런 '순환의 연결고리'를 그림으로 나타내면 다음과 같습니다.

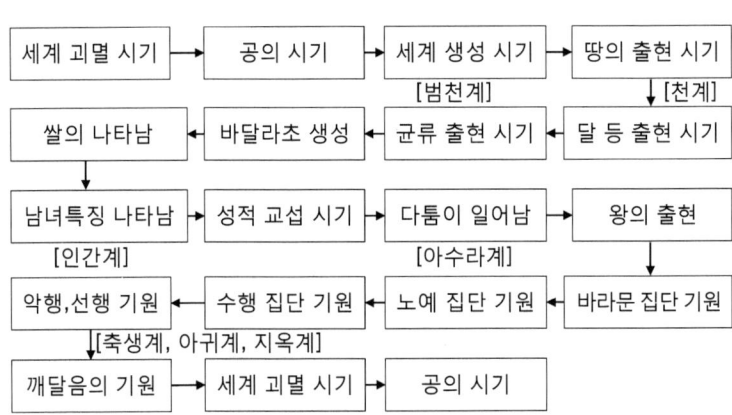

[그림 III-1] 세계의 성·주·괴·공과 순환의 연결고리

 이처럼 이 세상의 존재들은 성·주·괴·공하는 세계 속에서 순환하며, 연기하는 삶을 살고 있습니다. 그래서 현생에서 괴멸하는 시기가 오면 이때는 세계가 욕계, 색계, 무색계의 순서로 괴멸합니다. 그래서 뭇 삶들은 즐거움이 가득한 하늘 세계(천계)를 거쳐, 빛이 흐르는 천신의 세계(범천계)에서 기쁨을 먹으면서 살게 됩니다. 그리고 이들은 빛을 내고, 행복이 가득한 세상을 경험하게 됩니다. 이렇게 존재들은 색계를 거쳐 무색계의 세계로 괴멸하며, 세월이 흐르면 이를 거쳐 다시 공의 세계로 들어갑니다.
 이런 공의 세계를 거쳐서 다시 범천의 세계가 형성되는 시기가 옵니다. 그러면 허공에 땅 조각이 형성됩니다(천계). 그리고 이를 자양으로 갈애가 생겨나며, 이로써 빛나던 광명이 사라지고, 이를 통해 달과 태양이 나타납니다. 이를 거쳐 세포가 나타나고, 먹을 쌀이 나타납니다. 이런 과정을 거쳐서 남녀의 특징이 나타나고(인간계), 소유와 계급으로 구분되는 세계가 형성됩니다. 또한 이를 통해 존재 간의 다툼이 일어나며, 이에 따른 악행으로 악처가 나타납니다(사악처). 이렇게 존재들은 이런 세계에 머물며 삶을 유지합니다. 그리고 세월이 흘러 어느 순간이 되면 이제는 세계가 괴멸하는 시기를 거쳐 공의 세계로 들어갑니다. 이렇게 장엄한 우주는 성·주·괴·공하는 순환의 흐름 속에서 세계의 기원과 형성, 그리고 소멸을 지속하게 됩니다.

나. 천신과 아수라의 싸움

아수라는 싸움을 좋아합니다. 그리고 천신에게서 인간의 지배권을 빼앗으려고 호시탐탐 기회를 엿보고 있습니다. 그래서 그들은 천신에게 항상 싸움을 걸어오고 있습니다. 이렇게 아수라와 천신 간의 싸움으로 인해, 어떤 사람은 아수라에게 둘러싸여 있는 사람도 있고 어떤 사람은 천신에게 둘러싸여 있는 사람도 있습니다. 그런데 인간은 누구에게 둘러싸여 있느냐에 따라 인생에서의 행로가 달라집니다.

'앙굿따라니까야'의 '아수라의 경'을 보면, 사왓티 시에서 붓다께서 수행승들에게 '아수라와 천신의 구분'에 대한 이야기를 합니다 (A. Ⅱ. 91). 여기를 보면, 세상에 인간의 출현과 더불어 아수라들과 천신들은 인간의 지배권을 서로 갖기 위해 끊임없는 싸움을 하고 있습니다. 그러나 이들의 승패는 쉽사리 판가름나지 않습니다.

어떨 때는 아수라가 싸움에서 이길 때도 있으며, 어떨 때는 천신들이 싸움에서 이길 때도 있습니다. 그런데 지금의 시기는 천신이 아수라와의 싸움에서 크게 이긴 상태입니다. 그래서 아수라들은 인간들에 대한 그들의 지배권을 천신들에게 모두 빼앗긴 상황입니다. 그러나 아직도 아수라들은 곳곳에 숨어서 기회를 엿보고 있습니다. 그래서 세상에는 선한 마음을 가진 천신들에게 둘러싸인 사람들도 있지만, 아직도 불선한 마음을 가진 아수라들에게 둘러싸인 사람들도 있습니다. 그래서 다시금 아수라들은 인간의 지배권을 갖기 위해 천신들에게 크고 작은 싸움을 걸어오고 있습니다. 따라서 그들은 지금도 계속해서 천신들을 공격합니다. 이렇게 인간의 마음에 아직 남아 있는 불선한 마음으로 인해 아직도 이들의 싸움은 끝을 맺지 못하고 있습니다. 그리고 이렇게 끝나지 않은 싸움은 지금 이 순간에도 그들 사이에서 계속되고 있습니다.

그런데 이들의 싸움에서 천신들이 이기게 되면 하늘나라의 문이 열리게 되며 인간계에는 선한 세계가 형성됩니다. 그러나 이들의 싸움에서 아수라들이 이기게 되면 인간계에는 사악처의 세계가 열리게 됩니다. 이런 아수라와 천신의 구분에 대해 붓다는 이에 따른 네 종류의 사람이 있다고 합니다. 먼저, 아수라에게 둘러싸인 아수라가 있습니다. 두 번째로, 아수라에게 둘러싸인 천신이 있습니다. 세 번째로, 천신에게 둘러싸인 아수라가 있습니다. 마지막으로, 천신에게 둘러싸인 천신이 있습니다. 이런 사람들의 구분으로 인해 인간이 어느 세계에 속해 있느냐에 따라 아수라들과 천신들은 자신들의 힘을 얻게 됩니다.

먼저, 어떤 사람이 계행을 지키지 않으며 악한 성품을 갖고 있습니다. 그리고 그 사람의 주변 무리도 계행을 지키지 않으며 악한 성품을 갖고 있습니다. 이를 일컬어 '아수라에게 둘러싸인 아수라'라고 합니다. 두 번째로, 어떤 사람이 계행을 지키며 선한 성품을 갖고 있습니다. 그러나 주변의 무리는 계행을 지키지 않으며 악한 성품을 갖고 있습니다. 이를 일컬어 '아수라에게 둘러싸인 천신'이라고 합니다. 세 번째로, 어떤 사람이 계행을 지키지 않으며 악한 성품을 갖고 있습니다. 그러나 주변의 무리는 계행을 지키며 선한 성품을 갖고 있습니다. 이를 일컬어 '천신에게 둘러싸인 아수라'라고 합니다. 마지막으로, 어떤 사람이 계행을 지키며 선한 성품을 갖고 있습니다. 그리고 주변의 무리도 계행을 지키며 선한 성품을 갖고 있습니다. 이를 일컬어 '천신에게 둘러싸인 천신'이라고 합니다. 이렇게 사람으로서 고요한 삶을 살며, 주변을 고요한 곳으로 만들게 되면 그는 천신들에게 둘러싸인 천신이 됩니다. 이런 '계행과 성품에 따른 네 종류의 사람'을 표로 나타내면 다음과 같습니다.

[표 III-2] 계행과 성품에 따른 네 종류의 사람

구분	둘러싼 무리	둘러싸인 사람
아수라에게 둘러싸인 아수라	계행을 지키지 않으며, 악한 성품	
아수라에게 둘러싸인 천신	계행을 지키지 않으며, 악한 성품	계행을 지키며, 선한 성품
천신에게 둘러싸인 아수라	계행을 지키며, 선한 성품	계행을 지키지 않으며, 악한 성품
천신에게 둘러싸인 천신	계행을 지키며, 선한 성품	

이처럼 계행을 지키는 것은 인간의 성품을 맑게 만들어주기 때문에 수행을 하거나 인생을 살아나가는 데 있어서 선한 토대를 만들어줍니다. 그러니 자신도 계행을 지키며 마음에 선한 성품을 만들어야 하고, 이를 통해 주변에도 선한 성품이 만들어질 수 있도록 해야 합니다. 왜냐하면 주변의 밭이 청정하게 되면 자신도 그 밭의 영향을 받기 때문입니다. 그러니 장엄한 우주에서 자신과 주변 모두에 계행을 지키며 선한 성품이 만들어지도록 마음의 힘을 키워야 합니다.

○ 신들의 제왕과 아수라들의 제왕

신들의 제왕과 아수라들의 제왕은 하는 행동에서부터 차이가 있습니다. 신들의 제왕은 공손하며, 칭송받을 만한 행동을 합니다. 그러나 아수라들의 제왕은 거만하며, 손가락질받을 만한 행동을 합니다. 이런 성품으로 이들을 구분할 수 있습니다. 그리고 이들이 선인들에게 하는 행동으로도 차이를 알 수 있습니다. 이렇게 이들의 성품에는 차이가 있습니다. 이를 통해 이들이 다스리는 세계도 다르게 됩니다.

'쌍윳따니까야'의 '숲속 선인의 경'에 보면, 사왓티 시에서 붓다는 '신들의 제왕과 아수라들의 제왕'에 대한 이야기를 합니다(S. I. 226). 여기를 보면, 오랜 세월을 거쳐서 많은 선인이 계행을 지키며 착한 성품을 지니고 숲속의 초암에서 평화롭게 살고 있었습니다. 이런 평화로운 초암에는 많은 존재가 방문해서 가르침을 받습니다.

그런데 어느 때 아수라들의 제왕인 베빠찟띠와 신들의 제왕인 제석천이 이곳을 방문합니다. 그리고 이들은 각기 다른 시간에 초암에 들어섭니다. 먼저 아수라들의 제왕인 베빠찟띠가 초암으로 들어섭니다. 그런데 그는 초암으로 들어서면서도 단단한 신발을 계속 신고 있으며, 허리에는 긴 칼을 차고 있고, 머리에는 양산을 쓰고 있습니다. 그리고 그는 정문을 통해 초암으로 당당하게 들어옵니다. 또한 그는 선인들이 있는 곳을 지나칠 때도 예를 갖추지 않습니다. 그리고 그들과는 멀찌감치 떨어져서 그들을 그냥 지나칩니다. 이렇게 그는 공손하지도 않으며, 무례하게 행동합니다.

그리고 얼마 후에 제석천이 초암으로 들어섭니다. 그런데 그는 초암으로 들어올 때 단단한 신발은 벗었으며, 허리에 찬 긴 칼은 주변에 내려놓았습니다. 그리고 머리에 쓴 양산은 내려놓고, 그는 초암의 옆문으로 들어옵니다. 또한 그는 예를 지키고, 선인들에게 공경의 예를 표하며, 바람을 마주하며 섰습니다. 그러자 선인들은 소리 높여 제석천을 칭송합니다. "천 개의 눈을 가진 이여(관세음보살 지칭)! 여기서 돌아가라. 선인의 향기도 그대에게는 더러운 것이 된다"라고 하며, 선인들은 제석천을 칭송합니다. 이렇게 신들의 제왕인 제석천은 선인들에게 예를 다하며, 그들을 공손하게 대합니다. 이것이 신들의 제왕인 제석천과 아수라들의 제왕인 베빠찟띠가 다른 존재들과 선인들에게 하는 행동과 성품의 차이입니다.

이처럼 제석천은 선인들에게 공경하는 마음을 갖고 있으며, 다른 존재들을 품어 안을 수 있는 선하고 따뜻한 성품을 갖고 있습니다. 이렇게 다른 이들을 포용할 수 있는 제석천의 온화하고 선한 성품으로 인해 그는 다른 천신들을 다스릴 수 있는 신들의 제왕인 제석천의 지위에까지 오를 수 있게 됩니다. 그래서 이런 선한 성품이 장엄한 우주 속에서 신들의 제왕인 제석천이 될 수 있는 조건을 만들어 주었던 것입니다.

○ 천신들과 아수라들의 깃발

천인은 천신과 아수라들이 싸울 때 그들 사이에서 두려움을 느낍니다. 그래서 천인이 천신에게 다가가면 주위에 있는 아수라의 시기와 질투로 인해 두려움을 느끼며, 천인이 아수라에게 다가가면 아수라의 모습과 행동으로 인해 두려움을 느낍니다. 그런데 이들 싸움의 승패는 매번 엇갈립니다. 그래서 천인은 천신이 이길 때는 천신의 깃발 아래 모이며, 아수라가 이길 때는 아수라의 깃발 아래 모입니다. 그러나 이런 깃발 아래 모인다고 해서 그들의 두려움이 사라지지는 않습니다. 왜냐하면 이들의 싸움은 계속되고 있으며, 또한 승패도 매번 수시로 바뀌기 때문입니다. 그래서 이들의 깃발 아래 모이는 것보다 붓다의 가르침 아래에서 모여야 합니다.

'쌍윳따니까야'의 '깃발의 경'에 보면, 사왓티 시의 기원정사 숲에 있는 기원정사에서 붓다는 수행승들에게 오랜 옛날에 있었던 '천신들과 아수라의 전쟁'에 대한 이야기를 합니다(S. I. 219). 여기를 보면, 한때 천신들과 아수라들 간에 전쟁이 일어났습니다. 그리고 이렇게 일어난 전쟁 때문에 천인들은 두려움과 공포를 느낍니다.

어떤 천인들은 제석천의 깃발 아래에 모이고, 어떤 천인들은 창조신인 빠자빠띠의 깃발 아래에 모입니다. 그리고 어떤 천인들은 사법신인 바루나의 깃발 아래에 모이고, 어떤 천인들은 시바신인 이싸나의 깃발 아래 모입니다. 이렇게 그들은 자신들이 섬기는 신들의 깃발 아래 모입니다. 그러나 이들이 자신들이 모시는 신들의 깃발 아래에 모이더라도 천신과 아수라들의 싸움을 통해 천인들은 두려움이 사라졌다가도, 다시 나타납니다.

그래서 세상에서 최상이며, 거룩하고, 깨달은 존재인 붓다에 귀의하며, 붓다에 의해 잘 가르쳐진 법에 귀의하고, 최상의 공덕의 밭인 수행승들의 참모임에 귀의하며, 붓다의 가르침 아래 모여야 합니다. 그러면 천신들과 아수라의 전쟁에 대한 승패에 초연하게 되며, 이들의 두려움과 공포에서 벗어나고, 안락하며 평온한 삶을 누리게 됩니다. 이렇게 장엄한 우주에서는 붓다에 의해 잘 갖춰진 가르침의 깃발 아래에 모여야 합니다. 이를 통해 참다운 공덕의 힘을 얻을 수 있으며, 두려움과 공포에서 벗어날 수 있습니다.

다. 천신들의 승리

어느 때 아수라와의 싸움에서 천신들이 크게 이깁니다. 그러자 신들의 제왕인 제석천 앞으로 끌려온 싸움에 진 아수라들의 제왕은 자신들이 진 것에 분을 못 이겨 씩씩거리며, 신들의 제왕인 제석천을 노려봅니다. 이런 상황에서도 신들의 제왕인 제석천은 아수라들의 제왕인 베빠찟띠를 고요한 경지를 통해 가볍게 제압합니다.

'쌍윳따니까야'의 '베빠찟띠의 경'에 보면, 사왓티 시의 제따 숲에 있는 기원정사에서 붓다는 수행승들에게 오랜 옛날에 있었던 '신들과 아수라들의 전쟁'에 대한 이야기를 합니다(S. I. 221). 여기를 보면, 신들과 아수라들이 전쟁하고 있었습니다.

이때 아수라들의 제왕인 베빠찟띠는 아수라들에게 말합니다. 만약에 전쟁에서 아수라들이 이기고 천신들이 지게 되면, 신들의 제왕인 제석천을 붙잡아 목을 밧줄로 다섯 번 묶어서 아수라들의 도시에 있는 내 앞으로 끌고 오라고 말합니다. 한편 천상인 도리천에서도 신들의 제왕인 제석천이 도리천의 천신들에게 말합니다. 만약에 전쟁에서 천신들이 이기고 아수라들이 지게 되면, 아수라들의 제왕인 베빠찟띠를 붙잡아 목을 밧줄로 다섯 번 묶어서 쑤담마 집회장에 있는 내 앞으로 끌고 오라고 합니다. 그런데 이번의 전쟁에서 천신들이 크게 이겼습니다. 그래서 천신들은 베빠찟띠를 붙잡았습니다. 그리고 그의 목을 밧줄로 다섯 번 묶어서 신들의 제왕인 제석천의 앞으로 끌고 왔습니다. 그러나 베빠찟띠는 이렇게 끌려와서도 자신들의 패배를 인정하지 않으며, 제석천에게 무례하게 굴고, 거친 말로 그를 비난하며 거만하게 행동합니다.

이에 대해 전차의 마부인 마딸리는 제석천에게 왜 가만히 있냐고 말합니다. 이렇게 가만히 있는 이유가 아수라들의 제왕 베빠찟띠가 두려워서 그러는지, 아니면 베빠찟띠보다 힘이 약해서 그러는지를 제석천에게 묻습니다. 그리고 "이렇게 거만하게 행동하는 베빠찟띠를 제어하지 않고 그를 가만히 놓아두면, 어리석은 아수라들의 제왕인 베빠찟띠는 더욱 거만하게 날뛸 것입니다. 그러므로 그를 강력하게 처벌해야 합니다"라고 말합니다. 그러나 제석천은 마딸리에게 다가가 고요하게 말해줍니다.

"현자는 두려워서 가만히 있는 것이 아니며, 약해서 가만히 있는 것도 아니다. 다만 사띠를 확립하며, 고요한 상태에서 있는 것이 어리석은 베빠찟띠를 누르는 것이기 때문이다"라고 마딸리를 일깨워줍니다. 그러나 이렇게 하지 않고 아수라들에게 거친 행동과 거친 말로 이들을 대적한다면 이는 오히려 아수라들의 힘을 북돋아주는 것이 됩니다. 그러면 이렇게 힘을 얻은 그들은 계속 싸움을 걸어올 것입니다.

그러나 아수라들을 고요한 덕행으로 대한다면 그들의 힘은 점점 더 약화할 것이며, 초라하게 될 것입니다. 그리고 머지않아 그들의 존재는 사라지게 될 것입니다. 그래서 악은 악으로 물리칠 수 없으며, 악은 선으로 물리쳐야 합니다. 그러니 장엄한 우주에서는 선을 행해야 하며, 이를 통해 천신들의 힘은 키우고, 아수라들의 힘은 소멸시켜야 합니다.

○ 천신의 아수라 지배

지금의 시대는 천신들이 아수라들을 크게 이겨서 그들이 천상계, 아수라계 및 인간계를 지배하고 있는 시기입니다. 그러나 싸움을 좋아하는 아수라들은 반전의 기회를 호시탐탐 엿보고 있습니다. 그래서 언제 다시 싸움의 승패가 뒤바뀔지 모릅니다. 그러니 이를 대비해서 인간은 그들의 마음이 선하게 될 수 있도록 마음을 항상 단속하고, 이를 잘 닦아놓아야 합니다.

'디가니까야' '제석천 질문의 경'의 주석서를 보면, 마가다국의 라자가하 시의 동쪽에 암바싼다라는 바라문 마을이 있습니다. 그리고 이 마을의 북쪽에 베디야 산이 있으며, 이산의 인다쌀라 동굴에서 붓다는 제석천에게 '천신들과 아수라의 전쟁'에 대한 이야기를 합니다(Smv. 738). 여기를 보면, 예전에 천신들과 아수라들이 전쟁하던 시기가 있었습니다. 이때 이들은 서로 간에 이마를 맞대고 앞뒤로 대치하고 있었습니다.

그런데 어느 순간에 이들은 서로 타격을 가하며 대해의 수면에서 전쟁을 벌입니다. 그런데 여기서는 도륙이나 찌름 등으로 서로를 해하는 일은 없었습니다. 다만 나무막대기로 싸우거나 양의 뿔로 싸우는 것과 같은 승패의 결과만이 있었습니다. 그래서 어떨 때는 천신들이 이겼고 어떨 때는 아수라들이 이겼습니다. 그러다 결국에는 천신들이 아수라가 회복할 수 없을 정도로 크게 이깁니다. 이로써 천상의 신들이 천상계, 아수라계 및 인간계를 지배하게 됩니다. 그리고 천신들은 이를 통해 환희의 획득을 얻습니다. 그러나 이렇게 싸움에서 천신들이 이겼더라도 싸움을 좋아하는 아수라들의 성품이 완전히 소멸하기 전까지는 아수라들은 물러서지 않을 것입니다. 그래서 그들은 계속해서 천상계를 공격하기 위한 준비를 할 것입니다. 이렇게 아수라들은 인간계의 지배권을 가져오기 위해서 호시탐탐 천계를 공격할 기회를 엿보고 있습니다.

그래서 사람들은 그들의 마음을 항상 단속해야 합니다. 그리고 마음이 악함에 물들지 않도록 마음속의 선함을 유지해야 합니다. 또한 아수라들이 그들의 세력을 완전히 잃고 사라지기 전까지는 이런 선함을 유지해야 합니다. 그렇지 않으면 언제 다시 악한 마음이 일어나서 아수라들이 그들의 싸움터로 인간들을 끌어들일지 모릅니다. 그러면 이를 통해 아수라들에 의해 키워진 악한 마음은 그들을 사악처로 인도할 것입니다. 그러니 수시로 마음을 선하게 닦아야 합니다. 그래야 아수라들이 다시는 접근하지 못합니다. 그리고 이를 통해 천신들이 완전히 이기고, 아수라들이 완전히 소멸하게 되면 이때 장엄한 우주의 하늘 세계가 열리며 인간계는 서서히 범천의 세계로 나가게 됩니다.

라. 제석천이 되는 일곱 가지 서원

신들의 제왕인 제석천은 도리천의 제왕입니다. 그는 도리천의 삼십삼 천을 관장합니다. 그리고 여기서 많은 천신을 다스리고 있습니다. 그런데 이렇게 많은 천신을 다스리기 위해서는 제석천에게는 천신들을 품어 안을 수 있는 선한 성품이 필요합니다. 그래서 제석천은 이런 성품을 얻게 되는 특별한 서원을 이루어낸 자입니다.

'쌍윳따니까야'의 '서원의 경'을 보면, 사왓티 시의 제따 숲에 있는 기원정사에서 붓다는 '신들의 제왕인 제석천이 되는 일곱 서원'에 대한 이야기를 합니다(S. I. 228). 여기를 보면, 도리천에는 삼십삼 천을 관장하는 신들의 제왕인 제석천이 있습니다.

이런 신들의 제왕인 제석천이 예전에 사람이었을 때, 그는 일곱 가지 서원을 세우고 이를 받아서 지켰습니다. 그가 이런 일곱 가지 서원을 세우고 이를 받아서 지켰기 때문에 그는 제석천의 지위에까지 오를 수 있었습니다. 이렇게 그는 제석천이 되는 일곱 가지 서원을 받았으며, 이를 지키고 이를 이루어낸 자입니다. 그는 이렇게 사람이었을 때 일곱 가지 서원을 했습니다.

먼저, 나는 살아 있는 한 부모님을 부양할 것이다! 두 번째, 나는 살아 있는 한 가문의 연장자를 공경할 것이다! 세 번째, 나는 살아 있는 한 온화하게 말할 것이다! 네 번째, 나는 살아 있는 한 모함하지 않을 것이다! 다섯 번째, 나는 살아 있는 한 관대하고 주는 것을 좋아하며 탁발하는 자가 접근하기 쉽게 하고 보시하는 것이 즐거우며 번뇌나 탐욕에서 벗어나고 청정한 삶을 살 것이다! 여섯 번째, 나는 살아 있는 한 진실을 말할 것이다! 마지막으로, 나는 살아 있는 한 화를 내지 않을 것이며 만약 나에게 화가 나는 일이 일어나면 곧바로 화를 제거할 것이다!

이처럼 제석천이 예전에 사람이었을 때 그는 이런 일곱 가지 서원을 세우고, 이를 지키고 닦으며 살았습니다. 이렇게 그는 이런 일곱 가지 서원을 세우고 실천하였기 때문에 그는 나중에 신들의 제왕인 제석천의 지위에까지 오를 수 있었습니다. 이렇게 '신들의 제왕인 제석천이 되는 일곱 가지 서원'을 표로 나타내면 다음과 같습니다.

[표 III-3] 신들의 제왕인 제석천이 되는 일곱 가지 서원

구분	일곱 가지 서원
나는 살아 있는 한,	부모를 부양할 것이다. 가문의 연장자를 공경할 것이다. 온화하게 말할 것이다. 모함하지 않을 것이다. 보시하는 걸 즐거워하며 청정하게 살 것이다. 진실을 말할 것이다. 화를 내지 않을 것이다.

이처럼 땅을 기반으로 하는 하늘 세계(천계)에는 여섯 개의 하늘이 있습니다. 그리고 이 중에서 삼십삼 천인 도리천에는 하늘 세계를 관장하는 신들의 제왕인 제석천이 주석하고 있습니다. 그는 수미산 중턱에 있는 사대천왕을 거느립니다. 그리고 불법, 불제자 및 천계를 보호합니다. 이런 제석천의 수명은 삼천육백만 년이나 됩니다.

이런 신들의 제왕인 제석천은 일곱 가지 선한 서원을 세우고 이를 실천했습니다. 그리고 이를 통해 장엄한 우주에서 삼십삼 천의 천신들을 관장할 수 있는 선한 성품을 갖추게 됩니다. 이렇게 온화하며, 다른 이를 포용할 수 있는 선한 성품을 갖춘 제석천을 삼십삼 천에 있는 신들은 믿고 따르며, 존중하게 됩니다.

○ 사대천왕의 수호

사대천왕은 하늘나라(천계)로 들어가는 네 방향의 문을 지키는 수호신들을 말합니다. 그리고 이들은 제석천의 명을 받아서 불법을 수호하며 불제자들을 보호하고, 천상으로 들어가는 입구를 지키고 있습니다. 그래서 사대천왕은 무서운 형상들을 하고 있으며, 모두 다 불법을 수호할 수 있는 법물과 권속들을 갖추고 있습니다.

이런 네 명의 천상을 지키는 수호신 중에서 먼저, 동방을 지키는 닷따랏타 신이 있습니다. 닷따랏타 신은 지국천왕이라고도 합니다. 그리고 북방을 지키는 쿠베라 신이 있습니다. 쿠베라 신은 부의 신으로 다문천왕 또는 비사문천왕이라고도 합니다. 또한 남방을 지키는 비룰라카 신이 있습니다. 비룰라카 신은 인간이 사는 남섬부주를 수호하며, 증장천왕이라고도 합니다. 마지막으로, 서방을 지키는 비루빡카 신이 있습니다. 비루빡카 신은 입 벌린 채 눈을 부릅뜨고 있으며, 광목천왕이라고도 합니다(전재성 2014: 251). 이를 그림으로 나타내면 다음과 같습니다.

[그림 III-2] 불법을 수호하는 사대천왕

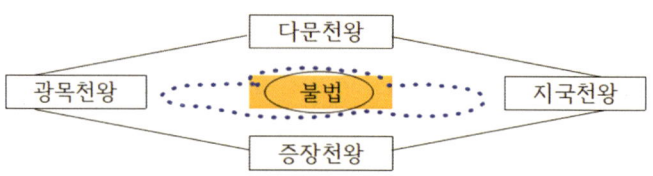

 이처럼 지거천(땅을 기반으로 하는 천계)의 입구에는 사대천왕이 있습니다. 그리고 이들 네 명의 천왕은 불법의 세계를 보호하고 지키는 임무를 띠고 있습니다. 이들을 후대에 와서 청·황·적·백의 색으로 구분하기도 하고, 이들은 칼·보석, 비파·보탑, 칼·창, 창·금강저 등의 법물을 지니고 있으며, 또한 건달바·귀신, 야차·나찰, 귀신·아귀, 용·아귀 등의 권속을 거느리며, 불법을 수호합니다. 이를 통해 지국천왕은 국토를 지키고 중생을 편안하게 합니다. 그리고 다문천왕은 불법을 들으며 부처님의 도량을 지킵니다. 또한 증장천왕은 중생의 이익을 넓고 길게 만듭니다. 그리고 광목천왕은 큰 눈을 부릅뜨고 중생을 도와줍니다. 이렇게 이들은 각자 자신들이 맡은 임무가 있습니다.
 이처럼 사대천왕은 불법을 수호합니다. 그리고 중생들을 보호하고 이익되게 하며, 불국토를 지키고 보호합니다. 그런데 인간은 빛의 세계에서 왔기 때문에 우주에 대한 동경과 빛에 대한 동경이 있습니다. 그래서 불국토를 지키는 사대천왕에 대한 믿음이 있습니다. 이는 자신을 보호하고 타인을 보호하며 올바른 삶을 살 수

있다고 하는 믿음입니다. 이런 믿음은 인생에 든든한 방패가 되어 줄 것입니다. 따라서 장엄한 우주에서 자신을 악으로부터 지켜주고, 위험으로부터 보호해주는 사대천왕이 있다고 믿으며 정진한다면 마음은 더욱 평온해질 것입니다.

마. 우주의 빅뱅과 인간의 사명

우주는 빅뱅으로부터 시작됐다는 주장도 있습니다. 빅뱅이론으로 보면 지금으로부터 약 135억 년 전에 한 점에서 일어난 폭발적인 팽창으로 인해 우주가 탄생됐다고 합니다. 그리고 이때 발생한 태초의 기원물질에 의해 세계의 생성과 인간의 형성이 있게 됩니다.

빅뱅이 일어난 1초 동안 우주는 20억×10억km/s의 크기로 팽창했으며, 지금도 우주는 팽창을 계속하고 있다고 합니다(빛의 속도: 30만km/s). 그리고 이런 이론으로 보면 우주의 모든 물질, 에너지 및 시공간은 한 점으로부터 시작됐습니다. 그래서 이를 첫 시작점으로 본다면 태초에 물질과 정신은 하나로 구성되어 있었습니다. 그래서 이를 한 면에서 보면 물질이며, 다른 면에서 보면 정신이 됩니다. 이렇게 우주의 시작점은 정신과 물질로 구분할 수 있는 성질의 것은 아닙니다. 그래도 이것으로부터 세월이 흘러 다양한 것들이 생겨나기 시작합니다.

그래서 여기서 무거운 것은 물질이 되고, 미세한 것은 정신이 됩니다. 이렇게 우주는 점차 다양성을 갖추게 됩니다. 그리고 이들은 물질과 정신으로 세부적으로 다양하게 형성됩니다. 이렇게 구분된 물질은 은하를 형성하였으며, 이를 통해 물질과 정신이 합쳐진 구조체는 생명체를 탄생시킵니다. 이렇게 우주의 형성은 물질과 정신의 분리로부터 형상을 갖추어가기 시작합니다.

이때 형성된 정신의 흐름에서 얼룩이 생기고, 이를 통해 번뇌와 업이 서서히 형성됩니다. 이렇게 형성된 업에 의해 정신과 물질이 결합하며, 이때 정신과 물질로 이루어진 인간이 탄생합니다. 그러니 이렇게 우주 탄생의 결합으로부터 온 인간은 위대한 것입니다. 그래서 인간은 우주의 중심에 있으며, 인간을 중심으로 우주는 돌아가게 됩니다. 실제로 내가 없으면 우주도 없는 것입니다. 이렇게 세상의 중심은 인간입니다.

따라서 장엄한 우주에서 세상을 원래의 청정함으로 돌아가도록 하는 것이 인간으로 태어난 최고의 목적이고, 인간으로 태어나서 할 수 있는 최고의 행이며, 인간이기 때문에 가능한 일입니다. 따라서 수행을 통해서 물질과 정신을 구분하고, 여기에서 물질을 분리하며, 이를 통해 청정한 정신으로 돌아가려고 하는 것이 우주인인 인간의 사명입니다.

○ 은하 형성과 존재 탄생

　세상은 성·주·괴·공하는 순환의 연결고리 선상에 있습니다. 그래서 은하의 생성은 공의 단계에서 성의 단계로 넘어가는 단계에서 형성됩니다. 태초의 세상은 평온하며, 평정하고, 무한히 밝게 빛나는 공간으로부터 기원합니다. 이런 공간이 지속하다가 세월이 흐른 어느 찰나의 순간, 청정하고 무한히 빛나는 공간에 틈이 발생합니다. 그리고 이것이 공간에 흠결을 만듭니다. 이렇게 공간에 만들어진 흠결이 모여 공간에 얼룩의 흔적이 나타납니다. 그런데 이런 얼룩의 흔적이 발생하는 것을 기점으로 해서 세상에는 새로운 은하의 형성과 존재의 탄생이 발생하게 됩니다.

　태초에 세상은 평온하며, 평정하고, 무한히 밝게 빛나는 공간으로부터 생긴 틈을 통해서 얼룩이 나타납니다. 이런 초기의 얼룩은 정신이면서 물질입니다. 이런 얼룩의 흔적에 의해 아주 미세한 번뇌가 발생합니다. 그런데 이런 번뇌를 조건으로 다시 얼룩은 크게 뭉쳐집니다. 그리고 이렇게 커진 얼룩은 다시 커진 번뇌로 나타나며, 이를 조건으로 얼룩은 점점 더 크게 쌓여 덩어리를 형성합니다. 이렇게 더욱 커진 얼룩의 구조에 의해 번뇌는 업을 발생시키고, 이는 존재의 형성을 가져옵니다.
　이를 통해 정신의 세계인 무색계가 일어나며, 이런 무색계로부터 하층 세계의 형성과 존재의 탄생이 시작됩니다. 이렇게 은하의 형성과 존재의 탄생이 시작됩니다.

먼저, 은하의 형성이 나타납니다. 위에서 형성된 무색계에 얼룩이 쌓이게 되면, 세월이 흘러 이런 얼룩들이 쌓이고 뭉쳐지게 됩니다. 그리고 이를 통해 무거워진 얼룩의 덩어리들이 나타나게 됩니다. 그래서 얼룩의 덩어리들이 모여 집합체를 이루면 이를 통해 별들이 생겨납니다. 그리고 이들의 집합으로 인해 은하가 형성됩니다. 이렇게 구성된 우주에서 얼룩들이 점차 커지고, 모여지고, 뭉쳐져서 단단하게 됩니다. 이렇게 은하는 얼룩에 의해 뭉쳐진 얼룩의 집합으로 인해 기원합니다.

두 번째로, 존재의 탄생이 나타납니다. 위에서 형성된 무색계의 존재들에 얼룩이 쌓이게 되면, 이는 더 큰 번뇌와 업을 만들게 됩니다. 그리고 세월이 흘러 이런 얼룩은 번뇌와 업과 결합하여 점차 미세한 존재를 형성합니다. 이렇게 해서 쌓인 미세한 얼룩은 미세한 몸으로 나타나고, 미세한 번뇌와 업은 미세한 마음으로 나타납니다. 이렇게 세월이 흘러 이런 미세한 몸과 미세한 마음이 결합하게 되면, 이로 인해 몸과 마음으로 구성되는 색계의 존재가 탄생하게 됩니다. 또한 세월이 흘러 얼룩이 더 커지면 이때는 육체를 구성하는 생명체가 출현하게 됩니다. 그리고 세월이 흘러 미세한 얼룩·번뇌·업이 쌓여서 커지게 되면 이때는 육체와 정신으로 구성된 인간이 탄생하게 됩니다. 이렇게 은하의 형성과 존재의 탄생은 이루어집니다. 이와 같은 '은하의 형성과 존재의 탄생'을 그림으로 나타내면 다음과 같습니다.

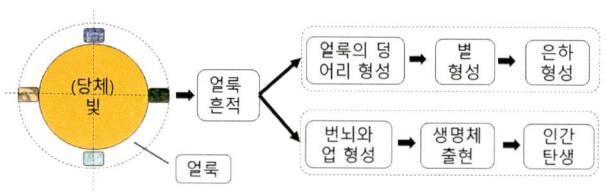

[그림 III-3] 은하의 형성과 존재의 탄생

얼룩: 오염원(kilesa)의 완전한 소멸(parinibbana)과 번뇌(āsava)의 소멸(nirodha)은 열반의 조건이 됩니다. 여기서 āsava는 보통 번뇌로 번역됩니다. 또한 이는 ā(향하여)+√sru(to flow)로 '흐르는 것'이라는 의미가 있습니다. 그래서 이를 '오염원으로 흐르는 것' 또는 '번뇌로 흐르는 것'이라고 하여, 얼룩으로 표현합니다. 따라서 얼룩은 물질과 정신으로 구성되는 동전의 양면과 같습니다. 이렇게 물질과 정신의 얼룩은 세계의 기원에서 동일선상에서 출발하는 동전의 양면과 같으며, 이를 통해 물질과 정신인 몸과 마음은 발생합니다. 따라서 이들은 한쪽 면에서 보면 물질이고, 한쪽 면에서 보면 정신인 '일물양면'의 특징을 가진 태초의 기원물질입니다. 그리고 이들은 다시 여기서 생성된 번뇌와 업으로부터 영향을 받게 됩니다. 그래서 세상과 존재의 기원은 얼룩인 번뇌로부터 출발합니다.

이처럼 당체인 빛은 오랜 세월을 거쳐서 점차 공간의 틈과 흠결 때문에 나타난 얼룩의 흔적으로 인해 그 빛이 가려지게 됩니다. 빅뱅이 발생한다면 이렇게 나타납니다. 그리고 이런 얼룩의 흔적으로 미세한 번뇌와 업이 나타납니다. 이렇게 나타난 얼룩과 번뇌를 보면 이들을 크게는 오염으로 보며, 이를 물질로 볼 때는 얼룩이라고 하고, 정신으로 볼 때는 번뇌라고 합니다. 그리고 이것으로 인해 업이 발생하며, 또한 업으로 인해 이것들이 다시 증장합니다. 이때 정신적인 세계인 무색계가 나타납니다. 그리고 얼룩의 증장으로 인해 더 큰 얼룩의 덩어리들이 생성됩니다. 이렇게 발생한 얼룩의 덩어리들이 모여 강한 집합체를 형성하고 중심체를 구성하며 이들의 중심화로 인해 별들이 형성됩니다. 그리고 이런 얼룩의 덩어리들이 점차 세력을 키워나가면 그들이 모여 은하들을 형성해나가며, 이들은 은하단을 구성하게 됩니다.

또한 얼룩·번뇌·업의 화합으로 인해 형상을 갖춘 색계의 존재가 나타납니다. 그래서 이렇게 형성된 얼룩·번뇌·업이 더 무거워지면 이것들은 존재들을 만들어내고 이를 통해 몸과 마음을 구성하는 인간이 나타납니다. 이렇게 은하의 형성과 인간의 탄생은 얼룩·번뇌·업의 탄생을 통해 나타납니다. 그리고 이것이 장엄한 우주에서 '은하 형성과 존재 탄생'의 기원이 됩니다.

○ 삼계의 우주 세계

우주는 삼계로 구성됩니다. 이는 욕계, 색계 무색계입니다. 여기에서 욕계는 지옥, 아귀, 축생, 아수라, 인, 천으로 구성됩니다. 색계는 초선, 이선, 삼선 및 사선으로 구성됩니다. 무색계는 공무변처, 식무변처, 무소유처 및 비상비비상처로 구성됩니다. 그리고 무색계를 벗어나는 세계로 상수멸정의 세계가 있습니다. 그리고 이런 삼계의 세계를 초월하면서 불생불멸의 세계로 들어가는 열반의 세계가 있습니다.

이런 삼계 중에서 욕계는 감각적 욕망이 존재하는 세계입니다. 그래서 욕계의 존재는 감각적 욕망이 있습니다. 여기 욕계에 인간이 살고 있으며, 욕계의 여섯 세계는 다음과 같습니다.

　우선, 욕계의 제일 낮은 단계에 지옥의 세계가 있습니다. 이는 전생에 쌓은 악행의 업으로 받게 됩니다. 이곳은 염라대왕이 관장합니다. 그리고 염라대왕은 악업을 행한 자에게 다섯 명의 저승사자를 보내 그들을 심문한 후 이들이 어느 지옥으로 갈지에 대한 판결을 내립니다. 이를 통해 6개의 지옥, 6개의 대지옥 및 2개의 아사 지옥을 겪게 되며, 이곳의 과보를 다 받게 되면 그들은 다른 세계로 보내집니다.

　두 번째의 세계로 아귀의 세계가 있습니다. 이는 전생에 쌓은 간탐과 집착의 업으로 받게 됩니다. 이곳의 존재는 항상 배고픈 과보를 받습니다. 그러나 이들의 목구멍은 작고, 위는 큽니다. 그래서 그들은 너무나 배고파하지만, 음식물을 먹으면 음식이 뜨거운 구리로 변해 목구멍이 타들어갑니다. 따라서 그들은 음식을 먹을 수 없습니다.

　세 번째의 세계로 축생계가 있습니다. 이 세계는 전생에서의 탐욕과 어리석음의 업으로 인해 동물의 존재로 태어납니다. 그곳에서 그는 건전하고 올바른 삶을 살기가 어렵습니다.

　네 번째의 세계로 아수라의 세계가 있습니다. 이는 전생에 쌓은 싸움과 분노의 업으로 인해 받게 됩니다. 이들은 호시탐탐 천계를 노리며 인간에 대한 지배권을 갖기를 원합니다. 그래서 그들은 천계에 꾸준히 싸움을 겁니다. 따라서 아수라는 싸움의 준비와 싸움으로 인해 한시라도 편안한 날이 없습니다.

다섯 번째의 세계로 인간계가 있습니다. 이는 전생에 쌓은 선행의 업으로 인해 받게 됩니다. 인간계에서는 여섯 감각기관에 의한 감각적 욕망에 휩싸여 있으며, 이를 통해 인간은 생·노·병·사하는 삶을 살게 됩니다. 또한 욕계에서 인간은 선처와 해탈·열반의 길을 갈 수 있는 수행을 할 수 있게 됩니다.

여섯 번째의 세계로 하늘 세계인 천계가 있습니다. 이는 보시·지계로 전생에 쌓은 선행의 업으로 인해 받게 됩니다. 이곳에는 네 명의 천왕이 지키는 사천왕천이 있습니다. 그리고 삼십삼 개의 하늘 세계를 관장하는 제석천왕이 주석하고 있는 도리천이 있습니다. 다음으로 야마왕이 기거하는 야마천이 있습니다. 그 위의 하늘 세계로 미래의 부처님이신 미륵불이 계시는 도솔천이 있습니다. 그 위의 하늘 세계로 즐거움으로 가득한 화락천이 있습니다. 또한 그 위의 하늘 세계로 다른 존재들의 즐거움까지도 함께 누릴 수 있는 타화자재천이 있습니다. 이렇게 하늘 세계에도 여섯 개의 세계가 펼쳐지며, 인간은 선행을 통해 하늘 세계에 날 수 있습니다.

그리고 삼계 중에서 욕계 위의 세계로 천신의 세계인 범천이 있습니다. 이는 전생에 쌓은 선정수행의 공덕으로 인해 받게 됩니다. 여기에는 색계와 무색계가 있습니다. 색계는 미세한 몸은 있으나, 욕망은 사라진 세계입니다. 여기의 세계에서는 오장애가 사라지고, 오욕락이 사라지며, 고요함이 함께하는 네 개의 세계가 있습니다. 먼저, 초선에서는 다섯 개의 선지 요소(일으킨 생각, 지속적 고찰, 기쁨, 행복, 집중)가 나타납니다. 그리고 이선에서는 두 개의 선지 요소(일으킨 생각, 지속적 고찰)는 사라지고 세 개의 선지 요소(기쁨, 행복, 집중)가 강하게 나타납니다. 다음으로 삼선에서는 두 개의 선지 요소(행복과 집중)만 아주 강하게 나타납니다. 마지막으로 사선에서는 고도의 선지 요소(고도의 집중력)와 고도의 고요함이 나타납니다.

그리고 색계의 위 단계로 몸은 사라지고, 최고도의 평온이 함께 하는 정신만이 존재하게 되는 무색계가 있습니다. 무색계에는 최고도의 강한 집중력을 갖춰야 도달할 수 있습니다. 이런 단계에서는 정신적으로 수승한 상태에 들어 최고도의 평온함을 얻게 됩니다. 무색계에는 네 가지의 처가 있습니다. 색계의 사선정의 상태에서 공을 무한히 확장시켜서 도달하게 되는 공무변처가 있습니다. 그리고 이 상태에서 의식을 무한히 확장시켜서 도달하게 되는 식무변처가 있습니다. 이를 통해 삼계에서는 소유할 것이 없음을 알게 되는 무소유처가 있으며, 이를 지나 상이 있는 것도 아니고 없는 것도 아닌 상태인 비상비비상처인 최상위의 정신세계에 도달하게 됩니다.

또한 무색계 위의 세계로 유사 열반이라고 불리며, 느낌과 지각이 정지된 상태인 상수멸정이 있습니다. 그리고 마침내 대자유와 대행복을 누리며, 밝은 빛으로 가득한 열반의 세계가 있습니다. 이렇게 '삼계의 우주 세계'와 그를 벗어난 열반의 상태를 그림으로 나타내면 다음과 같습니다.

[그림 III-4] 삼계의 우주 세계

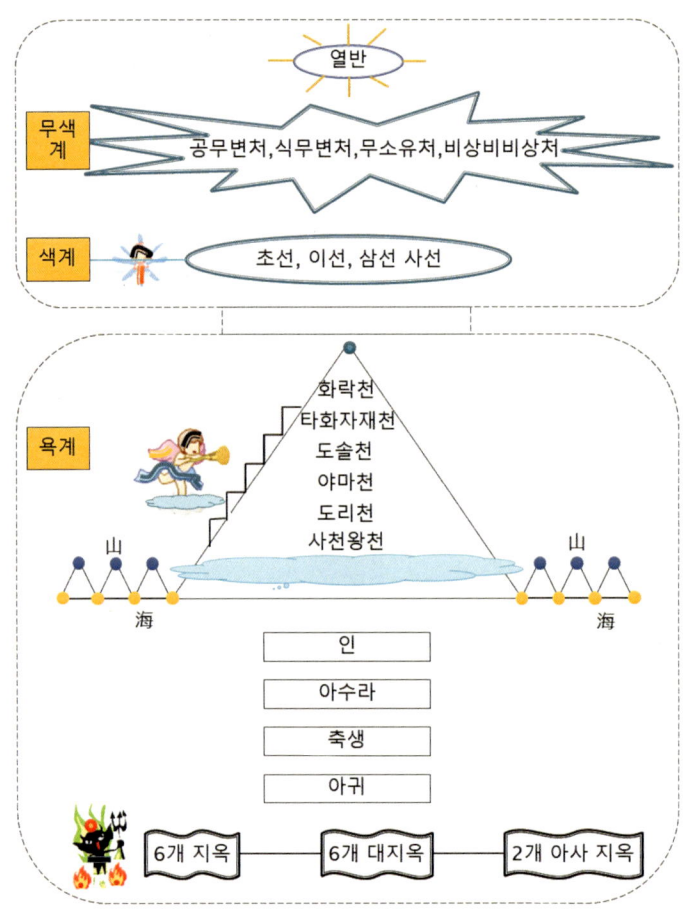

이처럼 우주는 욕계·색계·무색계의 삼계로 구성되어 있습니다. 욕계는 인간계가 속해 있는 감각적 욕망이 있는 세계입니다.

욕계의 제일 낮은 단계에 6개의 지옥, 6개의 대지옥 및 2개의 아사 지옥으로 구성된 지옥계가 있습니다. 그리고 그 위로 아귀계, 축생계, 아수라계가 있습니다. 또한 그 위의 인간계에서 인간은 감각적 욕망에 매인 삶을 살고 있습니다. 그리고 8개의 바다와 7개의 산을 거쳐 천계에 들어가게 됩니다. 천계의 입구에는 사천왕이 지키고 있으며, 이를 통과하면 그곳에는 단계별로 6개의 천계가 있습니다. 이곳에서 욕계에서의 최고의 즐거움을 얻을 수 있습니다.

또한 수행을 통해 범천(천신의 세계)인 색계에 도달하게 됩니다. 이곳은 감각적 욕망이 없으며, 점차 정신적인 세계를 향해 나아가는 세계입니다. 그리고 무색계는 정신적인 세계이며, 의식이 무한히 확장되는 세계입니다. 그리고 이들 세계를 뛰어넘는 상수멸정의 세계가 있습니다. 존재들은 이런 삼계의 세계를 통해 생·주·이·멸하는 삶을 살게 됩니다. 또한 이를 통해 존재들은 점차로 청정의 세계인 열반의 세계를 향해 나아가게 됩니다. 이것이 돌고 돌며 윤회를 거듭하고 있는 장엄한 우주의 세상입니다. 이것이 붓다가 들려주는 '우주는 장엄한 것'입니다.

2. 공덕은 미래의 자산인 것

공덕은 어진 덕을 갖추고 선행을 쌓는 것을 말합니다. 그래서 이렇게 쌓은 공덕은 많은 사람을 평온하게 하고 행복하게 해줍니다. 이렇게 전생에서 공덕을 쌓아서 이를 갖고 현생에 태어나면 현생에서는 공덕의 과보인 지복(祉福, 하늘에서 내리는 행복)을 받게 됩니다. 이런 인과의 원리로 인해 원인인 공덕의 업이 있다면 그것에 의한 과보인 지복을 받게 됩니다. 이를 통해 공덕을 쌓은 이는 선한 과보를 받게 됩니다. 이렇게 어진 덕을 갖춘 공덕의 힘은 무궁무진하게 주위로 퍼져나갑니다. 흡사 횃불이 자신의 홰로 다른 수천의 횃불에 불을 붙여주어도 자신의 횃불은 그대로 남아 있으며, 이렇게 퍼져나간 횃불의 빛이 온 세상을 환하게 밝히는 것과 같습니다. 이처럼 공덕의 힘은 세상에 무한히 펼쳐지며, 이를 통해 세상을 환하게 비추게 됩니다.

그래서 현생에서 공덕을 쌓을 기회가 있다면 형편에 맞추어서 작은 것이라도 기꺼이 실행에 옮기는 것이 바람직합니다. 왜냐하면 복 받을 일을 하면 훨씬 더 큰 복이 쌓이기 때문입니다. 그리고 이것은 공덕을 쌓은 존재에게 미래 생에 큰 자산이 되어줍니다. 이렇게 공덕의 과보는 그것을 지은 사람이 받게 됩니다. 그래서 선행을 쌓으면 선한 과보를 받게 되며, 악행을 쌓으면 괴로움을 받게 됩니다. 여기서 선행을 한다는 것은 보시를 하며 계·정·혜 삼학을 닦는 것입니다. 그래서 이것은 불선한 것을 행하지 않는 것이며 선을 행하는 것이고, 수행을 정진하는 것이며 마음에 고요함을 닦는 것이고, 깨달음을 향해 나아가는 것입니다. 그래서 이런 선한 공덕을 쌓을 기회가 온다면 그것은 고마운 일입니다. 그리고 이렇게 인간으로 태어났기 때문에 선한 공덕을 쌓을 기회가 있는 것이니, 인간으로 태어난 현생에서 공덕을 쌓아야 합니다. 본 장에서는 이런 '공덕은 미래의 자산인 것'에 대해 살펴보겠습니다.

가. 공덕은 깨달음의 토대

공덕은 지복을 낳습니다. 이런 공덕은 어진 덕을 갖추고, 선한 의도로 선행을 쌓을 때 나타납니다. 그래서 공덕은 선한 과보인 지복을 주며, 미래 생에 좋은 곳인 선처에 나게 합니다. 그리고 이는 인간 삶의 괴로움에서 벗어나고 깨달음의 길로 가는 데 토대가 됩니다. 그러니 인간으로 있을 때 부지런히 공덕을 쌓아야 합니다.

'맛지마니까야'의 '행하고 행하지 말아야 할 경'에 보면, 사왓티 시의 제따 숲에 있는 기원정사에서 붓다는 '수행승들에게 공덕'에 대한 이야기를 합니다(M. Ⅲ. 52). 여기를 보면, 붓다 시대에 한 수행자가 공덕에 대한 견해를 갖고 있었습니다.

그는 공양에도 공덕이 있고, 제사에도 공덕이 있으며, 보시에도 공덕이 있다고 주변에 말합니다. 그리고 선악의 업을 짓게 되면 이를 통해 받게 되는 과보는 이 세상에서 받을 수도 있으며, 저세상에서 받을 수도 있다고 말합니다. 또한 스승으로부터 깨달음의 가르침을 전수받은 이도 있으며, 스스로 깨달아 올바른 가르침에 도달한 수행자도 있다고 말합니다. 이렇게 그는 공덕에 대한 다양한 견해를 갖고 있습니다. 그런데 붓다는 이런 견해는 악하고 불건전한 것들을 줄어들게 하고, 선하고 건전한 것들을 늘어나게 한다고 말합니다. 그래서 이처럼 수행에 도움을 주는 '공덕에 대한 견해'는 잘 갖추어져야 합니다. 그러면 이를 통해 수행의 공덕은 늘어나게 됩니다.

붓다는 실제로 있는 것에 대해서는 있다는 것을 분명히 알아야 하고, 없는 것에 대해서는 없다는 것을 분명히 알아야 한다고 말합니다. 실제로 인생은 매 순간 생·주·이·멸하는 생성, 유지, 변화 및 소멸의 단계를 경험하고 있습니다. 그래서 현재 일어나고 있는 현상들을 있는 그대로 볼 수 있어야 합니다. 그래야 이를 통해서 선하고 건전한 견해인 정견을 획득할 수 있습니다. 이처럼 올바른 견해는 확립되어야 하며, 그릇된 사견은 소멸시켜야 합니다. 그래서 수행을 통해 얻는 올바른 견해를 갖춰야 합니다.

그리고 실재와 맞지 않는 사견은 마음에 탐·진·치를 생성시켜 인간을 괴로움 속에 빠지게 합니다. 그러니 공덕과 수행에 대한 바른 앎을 가져야 하며, 이를 통한 수행으로 올바른 견해인 정견을 갖춰야 합니다. 이렇게 공덕은 정견을 쌓는 데 토대가 됩니다. 그래서 공덕은 쌓아야 하며, 이런 공덕을 쌓은 자는 지복의 선한 과보를 얻게 됩니다. 따라서 이렇게 해서 쌓인 공덕의 힘은 미래에 자산이 됩니다.

○ 보시, 계행 및 수행의 공덕

공덕은 깨달음으로 가는 길목에서 쌓을 수 있습니다. 그래서 깨달음의 길로 가는 데 도움이 된다면 이는 공덕에 힘을 갖게 하며, 공덕이 모여서 수행에 큰 힘이 됩니다. 따라서 보시하고, 계행을 지키며, 수행하는 것들은 공덕의 토대를 이룹니다.

'앙굿따라니까야'의 '공덕을 낳는 토대의 경'에 보면, 사왓티 시에서 붓다는 수행승들에게 '공덕을 쌓게 하는 세 가지 토대'에 대해 이야기합니다(A. IV. 241~242). 이렇게 공덕을 쌓게 하는 세 가지 토대는 '보시로 이루어진 공덕을 쌓는 토대', '계행으로 이루어진 공덕을 쌓는 토대' 및 '수행으로 이루어진 공덕을 쌓는 토대'입니다.

그래서 공덕을 쌓게 하는 세 가지 토대는 보시와 계·정·혜 삼학을 닦는 것입니다. 이런 토대를 바탕으로 한 행은 마음에 공덕을 쌓게 합니다. 그리고 이렇게 해서 쌓은 공덕의 행은 사람에게 지복을 가져다줍니다. 이런 공덕 행에는 네 가지가 있습니다.

먼저, 어떤 사람이 보시로 조금의 공덕을 쌓고 계행으로 조금의 공덕을 쌓으며 수행으로 공덕을 쌓지 않는다면, 그는 몸이 파괴되어 죽은 뒤에 인간으로 태어나더라도 불행하게 태어납니다. 두 번째로, 어떤 사람이 보시로 적당한 공덕을 쌓고 계행으로 적당한 공덕을 쌓습니다. 그러면 그가 수행으로 공덕을 쌓지 않더라도, 그는 몸이 파괴되어 죽은 뒤에 인간 사이에 태어나면 행복하게 태어납니다. 세 번째로, 어떤 사람이 보시로 수많은 공덕을 쌓고 계행으로 수많은 공덕을 쌓습니다. 그러면 그가 수행으로 공덕을 쌓지 않더라도, 그는 몸이 파괴되어 죽은 뒤에 하늘 세계에 태어납니다. 그리고 그가 천신으로 태어난다면, 그는 하늘의 수명, 하늘의 용모, 하늘의 안락, 하늘의 명예, 하늘의 주권, 하늘의 형상, 하늘의 소리, 하늘의 향기, 하늘의 맛 및 하늘의 감촉을 느끼게 되는 십선(하늘이 내려주는 열 가지 선물)을 얻게 됩니다. 마지막으로 어떤 사람이 보시로 수많은 공덕을 쌓고 계행으로 수많은 공덕을 쌓습니다. 그리고 그는 수행으로도 수많은 공덕을 쌓게 되면, 그는 몸이 파괴되어 죽은 뒤에 범천이나 거룩한 존재의 경지에 들게 됩니다. 이것이 보시, 계행 및 수행에 의한 공덕입니다. 이런 '보시, 계행 및 수행의 공덕'을 표로 나타내면 다음과 같습니다.

[표 III-4] 보시, 계행 및 수행의 공덕

공덕의 구분	공덕의 지복
보시로 조금의 공덕을 쌓고, 계행으로 조금의 공덕을 쌓으며, 수행으로 공덕을 쌓지 않으면	인간으로 태어나더라도, 불행하게 태어남
보시로 적당한 공덕을 쌓고, 계행으로 적당한 공덕을 쌓으며, 수행으로 공덕을 쌓지 않더라도	인간으로 태어나면, 행복하게 태어남
보시로 수많은 공덕을 쌓고, 계행으로 수많은 공덕을 쌓으며, 수행으로 공덕을 쌓지 않더라도	하늘 세계에 나게 됨, 천신으로 나면 십선을 갖추게 됨
보시로 수많은 공덕을 쌓고, 계행으로 수많은 공덕을 쌓으며, 수행으로 수많은 공덕을 쌓으면	범천이나 거룩한 존재의 경지에 들게 됨

이처럼 보시, 계행 및 수행은 이를 행한 사람의 미래 생을 바꿔줍니다. 그러니 현재의 삶이 힘들고 어렵더라도 미래의 더 나은 삶을 위해 보시, 계행 및 수행에 투자해야 합니다. 그리고 현재의 삶이 안정되었다면 그래도 미래에는 더 나은 행복과 안정을 위해 보시, 계행 및 수행을 해야 합니다. 그러면 미래 생에는 더 큰 행복이 찾아옵니다. 이것이 보시, 계행 및 수행의 공덕입니다. 이렇게 공덕은 쌓은 자에게 미래의 자산이 돼줍니다.

나. 큰 공덕과 작은 공덕

마음에 쌓은 공덕에는 큰 공덕도 있으며, 작은 공덕도 있습니다. 그리고 이런 공덕의 힘에 따라 마음에서 일어나는 과보가 다르게 나타납니다. 따라서 인간의 삶을 살면서 괴롭지 않고, 행복한 삶을 수호하려면 공덕의 힘을 크게 키워놓아야 합니다.

현생에서 쌓아놓은 공덕은 그가 인간의 삶을 살아나가는 데 큰 힘이 되어줍니다. 그래서 그가 전생에 쌓아놓았던 공덕의 힘이 지금 받아야 하는 괴로움의 크기보다 훨씬 크게 형성되어 있다면 현재 일어나고 있는 괴로움은 그를 괴롭히지 못합니다. 오히려 그는 커다랗게 저축해놓은 공덕의 힘으로 항상 즐거움 속에서 살게 됩니다. 이때는 그에게 웬만한 괴로움이 들어오더라도 그는 즐거운 삶을 영위하게 됩니다.

그러나 공덕의 창고에 공덕을 조금만 쌓아놓은 사람이 있습니다. 그러면 그에게 작은 크기의 괴로움이 들어오더라도, 이것은 그가 쌓아놓은 공덕의 힘보다 크기 때문에 그에게는 그 괴로움이 주체할 수 없을 정도로 크게 느껴집니다. 그래서 그는 극심한 괴로움으로 괴로워합니다. 따라서 다른 사람이 보기에는 별일이 아닌 것처럼 보이지만 그에게는 큰 우울증과 슬픔으로 다가옵니다. 그래서 이것은 그를 극단적인 선택으로까지 몰고 갈 수도 있습니다. 이렇게 상황에 따라 다르게 나타나는 '공덕의 힘'을 표로 나타내면 다음과 같습니다.

[표 III-5] 공덕의 힘

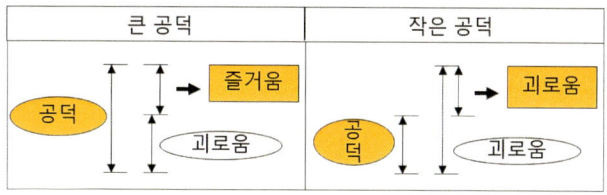

이처럼 전생에 쌓아놓은 공덕의 크기에 의해 현생에서 받게 되는 과보의 종류와 크기는 다르게 나타납니다. 그런데 이렇게 쌓아놓은 공덕과 받게 되는 지복은 일대일 구조는 아닙니다. 이것은 여러 종류의 업과 공덕에 의해 조건지어져서 증감된 지복으로 나타납니다. 그래서 공덕이 크게 되면 이보다 작은 과보는 흡수되어 옅어집니다. 그리고 과보는 공덕 안에서 일어났다가, 공덕 안에서 소멸하기도 합니다. 이것이 변화업이 되기도 하고, 상쇄업이 되기도 하며, 소멸업이 되기도 합니다. 그리고 이렇게 해서 작용한 것이 공덕의 창고에 쌓여 공덕의 힘을 통해 과보로 나타납니다.

그래서 지금 어렵고 힘들며, 우울하다면 그것은 자신이 공덕의 창고에 쌓아놓은 공덕이 작기 때문입니다. 그리고 공덕의 창고에 공덕이 많이 쌓여 있으면 이것은 즐겁고, 행복한 행으로 바뀝니다. 그래서 지금 상황에 좌절하지 말고, 힘을 잃지도 말며, 보시, 계행 및 수행을 통해 공덕의 창고에 있는 공덕을 키워야 합니다. 그러면 이렇게 키워진 공덕은 당신의 미래 생에 행복을 갖다줄 것입니다.

○ 보시의 공덕

보시는 공덕을 쌓기에 좋은 여건을 만들어줍니다. 보시함으로써 사람의 마음에 있는 탐심은 점차 소멸하며, 감각적 욕망의 크기도 줄어듭니다. 그래서 보시를 통해 작은 것에도 만족하게 되며, 행복해할 줄 알게 됩니다. 이렇게 보시는 인간의 삶에 공덕을 만들어주며, 이를 통해 공덕이 쌓이게 되면 이것으로 인해 행복이 형성됩니다.

'앙굿따라니까야'의 '쑤마나의 경'에 보면, 사왓티 시의 제따 숲에 있는 기원정사에서 붓다는 쑤마나에게 '보시와 공덕'에 대한 이야기를 합니다(A. Ⅲ. 32). 여기를 보면, 인간으로 태어나서 보시를 한 자는 보시를 하지 않는 자에 비해 다음의 다섯 가지가 뛰어나게 됩니다. 그것은 수명, 용모, 행복, 명성 및 권세입니다.

이런 보시의 공덕은 천신에게도 도움을 주고, 인간에게도 도움을 주며, 수행자에게도 도움을 줍니다. 이렇게 보시한 자에게는 다섯 가지 공덕이 쌓이게 됩니다.

먼저, 보시를 한 자는 보시를 하지 않은 자에 비해 인간의 삶을 사는 동안에 병이 줄어들고, 긴 수명을 갖게 됩니다. 두 번째로, 보시를 한 자는 보시를 하지 않은 자에 비해 인간으로 태어나면 용모가 단정하게 태어나고, 삶을 영위하는 동안에 용모가 수려하게 됩니다. 세 번째로, 보시를 한 자는 보시를 하지 않은 자에 비해 인간의 삶을 사는 동안에 즐거움과 행복이 찾아옵니다. 네 번째로, 보시를 한 자는 보시를 하지 않은 자에 비해 인간의 삶을 사는 동안에 선한 명성을 얻게 되고, 사람들로부터 칭송을 받게 됩니다. 마지막으로, 보시를 한 자는 보시를 하지 않은 자에 비해 인간의 삶을 사는 동안에 출세하게 되고, 권세를 얻으며, 이를 누리게 됩니다. 이렇게 보시한 자는 보시하지 않은 자에 비해 다섯 가지의 뛰어난 공덕이 쌓이게 됩니다. 그러니 보시해야 합니다. 이런 '보시의 공덕'을 표로 나타내면 다음과 같습니다.

[표 III-6] 보시의 공덕

보시의 공덕	보시의 뛰어남
보시를 한 자는 보시를 하지 않은 자에 비해 다섯 가지가 뛰어나게 됨	병이 줄어들고, 긴 수명을 갖게 됨
	용모가 단정하게 태어나고, 용모가 수려하게 됨
	즐거움과 행복이 찾아옴
	선한 명성을 얻게 되고, 사람들로부터 칭송을 받게 됨
	출세하게 되고, 권세를 얻어 이를 누리게 됨

이처럼 보시함으로써 인간의 삶에 즐거움과 행복이 찾아옵니다. 또한 수행 시에도 보시의 공덕을 갖춘 수행자는 보시의 공덕을 갖추지 못한 수행자에 비해 수행 생활을 하는 데 있어서 뛰어남을 갖게 됩니다. 그래서 수행자의 삶을 사는 동안에 의복, 음식,

와좌구, 필수 약 및 수행 물품을 받는 데 능숙하게 됩니다. 그러니 보시의 공덕을 쌓아야 합니다. 이로 인한 지복은 인간 삶의 대부분에 영향을 미칩니다. 또한 미래 생의 삶도 윤택해집니다. 이렇게 보시의 공덕은 미래에 자산으로 다가옵니다.

다. 좋은 밭에 뿌려진 씨앗의 열매

똑같이 선근의 씨앗을 심었어도, 심은 밭이 좋은 곳일 수도 있으며, 좋지 않은 곳일 수도 있습니다. 그래서 선근의 씨앗이 잘 자라는 토양에 심은 씨앗이 더 잘 자라게 됩니다. 이처럼 보시도 누구에게 하느냐에 따라 보시의 과보는 다르게 나타납니다. 그래서 깨달은 존재에게 하는 보시가 일반 범부들에게 하는 보시보다 더욱 수승한 과보를 받게 합니다. 왜냐하면 깨달은 존재에게 한 보시가 세상에 널리 이로움을 주며, 이와 연결된 보시의 공덕도 이와 더불어서 같이 커지기 때문입니다. 그래서 일반 범부보다는 깨달은 자에게 보시하는 것이 훨씬 수승한 과보를 받게 합니다.

'담마파다'의 '갈애의 품'의 주석서를 보면, 붓다는 쌍신변을 행하여 아비담마를 설하기 위해 도리천으로 가는 도중에 인다까라는 천신을 만나게 됩니다(DhpA. IV. 80~82). 여기를 보면, 인다까는 전생에 장로 아누룻다에게 탁발 음식을 한 숟가락 주었는데, 이런 공덕의 힘으로 그는 이곳 천상 세계에 천신으로 태어난 것입니다.

그런데 그 도시에 사는 앙꾸라는 바라문은 일만 년 동안이나 거리에서 재화를 설치하고, 일반 범부들에게 헌공을 바쳤습니다. 그러나 그가 받게 되는 공덕의 과보는 인다까가 깨달은 이에게 했던 한 숟가락의 공양에 의한 과보보다 훨씬 작습니다. 그래서 보시하더라도 좋은 공덕의 밭에 하는 것이 훨씬 좋습니다. 그러면 그 밭은 공덕의 씨앗을 잘 가꾸어서 곳곳에 좋은 과실을 열리게 합니다. 그리고 이런 과실의 열매는 그에게 많은 지복을 갖다줍니다. 그래서 보시할 가치가 있는 자에게 행한 보시의 공덕은 좋은 밭에 뿌려진 씨앗처럼 훨씬 좋은 과실을 그에게 맺게 해줍니다. 따라서 탐욕을 여읜 님, 성냄을 여읜 님, 어리석음을 여읜 님, 그리고 욕망을 여읜 님에게 보시하는 것이야말로 그에게 커다란 지복을 안겨다줍니다.

그러나 탐·진·치의 해로움이 있는 밭에 씨앗을 뿌리면, 그것은 열매가 자라는 데 좋지 않은 영향을 줍니다. 또한 먹고 마시며 흥청망청 삶을 낭비하는 자에게 하는 보시는 보시의 효과가 작게 나타납니다. 그는 그가 받은 보시를 통해 공덕을 짓지 않기 때문입니다. 그래서 어려운 사람, 힘이 없는 사람, 도움이 필요한 사람, 깨달음의 길을 가는 수행자 등 공덕이 뿌리를 내려 많은 열매가 열릴 수 있는 좋은 밭에 씨앗을 뿌리는 것이 더 좋습니다. 이렇게 선한 복 밭에 선근의 씨앗을 심는다면 이것은 공덕의 힘을 크게 하며, 그에게 미래 생에 큰 자산이 돼줍니다.

○ 선한 보시의 공덕

보시하는 순간에 했던 작은 마음의 차이가 부메랑이 되고, 시공간에 흐름을 일으켜서 나중에는 큰 업의 과보로 발전합니다. 그리고 업의 과보는 계속 쌓이고, 뭉쳐져서 크게 변할 수도 있습니다. 그래서 선한 보시는 일상생활에서 행복의 진전을 빠르게 하고, 크게 합니다. 그리고 수행 생활에도 수행의 진전을 빠르게 합니다.

'디가니까야'의 '완전한 열반의 큰 경'의 주석서를 보면, 꾸시나라시 근처의 말라 족의 쌀라 숲의 쌀라 쌍수 아래에서 붓다는 쑤밧다에게 '곡물의 보시'에 대한 이야기를 합니다(Smv. 588~589). 여기를 보면, 한 마을에 두 형제가 살고 있었습니다.

마을의 두 형제는 수행자에게 보시할 때, 형은 선한 마음을 내서 자신이 가진 최상의 곡물을 보시했으나, 동생 쑤밧다는 그렇게 하지 못했습니다. 이렇게 선한 보시로 인해 형이 지은 공덕의 힘은 크게 됩니다. 이런 커다란 공덕의 힘으로 형은 안냐따 꼰당야라는 장로가 되어 붓다께서 깨달으신 후에 한 최초의 설법 시에 참석한 다섯 비구 중의 한 명이 됩니다. 이렇게 그는 붓다의 최초 설법에 참석해서 붓다의 가르침을 받게 되고, 이를 통해 깨달음을 얻게 됩니다. 그러나 동생은 그 후에도 붓다와 인연이 닿지 않았습니다. 그러다 붓다의 입멸 시에 드디어 붓다를 뵙게 됩니다. 그리고 붓다 생전의 최후의 제자가 됩니다. 이렇게 붓다는 밤의 초야에는 말라족에게 가르침을 설하고, 밤의 중야에는 쑤밧다에게 가르침을 설하며, 밤의 후야에는 수행승들에게 가르침을 설했습니다. 그리고서 붓다는 이른 새벽에 입멸에 드십니다.

이처럼 선한 보시의 공덕은 깨달음의 길로 갈 수 있는 빠른 토대를 마련합니다. 그래서 어떤 수행자는 수행하는 데 있어서 수행 생활에 지장이 없게 되며, 수행하기 위한 의·식·주의 조건도 수월하게 만들어집니다. 그런데 어떤 수행자는 수행하는 데 공양을 받기도 어렵고, 보시물도 어렵게 얻는 등 수행 생활에 어려움을 겪습니다. 이것은 그가 전생에 선한 보시의 공덕을 쌓는 데 소홀했기 때문입니다. 그래서 내가 지금 가난하고 생활이 빈곤하다면, 전생에 내가 충분히 선한 보시를 하지 못했다는 것을 알아야 합니다. 그리고 지금 내가 선한 보시를 한다면 그 공덕의 힘으로 미래 생은 수만 배의 크기로 평안한 삶을 살 수 있다는 것도 알아야 합니다. 이것이 시공간을 넘나들며 빠른 수행의 결과를 낳게 하는 선한 보시 공덕의 힘입니다.

○ 재산을 몰수당하는 과보

대상에 대해 행동하기 전에 자신의 마음에서 일어나는 행의 의도를 안다는 것은 어렵습니다. 이렇게 알기 어려운 의도라고 해도, 자신이 행한 행의 의도는 자신의 마음속에 고스란히 업으로 저장됩니다. 그리고 이것은 과보로 자신에게 나타납니다. 그래서 자신의 행이 공덕이 되려면 선한 의도에 의한 선한 행을 쌓아야 합니다.

'담마파다'의 '갈애의 품'의 주석서를 보면, 사왓티 시의 제따 숲에 있는 기원정사에서 붓다는 수행승들에게 '보시와 공덕의 삶'에 대한 이야기를 합니다(DhpA. Ⅳ. 76~80). 여기를 보면, 사왓티 시의 한 마을에 부호인 아뿟따까가 살고 있었습니다.

부호인 아뿟따까는 인생을 열심히 살았습니다. 그가 생각하기에 그의 인생은 풍족한 삶이었습니다. 그러나 세월이 흘러 그에게도 현생을 마감하는 시간이 왔습니다. 그러나 그에게는 그 많은 재산을 상속받을 후대가 없었습니다. 그래서 그 당시의 국법에 따라 그의 전 재산은 국고로 환수됩니다. 이런 사실을 꼬살라국의 왕인 빠쎄나디 왕은 붓다를 친견했을 때 붓다에게 이야기합니다. 그리고 그가 이럴 수밖에 없는 이유가 있는지 붓다에게 묻습니다. 그러자 붓다는 이런 사실을 듣고 난 연후에 부호의 전생을 살펴봅니다. 그리고 그의 전생 이야기를 빠쎄나디 왕에게 들려줍니다.

아주 옛적에 부호 아뿟따까는 따가라씨킨이라는 연각불 시대에 살고 있었습니다. 그리고 어느 때 부호는 연각불에게 탁발 음식을 제공합니다. 그래서 그는 아내에게 "이 수행승에게 탁발 음식을 드리시오"라고 말하고는 밖으로 나갑니다. 그러자 그의 아내는 연각불의 발우에 맛있는 음식을 가득 채워서 그에게 줍니다. 이때 부호는 잊은 것이 있어서 집으로 다시 들어옵니다. 이때 그는 밖으로 나가는 수행승과 마주칩니다. 그리고 그는 수행승의 발우에 맛있는 음식이 가득 찬 것을 보고는 "이 음식들을 하인들에게 나누어주면 그들은 나를 위해 더 열심히 일할 텐데"라고 생각하며, 그에게 공양을 올린 것을 후회합니다. 그러나 음식을 준 것은 어쩔 수 없습니다. 그리고 며칠 후에 돈 많은 그의 형제가 죽자, 그는 형제의 재산을 가로채기 위해 그의 유일한 아들을 죽음에 몰아넣습니다. 그리고 그는 형제의 전 재산을 가로챕니다. 이것이 그가 지은 전생의 악업입니다. 그 후에 부호는 때가 되어 죽음을 맞게 됩니다.

그리고 부호는 연각불에게 보시한 공덕으로 일곱 생을 사왓티 시의 부호로 태어납니다. 그러나 그는 전생에서 수행승에게 보시할 때, "하인들에게 나누어 줄걸"이라며 후회를 한 과보로 인해 맛있는 음식이 있어도 이를 즐기지 못하고, 풍요로운 옷이 있어도 입지 못하는 구두쇠의 삶을 살게 됩니다. 그 후에 그는 형제의 아들을 죽인 과보로 수만 년을 지옥에서 과보를 받습니다. 그리고 일곱 번의 생에서 상속받을 아들이 없게 태어나서 재산을 몰수당하게 됩니다. 그래서 부호는 현생에서도 많은 재산을 가졌으나, 재산을 물려줄 후대가 없게 됩니다. 이것이 그의 전생에 따른 과보입니다.

이처럼 그가 행한 의도는 업으로 저장돼서 과보로 나타납니다.

그래서 자신의 행이 공덕이 되려면, 어질게 선한 의도를 내는 선한 행을 해야 합니다. 그렇지 않고 갈애와 불선한 의도를 내면 이는 오랜 세월 그에게 고통을 안겨줍니다. 그리고 더 나아가 다른 사람도 해치는 악업을 짓게 됩니다. 그러니 항상 선한 보시의 공덕을 쌓는 선한 의도를 내야 합니다. 그래야 이것이 그에게 미래의 자산이 되어 돌아옵니다.

라. 운명을 바꾸는 예경의 공덕

붓다의 위대한 가르침을 수지 독송하며 예경하는 것에는 공덕이 있습니다. 이런 예경은 부처님을 따르고, 부처님의 가르침을 따르며, 참다운 승가를 따르는 것입니다. 그리고 이를 배우며 익히는 것입니다. 그래서 이런 행은 마음에 고요와 평온을 갖다줍니다. 이런 예경은 불선한 악마의 위협으로부터 이들을 보호해주며, 이를 행하는 자는 수명, 용모, 안락 및 기력의 네 가지에 대한 이익을 얻게 됩니다. 이것이 붓다의 위대한 가르침을 따르며 이에 따라 행동하는 예경의 공덕입니다.

'담마파다'의 '천의 품'의 주석서를 보면, 디가람비까 시의 아란냐꾸띠까에서 붓다는 수행승들에게 '덕 있는 자를 예경하고, 찬양하는 공덕'에 대한 이야기를 합니다(DhpA. Ⅱ. 235~239). 여기를 보면, 아란냐꾸띠까에는 두 명의 바라문이 살고 있었습니다. 이들은 이교도의 집단에서 수년간 고행 수행을 했습니다.

그런데 이 중에 한 바라문이 집안의 가계를 잇기 위해 환속을 합니다. 그 당시에는 수행 생활 중에 닦았던 고행의 공덕을 다른 이에게 팔기도 했습니다. 그래서 그는 고행의 공덕을 다른 이에게 팔아서 소 백 마리와 아내를 얻어 가정을 꾸렸습니다. 그리고 세월이 흘러 이들은 아들을 얻게 되고, 그의 이름을 디가유로 지었습니다. 그리고 두 명의 바라문 중에 다른 바라문은 고행자로써 유행을 계속했습니다. 이렇게 이들은 각자의 삶을 살다가, 어느 때에 고행자가 유행 중에 바라문의 집에 들르게 됩니다. 그러자 부부는 고행자를 반갑게 맞이합니다. 그리고 서로 간에 인사를 나눕니다. 이때 고행자는 부부를 향해 "오래 살기를!" 하고 축복을 해줍니다.

그러나 고행자는 바라문의 아들 디가유를 보고서는 침묵합니다. 그러자 부부는 고행자에게 아이를 축복해주지 않고, 침묵하는 이유를 묻습니다. 고행자는 신통력으로 디가유의 삶이 얼마 남지 않은 것을 알게 된 것입니다. 이에 대해 고행자는 디가유의 수명이 앞으로 칠 일밖에 남지 않았다고 대답해줍니다. 그러자 부부는 깜짝 놀랍니다. 그리고 아이의 운명을 바꿀 방법이 있으면 알려달라고 고행자에게 간청합니다. 그러자 고행자는 그 방법을 알기 위해서는 붓다에게 가보라고 그들에게 권합니다. 다음 날 아침 일찍 그들은 디가유를 데리고 붓다를 찾아갑니다. 그리고 그들은 붓다를 만나뵙고 붓다에게 예를 갖추고 정성을 다해 인사를 올립니다. 그러자 이때도 붓다는 부모들에게는 "오래 살기를!" 하고 축복을 내려줍니다. 그러나 아들인 디가유가 인사하자, 아들에게는 침묵합니다. 그러자 부모는 붓다에게 아이의 운명을 바꿀 방법이 있으면 알려달라고 간청합니다. "붓다시여! 어떤 방법이 있겠습니까? 제발 그 방도를 알려주십시오"라며 간절하게 간청합니다. 이에 붓다는 잠시 생각에 잠겼다가, 바라문에게 아이가 죽음의 운명에서 벗어날 방도를 알려줍니다.

이를 위해서 우선, 집 앞에 정성을 다해 정자를 지으라고 합니다. 그리고 정자의 가운데에 의자를 놓고, 그곳에 아이를 앉힙니다. 그 주위에 8~16개의 의자를 놓고, 그곳에는 붓다의 제자인 수행승들을 앉히라고 합니다. 그리고 그곳에서 일주일 동안 끊임없이 수호경을 읽으라고 합니다. 이렇게 해서 아이가 가진 악한 업보를 막게 된다면 아이에 대한 운명을 바꿀 수 있다고 합니다. 그래서 그들은 당장 집으로 달려가서 그날 집 앞에 정자를 마련합니다. 그리고 정자 가운데에 아이를 앉히고, 수행승들을 초청해서 그곳에서 칠 일 밤낮으로 수호경을 독송합니다. 그리고 칠 일째 되는 마지막 날, 붓다께서 그곳에 왔을 때 그곳의 주변에 이미 많은 위대한 신들이 모여 있는 것을 볼 수 있었습니다. 드디어 칠 일째 되는 날 정시에 아바루다까라고 하는 귀신이 아이를 데려가기 위해서 왔습니다. 그리고 아바루다까는 정자에서 멈추어 섭니다. 그러나 아바루다까는 정자 주위에 이미 많은 위대한 신들이 있음을 보게 됩니다. 그리고 그들의 위신력에 눌려 아바루다까는 아이 곁으로 가지 못하고, 주변에서 아이를 데려가기 위해 서성거립니다. 그러나 아이를 데려갈 시간이 지나가 버리고, 이제는 아바루다까도 그곳을 떠나야 할 시간입니다. 아바루다까는 잠시 머뭇거리다가 할 수 없이 혼자서 그곳을 떠나게 됩니다. 다음 날 아침 일찍 아이가 붓다에게 인사하자, 붓다는 그제야 아이에게 "오래 살기를!" 하고 축복해줍니다. 그 후로 그 아이는 120세까지 장수하며, 좋은 용모를 갖추고, 안락하며, 건강하게 살게 되었다고 합니다.

이처럼 덕이 있는 자를 예경하고, 찬양하는 공덕은 천신들이 그 사람에게 수명, 용모, 안락 및 기력의 네 가지에 대한 지복의 이익을 줍니다. 그래서 그는 생을 마감하는 날까지 긴 수명, 단정한 용모, 안락한 생활 및 건강한 기력을 갖게 됩니다. 이렇게 공덕은 미래에 행복을 갖다주는 자산이 됩니다.

○ 여섯 방향을 대상으로 한 예배의 공덕

예배(예를 다해 공손한 마음을 전함)는 사람의 마음을 경건하고 선하게 만듭니다. 그래서 이는 마음에 선근을 심어줍니다. 그리고 마음에 선근을 심는 이런 선한 행동을 하게 되면 인생은 윤택해지며, 미래 생에 선한 공덕의 과보를 받게 됩니다. 또한 예배하면서 방향별로 대상을 달리해서 예배하며, 방향별로 선한 마음을 보내면서 수호한다면 예배 공덕의 효과는 더욱 수승하게 됩니다. 그래서 동·서·남·북·위·아래의 여섯 방향에 대한 대상의 의미를 알고, 이를 통해 자신의 마음을 잘 수호해야 합니다.

'디가니까야'의 '씽갈라까에 대한 훈계의 경'에 보면, 라자가하 시의 벨루 숲의 죽림정사에서 붓다는 장자의 아들 씽갈라까에게 '여섯 방향의 수호'에 대한 이야기를 합니다(D. Ⅲ. 189~191). 여기를 보면, 예배할 때도 방향별로 대상에 대한 의미를 되새기면서 각각의 방향별로 마음을 수호하면서 해야 합니다.

그렇게 하면 선한 의도에 의한 선한 공덕이 방향별로 확대되고 대상별로 확대되어서, 이로 인한 공덕의 힘은 더욱 커지게 됩니다. 이런 방향은 동·서·남·북·위·아래의 여섯 방향이 있습니다. 이런 여섯 방향으로 예배의 장을 펼쳐야 합니다.

먼저, 동쪽에는 부모가 있다는 것을 알아야 합니다. 그래서 자식은 동쪽인 부모님을 다음과 같이 잘 섬기며, 수호해야 합니다. ① 자식은 부모님을 잘 봉양해야 하며, 섬겨야 합니다. ② 자식은 부모님에게 의무를 다해야 하며, 잘 섬겨야 합니다. ③ 자식은 가문의 전통을 이어야 하며, 부모님을 잘 섬겨야 합니다. ④ 자식은 상속을 잘 승계해야 하며, 부모님을 잘 섬겨야 합니다.

그리고 부모님은 자식을 다음과 같이 잘 돌봐야 하며, 수호해야 합니다. ① 부모는 자식을 악한 것으로부터 보호해야 하며, 잘 돌봐야 합니다. ② 부모는 자식이 선한 것을 확립하도록 해야 하며, 잘 돌봐야 합니다. ③ 부모는 자식이 기술을 익히도록 해야 하며, 잘 돌봐야 합니다. ④ 부모는 자식이 어울리는 배우자와 잘 맺어지도록 해야 하며, 잘 돌봐야 합니다. ⑤ 부모는 자식에게 적당한 때에 유산을 물려주어야 하며, 잘 돌봐야 합니다. 이를 통해 동쪽의 존재에 대한 마음이 안온해지며, 동쪽을 두려움 없이 잘 수호하게 됩니다.

두 번째, 남쪽에는 스승이 있다는 것을 알아야 합니다. 그래서 제자는 남쪽인 스승을 다음과 같이 잘 섬겨야 하며, 수호해야 합니다. ① 제자는 스승을 일어나서 맞이해야 하며, 잘 섬겨야 합니다. ② 제자는 스승에게 시중을 잘 들어야 하며, 잘 섬겨야 합니다. ③ 제자는 스승에게 열의를 보여야 하며, 잘 섬겨야 합니다. ④ 제자는 스승에게 봉사해야 하며, 잘 섬겨야 합니다. ⑤ 제자는 스승에게서 성실하게 기술을 습득해야 하며, 잘 섬겨야 합니다.

그리고 스승은 제자를 다음과 같이 잘 돌봐야 하며, 수호해야 합니다. ① 스승은 제자가 훈련을 잘 받도록 훈련해야 하며, 잘 돌봐야 합니다. ② 스승은 제자가 이해를 잘하도록 설명해야 하며, 잘 돌봐야 합니다. ③ 스승은 제자가 기술을 배우도록 가르쳐야 하며, 잘 돌봐야 합니다. ④ 스승은 제자가 선한 친구와 동료를 사귀도록 소개해주어야 하며, 잘 돌봐야 합니다. ⑤ 스승은 제자가 모든 방향에서 안전하게 해야 하며, 잘 돌봐야 합니다. 이를 통해 남쪽의 존재에 대한 마음이 안온해지며, 남쪽을 두려움 없이 잘 수호하게 됩니다.

세 번째, 서쪽에는 처자식이 있다는 것을 알아야 합니다. 그래서 남편은 서쪽인 아내를 다음과 같이 잘 섬겨야 하며, 수호해야 합니다. ① 남편은 아내를 존중해야 하며, 잘 섬겨야 합니다. ② 남편은 아내를 멸시하지 말아야 하며, 잘 섬겨야 합니다. ③ 남편은 아내에게 신의를 저버리지 말아야 하며, 잘 섬겨야 합니다. ④ 남편은 아내에게 권한을 부여해야 하며, 잘 섬겨야 합니다. ⑤ 남편은 아내에게 재물을 제공해야 하며, 잘 섬겨야 합니다.

그리고 아내는 남편을 다음과 같이 잘 돌봐야 하며, 수호해야 합니다. ① 아내는 맡은 일을 잘 처리해야 하며, 남편을 잘 돌봐야 합니다. ② 아내는 주변 사람들에게 친절해야 하며, 남편을 잘 돌봐야 합니다. ③ 아내는 신의를 저버리지 말아야 하며, 남편을 잘 돌봐야 합니다. ④ 아내는 재물을 잘 보관해야 하며, 남편을 잘 돌봐야 합니다. ⑤ 아내는 모든 해야 할 일에 게으르지 않아야 하며, 남편을 잘 돌봐야 합니다. 이를 통해 서쪽의 존재에 대한 마음이 안온해지며, 서쪽을 두려움 없이 잘 수호하게 됩니다.

네 번째, 북쪽에는 친구와 동료가 있다는 것을 알아야 합니다. 그래서 훌륭한 사람은 북쪽인 친구와 동료를 다음과 같이 잘 섬겨야 하며, 수호해야 합니다. ① 훌륭한 사람은 친구 등에게 보시해야 하며, 이들을 잘 섬겨야 합니다. ② 훌륭한 사람은 친구 등에게 사랑스러운 말을 해야 하며, 이들을 잘 섬겨야 합니다. ③ 훌륭한 사람은 친구 등에게 유익한 행위를 해야 하며, 이들을 잘 섬겨야 합니다. ④ 훌륭한 사람은 친구 등에게 협동하여 행해야 하며, 이들을 잘 섬겨야 합니다. ⑤ 훌륭한 사람은 친구 등에게 정직한 말을 해야 하며, 이들을 잘 섬겨야 합니다.

그리고 친구와 동료는 훌륭한 사람을 다음과 같이 잘 돌봐야 하며, 수호해야 합니다. ① 친구 등은 훌륭한 사람이 술에 취했을 때 보살펴주어야 하며, 잘 돌봐야 합니다. ② 친구 등은 훌륭한 사람이 술에 취했을 때 재물을 지켜주어야 하며, 잘 돌봐야 합니다. ③ 친구 등은 훌륭한 사람이 두려울 때 피난처가 되어주어야 하며, 잘 돌봐야 합니다. ④ 친구 등은 훌륭한 사람이 재난에 처했을 때 버리지 않아야 하며, 잘 돌봐야 합니다. ⑤ 친구 등은 훌륭한 사람의 자손들을 존중해주어야 하며, 잘 돌봐야 합니다. 이를 통해 북쪽의 존재에 대한 마음이 안온해지며, 북쪽을 두려움 없이 잘 수호하게 됩니다.

다섯 번째, 아래 방향에는 하인과 고용인이 있다는 것을 알아야 합니다. 그래서 주인은 아래 방향인 하인과 고용인을 다음과 같이 잘 섬겨야 하며, 수호해야 합니다. ① 주인은 하인과 고용인에게 능력에 맞게 일을 안배해야 하며, 이들을 잘 섬겨야 합니다. ② 주인은 고용인 등에게 음식과 임금을 지급해야 하며, 이들을 잘 섬겨야 합니다. ③ 주인은 고용인 등이 병들면 보살펴주어야 하며, 이들을 잘 섬겨야 합니다. ④ 주인은 고용인 등에게 맛있는 것을 함께 나누어주어야 하며, 이들을 잘 섬겨야 합니다. ⑤ 주인은 고용인 등에게 적당한 때에 휴식을 취하게 해야 하며, 이들을 잘 섬겨야 합니다.

그리고 고용인 등은 주인을 다음과 같이 잘 돌봐야 하며, 수호해야 합니다. ① 고용인 등은 주인보다 먼저 일어나야 하며, 주인을 잘 돌봐야 합니다. ② 고용인 등은 주인보다 늦게 자야 하며, 주인을 잘 돌봐야 합니다. ③ 고용인 등은 주인에게서 주어진 것에 만족해야 하며, 주인을 잘 돌봐야 합니다. ④ 고용인 등은 주인의 일을 잘 처리해야 하며, 주인을 잘 돌봐야 합니다. ⑤ 고용인 등은 주인의 명성을 날리게 하고 칭송해야 하며, 주인을 잘 돌봐야 합니다. 이를 통해 아래 방향의 존재에 대한 마음이 안온해지며, 아래 방향을 두려움 없이 잘 수호하게 됩니다.

마지막으로, 위 방향에는 수행자와 성직자가 있다는 것을 알아야 합니다. 그래서 훌륭한 사람은 위 방향인 수행자와 성직자를 다음과 같이 잘 섬겨야 하며, 수호해야 합니다. ① 훌륭한 사람은 수행자를 자비로운 행으로 대해야 하며, 이들을 잘 섬겨야 합니다. ② 훌륭한 사람은 수행자를 자비로운 언어로 대해야 하며, 이들을 잘 섬겨야 합니다. ③ 훌륭한 사람은 수행자를 자비로운 정신으로 대해야 하며, 이들을 잘 섬겨야 합니다. ④ 훌륭한 사람은 수행자를 문을 열어 맞이해야 하며, 이들을 잘 섬겨야 합니다. ⑤ 훌륭한 사람은 수행자에게 음식을 보시해야 하며, 이들을 잘 섬겨야 합니다.

그리고 수행자와 성직자는 훌륭한 사람을 다음과 같이 잘 돌봐야 하며, 수호해야 합니다. ① 수행자는 훌륭한 사람을 악한 것으로부터 보호해야 하며, 잘 돌봐야 합니다. ② 수행자는 훌륭한 사람을 선한 것에 들게 해야 하며, 잘 돌봐야 합니다. ③ 수행자는 훌륭한 사람을 선한 마음으로 돌보아주어야 하며, 잘 돌봐야 합니다. ④ 수행자는 훌륭한 사람에게 배우지 못한 것을 가르쳐주어야 하며, 잘 돌봐야 합니다. ⑤ 수행자는 훌륭한 사람이 이미 배운 것을 정화할 수 있도록 해야 하며, 잘 돌봐야 합니다. ⑥ 수행자는 훌륭한 사람에게 천상에 가는 길을 가르쳐주어야 하며, 잘 돌봐야 합니다. 이를 통해 위 방향의 존재에 대한 마음이 안온해지며, 위 방향을 두려움 없이 잘 수호하게 됩니다.

이렇게 여섯 방향으로 경건하게 예배하며, 자신의 마음을 잘 수호해야 합니다. 또한 주변을 존중해주고, 주변과 함께 하는 삶을 살도록 마음을 수호해야 합니다. 이를 통해 마음은 점차로 고요함을 찾아갑니다. 이를 표로 나타내면 다음과 같습니다.

[표 III-7] 여섯 방향의 예배 및 수호 I

방향의 구분	여섯 방향의 예배 및 수호
- 동쪽에는 부모가 있다는 것을 알아야 합니다.	
자식은 동쪽인 부모님을 잘 섬겨야 합니다.	부모님을 잘 봉양함. 의무를 다함. 가문의 전통을 이음. 상속을 잘 승계함
부모는 자식을 잘 돌봐야 합니다.	자식을 악한 것으로부터 보호함. 선한 것을 확립하도록 함. 기술을 익히도록 함. 어울리는 배우자와 잘 맺어지도록 함. 적당한 때에 유산을 물려줌
- 남쪽에는 스승이 있다는 것을 알아야 합니다.	
제자는 남쪽인 스승을 잘 섬겨야 합니다.	스승을 일어나서 맞이함. 시중을 잘함. 열의를 보여야 함. 봉사해야 함. 성실하게 기술을 습득함
스승은 제자를 잘 돌봐야 합니다.	제자가 훈련을 잘 받도록 함. 이해를 잘하도록 설명함. 기술을 배우도록 가르침. 선한 친구와 동료를 사귀도록 함. 모든 방향에 안전하도록 함
- 서쪽에는 처자식이 있다는 것을 알아야 합니다.	
남편은 서쪽인 아내를 잘 섬겨야 합니다.	아내를 존중함. 멸시하지 않음. 신의를 저버리지 않음. 권한을 부여함. 재물을 제공함
아내는 남편을 잘 돌봐야 합니다.	남편을 잘 돌봄. 주변 사람들에게 친절함. 신의를 저버리지 않음. 재물을 잘 보관함. 모든 해야 할 일에 게으르지 않음

[표 III-8] 여섯 방향의 예배 및 수호 II

방향의 구분	여섯 방향의 예배 및 수호
- 북쪽에는 친구와 동료가 있다는 것을 알아야 합니다.	
훌륭한 사람은 북쪽인 친구와 동료를 잘 섬겨야 합니다.	친구와 동료에게 보시함. 사랑스러운 말을 함. 유익한 행위를 함. 협동하여 행함. 정직한 말을 함
친구와 동료는 훌륭한 사람을 잘 돌봐야 합니다.	훌륭한 사람이 술에 취했을 때 보살펴줌. 술에 취했을 때 재물을 지켜줌. 두려울 때 피난처가 되어줌. 재난에 처했을 때 버리지 않음. 자손들을 존중해줌
- 아래 방향에는 하인과 고용인이 있다는 것을 알아야 합니다.	
주인은 아래 방향인 하인과 고용인을 잘 섬겨야 합니다.	하인과 고용인에게 능력에 맞게 일을 안배함. 음식과 임금을 지급함. 병들면 보살펴줌. 맛있는 것을 함께 나누어줌. 적당한 때에 휴식을 취하게 함
하인이나 고용인은 주인을 잘 돌봐야 합니다.	주인보다 먼저 일어남. 주인보다 늦게 잠. 주어진 것에 만족해함. 일을 잘 처리함. 주인의 명성을 날리게 하고 칭송함
- 위 방향에는 수행자와 성직자가 있다는 것을 알아야 합니다.	
훌륭한 사람은 위 방향인 수행자와 성직자를 잘 섬겨야 합니다.	수행자와 성직자를 자비로운 행으로 대함. 자비로운 언어로 대함. 자비로운 정신으로 대함. 문을 열어 맞이함. 음식을 보시함
수행자와 성직자는 훌륭한 사람을 잘 돌봐야 합니다.	훌륭한 사람을 악한 것으로부터 보호함. 선한 것에 들게 함. 선한 마음으로 돌보아줌. 배우지 못한 것을 가르쳐줌. 이미 배운 것을 정화함. 천상에 가는 길을 가르쳐줌

이처럼 동·서·남·북·상·하 모든 방향으로 예배의 장이 펼쳐집니다. 그러니 행을 함에 있어 모든 방향으로 항상 자신의 마음을 단속하고, 이들을 수호해야 합니다. 이것이 인연이 있는 모든 이들

과 자신에게 선한 공덕이 되기 때문입니다. 또한 인생을 살면서 행한 한순간의 작은 선행도 모두 다 공덕의 창고에 쌓이게 됩니다.

그러니 삶의 모든 방향을 향해 경건한 마음을 가져야 하며, 이런 마음으로 그들에게 예배하고 마음을 수호해야 합니다. 그러면 이런 공덕은 미래 생에 자산이 되어 자신에게 돌아옵니다.

마. 가르침은 참다운 이익

인간은 생·노·병·사하는 삶을 살면서 수많은 상황에 직면하게 됩니다. 그런데 이런 상황은 계속해서 변하고 있습니다. 그래서 세상에 변하지 않고, 고정돼 있는 것은 없습니다. 그런데 일반적인 생멸의 원리에서는 괴로운 것들은 일어나면서 괴로움을 유발하며, 즐거운 것들도 일어났다가는 사라지면서 이를 통해 괴로움을 유발합니다. 그래서 인간이 사는 욕계에서는 마음을 가만히 놓아두면 마음은 자동으로 괴로움을 일으키는 방향으로 움직이려고 합니다. 그래서 이런 인간 삶의 괴로움에서 벗어나기 위해서 붓다는 직접 체험을 통해서 마음을 닦는 법을 계발하게 됩니다. 따라서 이런 가르침을 통해서 수행하면 이는 수행자에게 참다운 이익을 갖다주며, 수행을 통해 깨달음을 얻는 데 공덕을 쌓게 합니다.

'담마파다'의 '길의 품'의 주석서를 보면, 사왓티 시의 제따 숲에 있는 기원정사에서 붓다는 수행승들에게 '붓다의 가르침은 현생에서 참다운 이익을 가져다준다'라는 것에 관해 이야기합니다(DhpA. III. 429~431). 여기를 보면, 그 당시에 상인 마하다나가 바라나씨의 도시에 살면서 지역 간에 대규모 무역을 하고 있었습니다.

그래서 마하다나는 다른 시와의 무역을 위해 다른 곳으로 자주 왕래하곤 합니다. 어느 때 마하다나는 꽃으로 물들인 옷을 팔기 위해 수백 대의 수레에 옷을 가득 싣고, 바라나씨에서 사왓티 시로 갑니다. 어느덧 수일이 흐른 어느 날 날이 어둑해질 때 마하다나는 사왓티 시 근처의 강둑에 도착합니다. 그리고 날이 저물자, 그는 내일 이 강을 건너리라 생각하고는 강 언덕에 그들의 여장을 풀었습니다. 그러나 그곳에 그날 밤부터 갑자기 많은 비가 쏟아지기 시작했습니다. 그리고 연이어서 이레 동안이나 큰비가 내렸습니다. 그래서 그는 그곳에서 꼼짝도 못 하고 갇히게 됩니다.

그러나 그는 이대로 바라나씨로 돌아갈 수는 없었습니다. 그래서 그는 "나는 이곳에서 이대로 돌아갈 수는 없다. 그러니 이곳에서 우기, 겨울, 여름을 보내더라도, 이곳에 머물면서 가지고 온 옷을 다 팔 것이다"라고 말합니다. 그때 이곳을 지나가던 붓다가 이 말을 듣고서는 옆에 있던 시자인 아난다에게 말합니다. "그는 앞으로 일주일을 더 살지 못할 것이다. 그런데 그는 옷을 팔기 위해 이곳에서 일 년 내내 머물기를 작정하는구나. 그러나 그는 내생을 위해서는 하루를 살더라도 게으르지 않고, 열심히 불사의 진리를 보면서 사는 것이 낫다"라고 이야기를 합니다. 이를 들은 아난다는 붓다의 허락을 받고 상인에게로 갑니다. 그리고 아난다는 마하다나에게 말합니다.

"재가자여, 그대는 삶의 끝이 얼마 남지 않았습니다. 그러니 방일하지 말고 열심히 정진해야 합니다. 이것이 남은 인생을 바르게 사는 길이며, 그대에게 이익을 주는 길입니다. 그리고 이것이 붓다의 가르침입니다." 이렇게 상인은 아난다로부터 붓다의 가르침을 전해듣게 되고, 그는 진정한 삶의 진리를 알게 됩니다. 그러자 그는 붓다와 수행승들에게 공양을 청합니다. 그리고 그는 이레 동안 그곳에서 수행승들에게 공양을 올립니다. 붓다는 공양을 받은 후에 그에게 일상의 위험함에 대한 가르침을 설합니다. 마하다나는 이런 붓다의 가르침을 듣고 이내 흐름의 경지에 들게 됩니다. 이렇게 공양이 끝나고 뒤이어서 붓다의 가르침도 끝나게 되자, 수행승들은 승원으로 돌아갈 채비를 합니다. 그리고 이렇게 처소로 돌아가는 붓다를 상인은 예를 다해서 배웅합니다. 그런데 붓다를 배웅하고 나서 숙소로 돌아가는 길에 그는 심한 두통이 일어납니다. 그리고 이것을 원인으로 해서 상인은 시름시름 앓다가 결국은 그날 밤에 침대에서 죽게 됩니다. 그런데 상인은 붓다에게 올린 공양의 공덕과 붓다의 가르침을 듣고 흐름의 경지에 든 공덕으로 인해 그는 죽은 후에 바로 신들의 세계인 도리천에 태어납니다. 이렇게 붓다의 가르침은 인간들에게 참다운 이익을 갖다줍니다. 그러니 붓다의 가르침에 따라서 이를 배우고 익혀서 깨달음의 길을 가야 합니다. 그러면 이를 통해 인생의 길을 바르게 잘 갈 수 있게 됩니다.

그런데 인간은 붓다의 가르침에서 벗어나 자신은 특별한 사람이라고 생각합니다. 그래서 자신이 모든 것을 통제해야 합니다. 그래야 편하고, 그렇지 않으면 분노를 일으킵니다. 또한 자신과 연관된 것들은 특별하다고 생각합니다. 그래서 내 자식들은 멋있고 강하며 유능하다고 생각합니다. 그러면서 여기에 갈애와 집착을 일으킵니다.

그리고 사람들은 내가 키우는 황소들이 멋있고, 강하며, 무거운 짐을 들 수 있다고 생각합니다. 또한 내가 데리고 있는 암소들이 멋있고, 강하며, 많은 우유를 생산할 수 있다고 생각합니다. 이렇게 내 자식, 내 황소, 내 암소, 나의 용모 및 나의 재능 등이 특별하다는 생각에 허망한 삶을 살아가고 있습니다.

그러나 이것은 내 경계 안에 있는 것에 대한 갈애와 집착일 뿐입니다. 그래서 이것은 대상의 실상을 있는 그대로 못 보게 합니다. 이렇게 인간은 갈애와 집착에 대한 도취에 빠져 실재를 보지 못하고 허상에 빠져 바쁘게 삶을 살아나가고 있습니다. 그러다 삶의 뒤안길에 도달해서야 퍼뜩 정신이 들어 인생을 살펴봅니다.

그러나 이제는 그에게 남은 시간이 얼마 없다는 것을 실감합니다. 그리고 지나온 삶을 되돌아봅니다. 그러나 이렇게 붓다의 가르침에서 벗어난 행인 자신에 대한 갈애와 집착은 자신에게 괴로움만을 안겨다줍니다. 그래서 그는 남은 인생에서는 무엇이 그에게 참다운 이익을 가져다주는지에 대해 생각해봐야 합니다.

그러면 삶에서 인간에게 참다운 이익을 가져다주는 것은 붓다의 가르침뿐이라는 것을 알게 됩니다. 이를 통해 이 세상에서 소중한 것이 무엇인지, 그리고 지키고 가꾸어야 할 것이 무엇인지를 알게 됩니다. 이것은 붓다의 가르침을 통해 자신의 마음속에 있는 탐·진·치의 삼독심을 제거하고 선함을 지키며, 지혜를 가꾸어서 깨달음으로 세상을 밝게 비추는 것입니다. 이렇게 죽음의 순간에도 붓다의 가르침을 배우고 익히며 따르려고 하는 것은 인간에게 참다운 이익을 가져다줍니다. 그래서 이를 통해 쌓은 공덕은 자신의 미래 생을 밝게 하는 미래의 자산이 됩니다.

○ 성자의 다비장 및 붓다의 사리

붓다 등의 성자가 육체의 죽음을 맞이해서 열반에 든다면, 이를 기리기 위해 남아 있는 자들은 성자의 다비식을 거행합니다. 이를 통해 그의 몸은 자연으로 돌아가고, 정신은 열반에 들게 됩니다. 그리고 다비식을 통해 성자의 몸에서 사리가 나옵니다. 이렇게 영롱히 빛나는 사리는 성자에 대한 청정함의 상징으로 여겨집니다. 그래서 이를 통해 쌓게 되는 공덕은 미래의 자산이 됩니다.

'디가니까야'의 '완전한 열반의 큰 경'에 보면, 꾸시나라 시 쌀라 숲의 쌀라 쌍수 아래에서 붓다는 아난다에게 '성자의 다비식'에 대한 이야기를 합니다(D. Ⅱ. 141~142). 여기를 보면, 전륜왕이나 성자가 세상을 떠나게 되면 이들의 유체를 새로운 천으로 감싸고 그 위를 솜으로 감싸며 다시 그 위를 새로운 천으로 감쌉니다.

이런 방식으로 유체를 천으로 500겹 싸고, 이를 기름을 넣은 쇠로 만든 곽에 넣습니다. 그리고 이를 쇠통으로 덮고, 그 위를 향기로운 장작더미로 감싸서 다비장을 만듭니다. 이런 방식을 거쳐서 다비식을 거행합니다. 그리고 여기에서 나온 사리로 큰 사거리에 탑을 조성하고, 여기에 꽃, 향 등을 올리며 경의를 표하고 마음을 청정히 하면, 긴 세월 동안 평온과 안정이 이루어집니다. 이것이 성자의 다비식입니다.

이런 방식으로 많은 국가가 지켜보는 가운데 붓다 사후(BC 544)에 다비식이 거행됩니다. 그리고 이를 통해 붓다의 몸에서는 많은 사리가 나오게 됩니다. 이렇게 영롱하게 빛나는 사리를 8개국으로 균등하게 배분합니다. 그리고 8개국은 붓다의 사리를 각자 자기 나라로 가져가서 각국에 붓다의 탑묘를 조성하고, 경의를 표하며, 붓다의 가르침을 기리게 됩니다. 이런 정표를 통해 붓다의 가르침은 현세에까지 이어져 내려오고 있습니다.

이처럼 붓다는 깨달음을 얻으신 후 45년간의 전법활동을 마치고, BC 544년에 무여 열반에 듭니다. 그리고 이때 다비장을 통해서 사리가 나오고, 이를 분배하게 됩니다.

'완전한 열반의 큰 경'을 보면, 여기에 꾸시나라 시 쌀라숲의 쌀라 쌍수 아래에서 있은 붓다의 입멸에 관한 이야기가 나옵니다(D. Ⅱ. 167). 여기를 보면, 붓다 사후에 삼계는 슬픔에 빠지게 되며, 이때 붓다의 가르침을 기리기 위해 다비장을 시행합니다.

그리고 이런 다비장을 통해서 붓다의 사리가 영롱한 빛을 내며 나옵니다. 그러자 이때 나온 사리의 분배에 대해, 여덟 개의 나라에서는 각기 자기들에게 권리가 있다고 주장합니다. 그리고 자기들에게 사리를 분배해달라고 서로에게 요청합니다. 이런 분쟁에 대해 바라문 도나는 자신이 붓다의 사리를 균등하게 분배해주겠노라며 중재에 나섭니다. 그리고 그는 여덟 개의 나라로 사리를 균등하게 분배합니다. 그리고 사리를 담았던 그릇은 다른 나라의 승낙을 받아 자신이 가져갑니다.

이렇게 분배된 사리를 가져가서 마가다국은 라자가하 시에 사리를 안치할 탑묘를 세웠으며, 릿차비족은 웨살리 시에 사리를 안치할 탑묘를 세웠습니다. 그리고 싸끼야족은 까삘라밧투 시에 사리를 안치할 탑묘를 세웠으며, 불리족은 알라깝빠 시에 사리를 안치할 탑묘를 세웠습니다. 또한 꼴리야족은 라마가마 시에 사리를 안치할 탑묘를 세웠으며, 바라문은 베타디빠 시에 사리를 안치할 탑묘를 세웠습니다. 그리고 빠바 시의 말라족은 빠바 시에 사리를 안치할 탑묘를 세웠으며, 꾸씨나라 시의 말라족은 꾸씨나라 시에 사리를 안치한 탑묘를 세웠습니다. 바라문 도나는 사리를 담았던 그릇으로 탑묘를 세웠으며, 모리야 족은 삡팔리바나 시에 숯을 안치한 탑묘를 세웠습니다.

이렇게 세워진 탑묘는 후대로 전해집니다. 그리고 후에 세워지는 탑묘의 규모는 더욱 커지고 웅장해집니다. 그리고 이곳에 붓다의 각종 가르침을 보관함으로써 이를 통해 현세까지 붓다의 가르침이 전해져 내려옵니다. 이렇게 붓다는 무여열반에 드시면서도 중생 제도를 위해 진리의 가르침을 전승합니다. 그래서 사리를 모셔놓은 탑묘는 신성한 곳이며, 이를 기점으로 2,500여 년의 세월을 거쳐 붓다의 가르침이 현재까지 전해져 내려오고 있습니다. 그리고 수행자들은 이런 붓다의 가르침을 삶의 괴로움에서 벗어나는 길잡이로 활용하고 있습니다. 이렇게 주변의 참사람에게 예를 갖추고, 화합하며, 공덕을 쌓는 것은 미래에 행복을 갖다주는 자산이 됩니다. 이것이 붓다가 들려주는 '공덕은 미래의 자산인 것' 입니다.

3. 참사람은 드러나는 것

인간은 삶을 살아가는 과정에서 다양한 부류의 사람들을 만나게 됩니다. 이런 다양한 부류의 사람을 참사람, 범부, 불선한 자로 구분할 수 있습니다. 여기서 참사람에는 붓다, 보살, 성자가 있습니다. 그리고 범부를 뛰어난 범부, 일반 범부 및 저급한 범부로 나눌 수 있으며, 불선한 자는 불량한 사람, 위선자와 악인으로 나눌 수 있습니다. 그래서 이런 구분을 통해 붓다, 보살, 성자, 양인, 선인, 범부, 불량한 사람, 위선자와 악인으로 다양하게 아홉 종류의 사람으로 구분할 수 있습니다. 이렇게 인생에는 다양한 부류의 사람들이 있으며, 이런 다양한 부류의 사람 중에서 자신이 선택한 방향으로 인생을 살아나가게 됩니다.

먼저, 참사람은 탐·진·치에서 벗어나 마음이나 행동이 진실하고 올바른 존재입니다. 여기서 붓다는 깨달아 해탈·열반에 든 거룩한 존재를 말합니다. 보살은 깨달은 붓다의 전생 인연을 말합니다. 성자는 고귀한 흐름에 들은 님이며, 깨달음의 단계별로 네 종류의 성자가 있습니다. 두 번째로, 범부 중에서 뛰어난 범부는 양인과 선인이 있습니다. 이들은 탐·진·치에서 벗어난 삶을 살려는 어진 사람과 선한 사람입니다. 그리고 일반 범부는 감각적 욕망에 휩싸여 사는 사람입니다. 여기서 저급한 범부는 불량한 사람, 위선자와 악인으로 구분할 수 있습니다. 이런 저급한 범부를 불선한 자라고도 합니다. 여기서 불량한 사람은 탐·진·치에 휩싸여서 하는 행동이 불량한 사람입니다. 위선자는 탐·진·치에 휩싸여 언행이 진실하지 않고 불일치하는 사람입니다. 악인은 탐·진·치에 휩싸여 악행을 저지르는 사람입니다.

　인간은 행복해지기 위해서 일반 범부에서 참사람으로 종성을 변화시키기 위해 수행합니다. 그리고 이런 변화를 통해 일반 범부들의 마음은 점차로 평온해지고 자유로워지며 행복해집니다. 이와는 반대로 말과 행동이 불량하고 일치되지 않으며, 악행을 일삼는 저급한 범부는 지금 받게 되는 조그마한 과실을 탐내서 그 후에 받게 되는 엄청난 불선한 과보에 대해 알지 못하는 어리석은 자들인 우인입니다. 그러니 수행자는 참사람의 길을 가야 합니다. 이렇게 '인간의 아홉 종류와 참사람으로 가는 길'을 표로 나타내면 다음과 같습니다.

[표 III-9] 인간의 아홉 종류와 참사람으로 가는 길

	참사람	범부	불선한 자	특징
참사람의 길 ↑ ○	붓다			깨달은 님, 고귀한 님
	보살			붓다의 전생
	성자			수다원, 사다함, 아나함, 아라한
	양인	뛰어난 범부		어진 사람
	선인			선한 사람
		일반 범부		감각적 욕망에 휩싸인 자
		저급한 범부	불량한 사람	탐·진·치에 휩싸여 삼행이 불량한 자
			위선자	탐·진·치에 휩싸여 삼행이 거짓된 자
			악인	탐·진·치에 휩싸여 악행을 저지르는 자

 이처럼 삼계에서 존재로 사는 삶을 살아오면서 지금까지 쌓아놓은 업의 과보는 받아야 합니다. 그러나 과보의 영역에 선한 씨앗을 계속 심으면, 악한 과보는 엷어질 것이며, 선한 과보는 더욱 풍성해질 것입니다. 이를 통해 공덕의 장에 심어놓은 선한 공덕의 씨앗은 언젠가는 풍성해져서 수행자의 참된 성품을 드러나게 할 것입니다. 본 장에서는 이렇게 '참사람은 드러나는 것'에 대해 살펴보겠습니다.

가. 참사람의 향기

모든 사람에게는 그들만의 독특한 향기가 있습니다. 악인에게는 악취가 나며, 선인에게는 선한 향기가 납니다. 그리고 참사람에게는 깨달음의 평온한 향기가 납니다. 이렇게 참사람으로부터 나는 향기는 주변을 편안하고 행복하게 만듭니다. 그래서 참사람의 주변은 이런 향기들로 인해 행복해합니다. 또한 수행자는 참사람의 향기에 의해 참사람의 삶을 추구하며, 이를 배우고 익혀서 깨달음의 길로 나아갑니다. 이를 통해 깨닫게 된 참사람도 다른 수행자들에게 참사람의 향기를 전해줍니다.

'앙굿따라니까야'의 '향기의 경'에 보면, 웨살리 시의 마하 숲에 있는 중각 강당에서 붓다께서 아난다에게 '참사람의 향기'에 대한 이야기를 합니다(A. I. 225). 여기를 보면, 한 마을의 주변에 들판, 숲, 정원 및 산 등이 있습니다. 그래서 여기로부터 마을을 향해 여러 가지 향긋한 향기가 전해집니다.

이렇게 마을의 주변에는 갖가지 향기로운 꽃과 나무들이 있습니다. 그래서 이곳에서 나는 향긋한 향기가 마을로 전해집니다. 이렇게 향기가 마을로 전해지면 마을 사람들은 코를 통해 향긋한 향기를 맡으며 행복해합니다. 이런 향긋한 향기에는 들판에서 바람에 실려 오는 꽃향기, 숲속과 정원에서 오는 말리까 향기 및 산속에서 오는 전단 향기 등이 있습니다. 그런데 이런 향기도 바람을 거슬러 오지는 못합니다. 그래서 바람이 불어오는 쪽으로 서 있으면 향긋한 향기를 맡을 수 있지만, 바람을 등지고 서 있으면 향기를 맡을 수 없습니다. 이것이 일반적인 향기의 특성입니다.

그러나 모든 방향으로 향기가 나며, 바람을 거슬러 올라갈 수 있는 향기가 있습니다. 그것은 참사람의 향기입니다. 그래서 참사람의 향기는 모든 방향으로 퍼져나갑니다. 그리고 이런 향기를 내는 사람은 불·법·승 삼보에 귀의하고, 계행을 지키며, 청정한 길을 가는 참사람입니다. 이들은 성스러운 삶을 통해 자신을 청정하게 만들고, 주변을 청정하게 만듭니다. 그래서 참사람은 청정한 삶을 통해 고요하고, 청정한 향내를 주변에 전파합니다. 이런 참사람의 향기를 주는 청정한 삶은 다음과 같습니다.

먼저, 그들은 살아 있는 생명을 해치지 않습니다. 두 번째로, 그들은 주지 않는 물건을 가지지 않습니다. 세 번째로, 그들은 그릇된 성적인 행위를 갖지 않습니다. 네 번째로, 그들은 거짓말을 하지 않습니다. 다섯 번째로, 그들은 정신을 혼미하게 하는 술이나 약물들을 마시지 않습니다. 또한 수행자인 비구는 227계이며, 비구니는 311계를 지키며 청정의 길로 나아갑니다. 이렇게 참사람은 자신을 청정하게 만드는 계행을 지켜나갑니다. 이를 통해 그들은 올바르고 착한 성품을 지닙니다.

그래서 그들의 마음은 인색하지 않으며, 보시하고 베풀며 나누는 것을 좋아합니다. 그래서 그들에게는 참사람의 청정하고 맑은 향기가 납니다. 이런 참사람의 맑은 향기는 주변으로 퍼져나갑니다. 그리고 그들로 인해 주변은 청정해지고 행복하게 됩니다. 그래서 참사람은 주변으로부터 신망과 존경을 받습니다. 따라서 붓다가 있는 승원의 주변에는 항상 청정한 향기가 주변에 펼쳐나갑니다. 이렇게 참사람의 향기는 주변에 드러납니다.

○ 참사람의 말을 통한 성품

참사람은 자신이나 남에 대해 말하는 것부터가 다릅니다. 참사람은 다른 사람을 존중해주며, 자신을 낮추는 덕목을 갖고 있습니다. 그래서 참사람의 주위에는 그를 따르는 사람들이 많으며 그들로부터 참사람은 존중과 신망을 받습니다. 그리고 참사람은 진실하고 올바른 것만을 말합니다. 그래서 참사람은 다른 사람들에게 믿음을 주며, 믿음을 받습니다.

'앙굿따라니까야'의 '참사람이 아닌 사람의 경'에 보면, 사왓티 시에서 붓다는 수행승들에게 '네 가지 성품을 갖춘 참사람'에 대한 이야기를 합니다(A. Ⅱ. 77). 여기를 보면, 참사람은 말하는 모습에서도 참사람의 성품을 구별할 수 있습니다.

그래서 참사람이 다른 사람의 장단점을 말하는 모습으로도 이들의 성품을 알 수 있습니다.
먼저, 참사람이 다른 사람에게 단점이 있다는 것을 알게 되었을 경우입니다. 이때 참사람은 남이 그 사람의 단점을 물었더라도 그 사람의 단점에 관해 이야기하지 않습니다. 두 번째로, 참사람이 다른 사람에게 장점이 있다는 것을 알게 되었을 경우입니다. 이때는 남이 그 사람의 장점을 묻지 않았더라도, 참사람은 그 사람의 장점에 관해 이야기해줍니다. 세 번째로, 참사람이 자신에게 단점이 있다는 것을 알게 되었을 경우입니다. 이때 남이 자신에게 단점을 묻지 않았더라도, 참사람은 자신의 단점에 관해 이야기해줍니다. 마지막으로, 참사람이 자신에게 장점이 있다는 것을 알게 되었을 경우입니다. 이때 남이 참사람에 대한 장점을 물었더라도, 참사람은 그것에 관해 이야기하지 않습니다. 이것이 참사람이 다른 사람에 대해 말하는 것을 통해 알 수 있는 참사람의 성품입니다. 이런 '참사람의 말을 통한 성품'에 관한 네 가지 구분을 표로 나타내면 다음과 같습니다.

[표 III-10] 참사람의 말을 통한 성품

상황 구분	참사람의 성품
다른 사람에게 단점이 있다는 것을 알게 된 경우	남이 물었더라도 그 사람의 단점을 이야기하지 않음
다른 사람에게 장점이 있다는 것을 알게 된 경우	남이 묻지 않았더라도 그 사람의 장점을 이야기해줌
자신에게 단점이 있다는 것을 알게 된 경우	남이 묻지 않았더라도 그것을 이야기해줌
자신에게 장점이 있다는 것을 알게 된 경우	남이 물었더라도 그것을 이야기하지 않음

이처럼 장단점을 말하는 것과 관련해서 참사람은 네 가지 성품을 갖고 있습니다. 이렇게 말은 말하는 사람의 성품을 담습니다. 그러나 자신이 생각한 것을 그대로 말로 표현하기란 상당히 어렵습니다. 그래서 어떤 사람은 생각한 것과는 다르게 말을 해서 곤욕을 치를 때도 있으며, 또한 어떨 때는 상대방의 말을 잘못 오인해서 곤욕을 치를 때도 있습니다. 그러나 사회생활을 하기 위해서는 사람은 말을 안 하고 살 수가 없습니다. 그래서 될 수 있으면 말은 안 하는 것이 좋으며, 꼭 말을 해야 한다면 필요한 최소한의 진실한 말만을 해야 합니다. 이렇게 진실하고 올바른 말을 통해 참사람의 향기와 성품은 드러납니다.

나. 참된 보시의 덕목

참사람이 갖추고 있는 다섯 가지 보물 중에서 보시의 보물이 있습니다. 그런데 보시가 보물이 되려면 이것을 덕목에 맞게 잘 갖춰서 보시해야 합니다. 이렇게 보시하는 데에도 덕목이 있습니다. 그래서 덕목에 맞지 않게 보시한다면 보시를 하고서도 불손함을 유발하거나, 구설에 오를 수도 있습니다. 따라서 참사람이 하는 보시와 같이 덕목에 맞게 보시해야 합니다. 이것이 참사람이 하는 참다운 보시입니다.

'앙굿따라니까야'의 '참사람의 보시에 대한 경'을 보면, 사왓티 시에서 붓다는 수행승들에게 '참사람의 다섯 가지 보시'에 대한 이야기를 합니다(A. Ⅲ. 172). 여기를 보면, 참된 보시를 하는 데는 다섯 가지 덕목이 있으며, 여기에 맞게 보시해야 합니다.

그래서 보시한다고 해서 하는 사람의 기분이 내키는 대로 해서는 안 됩니다. 보시는 주는 사람뿐만 아니라, 받는 사람의 상황도 존중해야 합니다. 그렇지 못한 보시는 자칫 보시하고 나서도 불선한 과보를 받게 됩니다. 예를 들어 상대방에게 화를 내면서 보시하거나, 상대방을 업신여기며 보시하고, 상대방이 싫어하는 시기에 보시하며, 무엇을 바라면서 보시하고, 상대방이 싫어하는 것을 억지로 보시한다면 그것은 어리석은 보시이며, 불선한 보시입니다. 이런 보시는 보시를 한 사람에게 오히려 불선한 과보를 갖다 주게 되므로 이는 피해야 합니다.

그래서 먼저, 보시할 때는 보시에 대한 선한 믿음을 갖고 보시해야 합니다. 이렇게 보시하면 참사람은 큰 부자가 되며, 잘생긴 외모를 갖추게 됩니다. 두 번째로, 보시할 때는 상대방을 존중하면서 보시해야 합니다. 이렇게 보시하면 참사람은 큰 부자가 되며, 다른 사람들에게서 시중을 받게 됩니다. 세 번째로, 보시할 때는 바른 시기에 보시해야 합니다. 이렇게 보시하면 참사람은 큰 부자가 되며, 큰 이익을 얻게 됩니다. 네 번째로, 보시할 때는 마음에 바람이 없이 보시해야 합니다. 이렇게 보시하면 참사람은 큰 부자가 되며, 큰 공덕을 쌓게 됩니다. 마지막으로, 보시할 때는 자기와 남의 관계에 손상이 없도록 보시해야 합니다. 이렇게 보시하면 참사람은 큰 부자가 되며, 재산에 손상이 없게 됩니다. 이런 '보시의 덕목'을 표로 나타내면 다음과 같습니다.

[표 III-11] 참된 보시의 덕목

참된 보시의 덕목	받게 되는 과보	불선한 보시
믿음으로 보시	큰 부자가 되며, 잘생긴 외모를 갖게 됨	화를 내며 보시
존중하면서 보시	큰 부자가 되며, 다른 사람들의 시중을 받게 됨	업신여기며 보시
바른 시기에 보시	큰 부자가 되며, 큰 이익을 얻게 됨	싫어하는 시기에 보시
마음에 바람이 없이 보시	큰 부자가 되며, 큰 공덕을 쌓게 됨	무엇을 바라면서 보시
남에게 손상이 없도록 보시	큰 부자가 되며, 재산의 손상이 없게 됨	싫어하는 것을 보시

이처럼 다섯 가지 참된 보시의 덕목에 맞추는 보시가 참사람의 보시입니다. 이런 참된 보시를 통해 참사람이 되어갑니다. 그래서 참사람의 다섯 가지 보시와 같은 참된 보시를 해야 합니다. 그래야 이를 통해 참사람의 바른 성품이 드러나게 됩니다.

○ 참다운 다섯 가지 보물

참사람에게는 참다운 다섯 가지 보물이 있습니다. 이런 참다운 보물은 세상의 어떤 보물보다도 귀하며 가치가 있습니다. 그러나 이런 참다운 보물은 단순히 세상의 재물로 살 수 있는 것이 아닙니다. 따라서 이것을 얻으려면 참사람이 직접 마음을 내서 선한 행을 실천해야만 얻을 수 있습니다. 그러면 참사람이라면 능히 이런 보물들을 갖출 수 있게 됩니다.

'앙굿따라니까야'의 '다섯 가지 재물의 경'에 보면, 사왓티 시에서 붓다는 수행승들에게 '참다운 보물'에 대한 이야기를 합니다(A. Ⅲ. 53). 여기를 보면, 인간으로 사는 동안 금·은의 보물보다 더욱 가치가 있는 다섯 가지 참다운 보물이 있습니다.

이것은 세상의 무엇과도 바꿀 수 없는 최상의 보물입니다. 그것은 믿음, 보시, 계행, 배움 및 지혜의 보물입니다. 그래서 이런 참다운 보물을 얻도록 해야 합니다.

먼저, 인간으로 사는 동안의 참다운 보물로 믿음이 있습니다. 이런 믿음의 보물을 통해 법을 믿고 선을 믿는 마음은 그를 선한 길이자 행복한 길인 깨달음의 길로 인도합니다. 그래서 믿음은 참다운 보물입니다. 이렇게 참사람은 붓다의 가르침에 대한 믿음을 갖추고 있습니다. 그리고 이런 믿음은 보시의 토대를 이루게 됩니다.

두 번째로, 인간으로 사는 동안의 참다운 보물로 보시가 있습니다. 이런 보시의 보물을 통해 법을 보시하고 선을 보시하는 마음은 그를 선한 길이자 행복한 길인 깨달음의 길로 인도합니다. 그래서 보시는 참다운 보물입니다. 이렇게 참사람은 붓다의 가르침에 보시를 갖추고 있습니다. 그리고 이런 보시는 계행의 토대를 이루게 됩니다.

세 번째로, 인간으로 사는 동안의 참다운 보물로 계행이 있습니다. 이런 계행의 보물을 통해 법을 지키고 선을 지키는 마음은 그를 선한 길이자 행복한 길인 깨달음의 길로 인도합니다. 그래서 계행은 참다운 보물입니다. 이렇게 참사람은 붓다의 가르침에 따라 계행을 갖추고 있습니다. 그리고 이런 계행은 배움의 토대를 이루게 됩니다.

네 번째로, 인간으로 사는 동안의 참다운 보물로 배움이 있습니다. 이런 배움의 보물을 통해 법을 배우고 선을 배우는 마음은 그를 선한 길이자 행복한 길인 깨달음의 길로 인도합니다. 그래서 배움은 참다운 보물입니다. 이렇게 참사람은 붓다의 가르침에 배움을 갖추고 있습니다. 그리고 이런 배움은 지혜의 토대를 이루게 됩니다.

마지막으로, 인간으로 사는 동안의 참다운 보물로 지혜가 있습니다. 이런 지혜의 보물을 통해 법을 닦고 선을 닦는 마음은 그를 선한 길이자 행복한 길인 깨달음의 길로 인도합니다. 그래서 지혜는 참다운 보물입니다. 이렇게 참사람은 붓다의 가르침에 대한 지혜를 갖추고 있습니다. 그리고 이런 지혜를 통해 깨달음을 증득하게 됩니다.

이처럼 다섯 가지 보물이 참다운 보물이라는 것을 알아야 합니다. 그리고 이것은 참사람이 직접 선한 행의 실천을 통해서 얻어야 합니다. 이를 표로 나타내면 다음과 같습니다.

[표 III-12] 참사람이 갖춰야 할 다섯 가지 참다운 보물

참다운 보물	보물의 작용	인도하는 곳
믿음을 갖춤	법을 믿고, 선을 믿음. 보시에 토대를 이룸	선한 길이자 행복한 길인 깨달음의 길로 참사람을 인도함
보시를 갖춤	법을 보시하고, 선을 보시함. 계행에 토대를 이룸	
계행을 갖춤	법을 지키고, 선을 지킴. 배움에 토대를 이룸	
배움을 갖춤	법을 배우고, 선을 배움. 지혜에 토대를 이룸	
지혜를 갖춤	법을 지혜로 닦고, 선을 지혜로 닦아, 깨달음을 증득하게 됨	

이처럼 참사람은 다섯 가지 보물을 갖추게 됩니다. 그리고 이런 보물을 잘 지키고 수호하며 갖춘다면 참사람은 대행복을 증득할 수 있게 됩니다. 그래서 이런 보물은 참사람의 현생을 행복하게 만들고, 미래 생도 행복하게 만듭니다. 따라서 이런 보물은 금·은·동의 어떤 재화보다도 더욱 값지고 귀하며, 세상의 어떤 보물보다도 최상의 보물입니다. 그리고 이런 보물을 통해 참사람의 성품은 드러납니다.

다. 회당을 짓게 된 연유

보시할 때는 수행자가 기거할 수 있는 처소를 보시하기도 합니다. 이때 참된 보시의 덕목에 맞추어 불·법·승 삼보에 대한 믿음을 갖고 조금씩이라도 보시한다면, 이런 보시의 공덕은 점차로 쌓여갈 것입니다. 더불어서 참사람들의 수행처나 이들이 기거할 수 있는 처소를 보시하는 공덕은 다른 어떤 보시의 공덕보다 수승하게 됩니다.

'담마파다'의 '얼룩의 품'을 보면, 사왓티 시의 제따 숲에 있는 기원정사에서 붓다는 수행자들에게 '현명한 자는 조금씩이라도 선업을 지어나간다'에 대한 이야기를 합니다(Dhp. 239). 이의 주석서를 보면, 마을의 한 바라문에 대한 이야기입니다(DhpA. Ⅲ. 338~341). 여기를 보면, 어느 날 아침에 바라문은 볼일이 있어서 길을 나섭니다.

그리고 길을 가던 도중에 수행승들이 풀 섶에서 가사를 걸치는 모습을 보게 됩니다. 그런데 수행승이 가사를 걸치는데 풀 섶의 이슬로 인해 가사가 젖는 것을 보게 됩니다. 그래서 그는 다음 날 아침 일찍 어제의 장소로 가서 풀 섶을 잘 정비합니다. 그리고 그곳을 깨끗하게 만듭니다. 다음 날 그는 그곳에 다시 가보았습니다. 그랬더니 이번에는 한 수행승이 가사를 걸치는데 가사가 땅에 끌려 흙먼지가 휘날리는 것을 보게 됩니다. 그래서 그는 다음 날 아침 일찍 그곳에 가서, 먼지가 휘날리지 않도록 그곳에 모래를 깔았습니다. 그리고 다음 날 아침 일찍 그 장소에 다시 가보니, 이번에는 불볕더위로 인해 수행승이 가사를 걸치는데 온몸이 땀으로 흠뻑 젖습니다. 그래서 그는 다음 날 아침 일찍 그곳에 가서, 그곳에 그늘이 지도록 천막을 칩니다. 그리고 이제는 안심합니다. 그러나 비바람이 부는 어느 날 그 장소에 다시 가보니, 이번에는 수행승이 가사를 걸치는데 비바람이 천막 안으로 들이쳐 온몸이 젖게 됩니다.

그래서 바라문은 그곳에 회당을 짓기로 마음을 먹습니다. 그리고 이를 위해 계획을 세우고, 회당을 축조합니다. 드디어 수행자들을 위한 회당이 완공되었습니다. 이렇게 회당을 지은 후에 그는 수행자들을 초대해서 완공식을 하기로 합니다. 그리고 이곳에 붓다를 초빙합니다. 드디어 축성식을 하는 날 바라문은 붓다께 회당을 짓게 된 연유를 설명합니다. "처음에는 바닥을 정리하고, 다음에는 모래를 깔았으며, 그리고 천막을 치고, 그 후에 회당을 짓게 되었습니다." 이에 붓다는 그에게 말합니다.

"현명한 자는 조금씩이라도 선업을 지어나간다. 그리고 점차 악업의 때를 벗겨나간다. 대장장이가 녹을 완전히 없애듯 자신의 때를 완전히 제거한다"라는 가르침을 줍니다. 붓다는 이렇게 선업을 조금씩이라도 점차로 쌓으라고 말합니다. 이렇게 기초부터 단계별로 차분하게 공덕을 쌓으면 그것이 모여서 나중에는 큰 공덕이 쌓이게 됩니다. 그러니 한번에 하기 어려운 일이라도 조금씩 단계별로 쌓아나가면 이렇게 작은 공덕들이 쌓여서 나중에는 큰 공덕을 이루게 됩니다.

이런 가르침을 받은 바라문은 그 자리에서 흐름의 경지를 얻게 됩니다. 이렇게 현명한 자는 조금씩이라도 선업을 지어서 나가야 합니다. 그리고 이와 같은 단계를 거쳐서 현명한 자는 단계별로 참사람의 성품이 드러나게 됩니다.

○ 신호수와 실천

참다운 수행자는 붓다의 가르침에 대한 앎이 있으며, 이에 따라 실천도 하는 수행자입니다. 그런데 가르침에 대해 알지도 못하면서 아는 체하며, 바른 행이라고 하면서 그릇되게 행하는 사람들이 있습니다. 또한 가르침에 대해 알기만 하고, 이를 실천하지 않는 사람들도 있습니다. 그러면 이들은 참사람의 길을 가지 못합니다. 참사람은 대상의 실상을 바르게 알며, 이를 통해 바른 행을 실천하는 사람입니다.

'쌍윳따니까야'의 '손도끼 자루 비유의 경'에 보면, 사왓티 시에서 붓다는 수행승들에게 '알고 또한 보는 자'에 대한 이야기를 합니다 (S. III. 152). 여기를 보면, 알지 못하고 보지 못하는 자가 아닌, 알고 또한 보는 자에게서 번뇌가 소멸합니다.

이렇게 알고 보는 것에는 세 가지가 있습니다. 먼저, 알고도 보지 못하는 자가 있습니다. 두 번째로, 알지는 못하나 볼 수는 있는 자가 있습니다. 마지막으로, 알기도 하고 볼 수도 있는 자가 있습니다. 여기다가 알지도 못하고 보지도 못하는 자도 있습니다. 그런데 수행 시에는 가르침에 대해 알기도 해야 하고, 대상의 실재를 볼 수도 있어야 합니다. 그래야 이를 통해서 마음에 괴로움을 일으키는 번뇌가 소멸합니다.

이를 신호가 있는 곳을 건너려는 보행자에 비유할 수 있습니다. 보행자가 길을 건너기 위해서는 신호수가 신호를 주어야 길을 안전하게 건널 수 있습니다. 그러면 이런 내용을 알기도 하고, 볼 수도 있어야만 안전하게 길을 건널 수 있습니다.

먼저, 여기에 앞을 보지 못하는 성인이 있습니다. 그는 신호수의 신호에 관한 내용을 알고 있습니다. 그래서 그는 신호수가 신호를 주어야 길을 건널 수 있다는 것을 알고 있습니다. 그러나 그는 신호수의 신호를 볼 수는 없습니다. 그래서 그는 혼자서는 안전하게 길을 건널 수 없습니다. 이처럼 볼 수 없다면 신호에 관한 내용을 알고 있어도, 그는 혼자서 안전하게 길을 건널 수는 없습니다.

두 번째로, 여기에 인지 능력이 아직 형성되지 않은 어린아이가 있습니다. 그 어린아이는 신호수가 신호를 보내는 것을 볼 수는 있습니다. 그러나 그는 신호수가 신호를 보내면 그때 길을 건너라는 앎은 없습니다. 그래서 그는 혼자서는 길을 안전하게 건널 수 없습니다. 이처럼 신호에 관한 내용을 알지 못한다면 신호수의 신호를 볼 수 있어도, 그는 혼자서 안전하게 길을 건널 수는 없습니다.

마지막으로, 여기에 눈으로 사물을 볼 수 있는 성인이 있습니다. 그는 신호수가 신호를 보내면 그때 길을 건너라는 앎이 있으며, 또한 신호수가 신호를 보내는 것도 볼 수 있습니다. 그러면 그는 혼자서도 안전하게 길을 건널 수 있습니다. 이렇게 신호수의 신호에 따라서 가야 할 때와 서야 할 때를 알아야 하며, 또한 이를 실제로 볼 수도 있어야 혼자서도 안전하게 길을 건널 수 있습니다.

이와 마찬가지로 수행할 때도 붓다의 가르침에 대해 바르게 알아야 하며, 대상에 대한 실상도 바르게 볼 수 있어야 합니다. 이렇게 붓다의 가르침에 대한 앎도 있으며, 이를 바르게 볼 수 있는 수행자만이 탐·진·치의 강을 안전하게 건너 깨달음의 언덕에 무사히 도착할 수 있게 됩니다. 그래서 안다는 것만 가지고는 깨달음의 길을 갈 수 없습니다. 수행자가 수행을 통해서, 붓다의 가르침을 몸과 마음으로 직접 체득해야 합니다. 그래서 몸과 마음에 체화된 지혜만이 수행자를 깨달음의 길로 인도할 수 있습니다. 이런 수행의 길에서 '신호와 봄의 세 가지 구분'은 다음과 같습니다.

[표 III-13] 신호와 봄의 세 가지 구분

수행자의 구	앎과 봄	열반의 실현
알기는 하지만 보지 못하는 자	신호의 내용은 알지만, 볼 수는 없는 눈먼 자	탐·진·치의 강을 건너지 못함
알지는 못하지만 볼 수는 있는 자	신호의 내용은 모르나, 볼 수는 있는 어린아이	탐·진·치의 강을 건너지 못함
알기도 하고, 볼 수도 있는 자	신호의 내용도 알고, 볼 수도 있는 성인	탐·진·치의 강을 무사히 건너 깨달음의 언덕에 도착하게 됨

 이처럼 수행을 통한 앎과 봄에는 세 가지 구분이 있습니다. 이렇게 붓다의 가르침을 안다는 것만으로 세상의 실상을 바르게 볼 수 있는 것은 아닙니다. 그래서 이를 통해 깨달음을 증득하지는 못합니다. 따라서 가르침에 대해 아는 것을 수행 정진을 통해서 세상의 실상을 바르게 볼 수 있어야 합니다. 그래야 탐·진·치의 강을 건너 깨달음의 언덕에 무사히 도착할 수 있습니다. 이를 위해서는 붓다의 가르침을 토대로 지관 수행인 집중과 통찰 수행을 해야 합니다. 그래서 진실한 앎을 갖춰야 하고, 이를 토대로 실재의 현상을 있는 그대로 통찰할 수 있는 지견을 갖춰야 합니다. 그래야 아는 것을 몸과 마음으로 체득할 수 있으며, 이를 통해 수승한 성자의 흐름에 들어, 참사람의 성품이 드러나게 됩니다.

라. 슬기로운 장로와 어리석은 장로

슬기로운 장로는 학문과 덕이 높은 사람을 말합니다. 이런 슬기로운 장로가 있다면 우리 사회는 더욱 평온해지고, 안정을 이루게 되며, 올바른 성장을 하게 됩니다. 그래서 지역의 평온과 성장을 위해서는 장로의 성품과 역할은 중요합니다. 이처럼 장로는 많은 사람이 그를 믿고 따르며 의지하기 때문에 슬기로움을 갖춰야 합니다.

'앙굿따라니까야'의 '깐다라야나의 경'에 보면, 쑤라쎄나국의 수도인 마두라의 군다 숲에서 존자 깟짜야나는 바라문 깐다라야나에게 '슬기로운 장로'에 대한 이야기를 합니다(A. I. 67). 여기를 보면, 한 마을에 머리가 흰 장로가 있었습니다.

그러나 이렇게 장로의 머리가 희다고 해서 그가 슬기로운 장로인 것은 아닙니다. 그리고 장로의 나이가 여든 살이 되었든, 아흔 살이 되었든, 아니면 백 살이 된 노인이라도 그가 감각적 쾌락의 욕망에 휩싸여 이것을 탐구하고 탐욕에 불타고 있으며 분노를 추구한다면 이를 두고 어리석은 장로라고 합니다. 그리고 머리가 검고 젊음을 가진 나이 어린 청년이라고 하더라도, 그가 감각적 쾌락의 욕망 속에서 살지 않으며 그것을 탐구하지도 않고 탐욕에 불타지도 않으며 분노를 다스릴 줄 안다면 이를 두고 슬기로운 장로라고 합니다. 이렇게 슬기로운 장로와 어리석은 장로는 구분됩니다. 이런 '슬기로운 장로와 어리석은 장로'의 구분을 표로 나타내면 다음과 같습니다.

[표 III-14] 슬기로운 장로와 어리석은 장로

장로 구분	탐·진·치의 다스림
슬기로운 장로	나이가 젊은 청년이라도 감각적 쾌락의 욕망 속에서 살지 않고, 탐욕에 불타지도 않으며, 분노를 다스릴 줄 아는 장로
어리석은 장로	나이가 든 노인이라도 감각적 쾌락의 욕망에 휩싸여 있고, 탐욕에 불타고 있으며, 분노를 추구하는 장로

이처럼 슬기로운 장로와 어리석은 장로는 나이나 모습에 의해 구분되는 것은 아닙니다. 이런 구분은 그들이 갖는 성품에 의해 구별됩니다. 그래서 세상을 살아나가는 데 슬기로운 장로는 탐·진·치를 단속할 줄 아는 사람이며, 어리석은 장로는 탐·진·치에 휩싸여 거기에서 헤어나오지 못하는 사람입니다. 이처럼 슬기로움은 나이의 다소나 머리의 흑백으로 결정되는 것이 아닙니다. 나이가 적더라도 탐·진·치에서 벗어나 올바른 행을 하고, 올바른 말을 하고 올바른 생각을 한다면, 그를 일컬어 슬기로운 장로라고 합니다. 그래서 이런 슬기로운 장로는 그의 주변에 참사람의 슬기로운 성품을 드러냅니다.

○ 앎과 실천의 항아리

참된 사람은 앎도 진실하며, 실천도 진실한 사람입니다. 그래서 진실한 사람은 그가 가진 지혜의 항아리가 진실한 지혜로 채워져 있으며, 이의 실천을 통해 자신도 행복하며 주변도 행복하게 만드는 사람입니다. 그러나 진실하지 못한 사람은 앎도 진실하지 못하며, 그의 실천도 진실하지 못한 사람입니다. 이렇게 진실하지 못한 사람은 그가 가진 지혜의 항아리는 비어 있으며, 이런 행을 통해 자신도 괴로워하며 주변도 괴로워지는 사람입니다. 이처럼 참된 사람은 앎과 실천인 지혜의 항아리가 채워져 있을 뿐만 아니라 이것이 열려 있어서 앎을 실천하는 사람입니다.

'앙굿따라니까야'의 '항아리의 경'에 보면, 사왓티 시에서 붓다는 수행승들에게 '앎과 실천에 대해 이를 네 가지 항아리'로 비유합니다(A. II. 104). 여기를 보면, 수행자가 수행함으로써 그가 가진 지혜의 항아리가 점차로 지혜로 채워집니다.

붓다의 가르침을 한 번 들은 사람은 한 번 들은 만큼의 앎이 있는 수행자가 되며, 백 번 들은 사람은 백 번 들은 만큼의 앎이 있는 수행자가 됩니다. 따라서 수행자가 같은 조건을 갖고 있다면 붓다의 가르침을 백 번 들은 수행자가 한 번 들은 수행자보다 깨달음의 길에 가까울 것입니다. 그리고 이런 가르침의 앎이 심지가 되고 원인이 돼서 어느 순간에는 깨달음을 증득하게 됩니다. 이런 참된 수행자의 길에 대해 붓다는 진리의 앎과 이를 실천하는 지혜의 항아리로 이를 비유하고 있습니다. 이렇게 앎과 실천을 위한 네 가지 항아리에 대한 비유가 있습니다.

먼저, '안은 텅 비어 있으며, 뚜껑도 닫혀 있는 항아리'가 있습니다. 이와 같은 사람은 진실한 지혜의 앎으로 지혜의 항아리가 채워지지도 않았으며, 인간의 삶인 행·주·좌·와 시에도 품위를 지키지 못하고 어리석게 행동하는 사람입니다. 이런 사람은 지혜의 앎도 없으며, 그래서 지혜의 행도 실천하지 못하는 사람입니다. 이런 사람을 두고 '안은 텅 비어 있으며, 뚜껑도 닫혀 있는 항아리'에 비유합니다.

두 번째, '안은 텅 비어 있으나, 뚜껑은 열려 있는 항아리'가 있습니다. 이와 같은 사람은 진실한 지혜의 앎으로 지혜의 항아리가 채워지지는 못했으나, 인간의 삶인 행·주·좌·와 시에는 품위를 지키며, 계를 청정하게 지키는 사람입니다. 이런 사람을 두고 '안은 텅 비어 있으나, 뚜껑은 열려 있는 항아리'에 비유합니다.

세 번째, '안은 가득 채워져 있지만, 뚜껑은 닫혀 있는 항아리'가 있습니다. 이와 같은 사람은 진실한 지혜의 앎으로 지혜의 항아리가 가득 채워져 있어 지혜로우나, 인간의 삶인 행·주·좌·와 시에는 품위를 지키지 못하며 행동하는 사람입니다. 이런 사람은 지혜의 앎은 있으나, 이를 통해 품위를 지키지 못하며 계를 청정하게 지키지 못하는 사람입니다. 이런 사람을 두고 '안은 가득 채워져 있지만, 뚜껑은 닫혀 있는 항아리'에 비유합니다.

마지막으로, '안도 가득 채워져 있으며, 뚜껑도 열려 있는 항아리'가 있습니다. 이와 같은 사람은 진실한 지혜의 앎으로 지혜의 항아리가 가득 채워져 있으며, 인간의 삶인 행·주·좌·와 시에도 품위를 지키며, 계를 청정하게 지키고 지혜의 행을 하는 사람입니다. 이런 사람은 지혜의 앎도 있으며, 이를 실천하기도 하는 사람입니다. 그래서 그는 깨달은 참된 사람입니다. 이런 사람을 두고 '안도 가득 채워져 있으며, 뚜껑도 열려 있는 항아리'에 비유합니다. 이런 '앎과 실천의 수행자 길'을 표로 나타내면 다음과 같습니다.

[표 III-15] 앎과 실천의 수행자 길

항아리의 상태	수행자의 앎과 실천
안은 텅 비어 있으며, 뚜껑도 닫혀 있는 항아리	지혜롭지 못하고, 품위도 지키지 못하며 행동하는 사람
안은 텅 비어 있지만, 뚜껑은 열려 있는 항아리	지혜롭지 못하지만, 품위를 지키며 행동하는 사람
안은 가득 채워져 있지만, 뚜껑은 닫혀 있는 항아리	지혜로우나, 품위를 지키지 못하며 행동하는 사람
안도 가득 채워져 있으며, 뚜껑도 열려 있는 항아리	지혜를 갖추고, 품위를 지키며 행동하는 사람

이처럼 앎과 실천을 동시에 갖추기란 쉽지 않습니다. 그래서 알면서도 이를 실천으로 옮기지 못하는 때도 있으며, 알지도 못하면서 행동하는 때도 있습니다. 이렇게 안다는 것과 실천하는 것은 같지 않습니다. 이것은 우물의 물이 시원하다는 것을 알더라도,

그것을 떠서 먹어봐야 우물의 시원한 맛과 느낌이 어떤지를 실제로 알게 되는 것과 같습니다. 이렇듯 알기만 하고 이를 실천하지 않으면 그것은 한낱 지식에 불과합니다. 그래서 지식을 가졌다고 해서 이것이 깨달음인 것은 아닙니다.

따라서 앎이 지혜로 승화되려면 실천을 통해 몸과 마음으로 그런 앎을 직접 체득해야 합니다. 이렇게 몸과 마음으로 직접 그것을 체득해서 체화하지 못한 지혜는 한낱 지식에 불과합니다. 그래서 참된 사람이라면 앎을 갖추고, 그가 하는 행동에서도 품위를 지키고 진실한 행동을 하며 살아야 합니다. 그래서 몸과 마음이 지혜로 체화돼야 합니다. 그리고 최소한 '비어 있으면서도, 닫혀 있는 항아리'는 되지 말아야 합니다. 이렇게 참사람의 앎과 실천은 밖으로 드러나게 됩니다.

마. 참사람이 마음의 밝음을 드러내는 길

삼독심(탐·진·치)은 탐욕·분노·어리석음을 말합니다. 이것이 인간의 삶을 괴로움으로 빠트리는 원인이 됩니다. 그래서 인간 삶의 괴로움에서 벗어나기 위해서는 일어난 삼독심은 소멸시키고, 더는 삼독심이 일어나지 않도록 해야 합니다. 그리고 이렇게 삼독심에서 벗어난 상태가 열반의 상태입니다. 그래서 열반은 청정하며, 깨달음이고, 밝게 빛나는 상태입니다. 이렇게 참사람은 마음의 밝음이 드러납니다.

'디가니까야'의 '께밧따의 경'에 보면, 날란다 시의 망고 숲에서 붓다는 께밧따 장자에게 '열반'에 대해 이야기를 합니다(D. I. 223). 여기를 보면 열반의식에 대해, 이는 불가견이고, 무한이며, 밝게 빛난다고 합니다(Smv. 393). 또한 '법구경 바라문의 품'에서 붓다는 수행의 성취에 대해, 이를 연꽃 위의 물처럼 오염되지 않았으며, 탐·진·치에 오염된 족쇄를 완전히 소멸시키는 것이라고 합니다(Dhp. 401~402).

그래서 인간의 마음속에는 열반의 밝게 빛나는 성품이 있습니다. 그러나 인간의 마음에는 이런 선한 마음작용만 있는 것이 아닙니다. 여기에는 마음의 밝음을 가로막는 탐·진·치라고 하는 불선한 마음작용도 있습니다. 그래서 욕계에 태어난 인간은 탐·진·치의 불선한 마음작용에 의해 밝은 마음이 가려지게 됩니다.

그래서 인간은 탐·진·치에 가려진 마음으로 인해 삶의 괴로움을 겪게 됩니다. 따라서 이런 탐·진·치에 가려진 마음을 깨끗이 닦아서 마음을 청정하게 만드는 것이 수행입니다. 그래서 수행을 통해 이런 탐·진·치의 번뇌를 마음에서 잘 닦아내야 합니다. 이렇게 수행을 통해 마음의 오염이 잘 닦여지면서 점차로 빛의 상태인 열반에 도달하게 됩니다. 그리고 이런 상태에 도달하게 되면 마음은 밝게 빛나며, 대행복의 상태를 증득하게 됩니다. 이렇게 참사람은 수행을 통해 마음의 밝음이 점차 드러나게 됩니다. 이런 '참사람이 마음의 밝음을 드러내는 길'을 표로 나타내면 다음과 같습니다.

[표 III-16] 참사람이 마음의 밝음을 드러내는 길

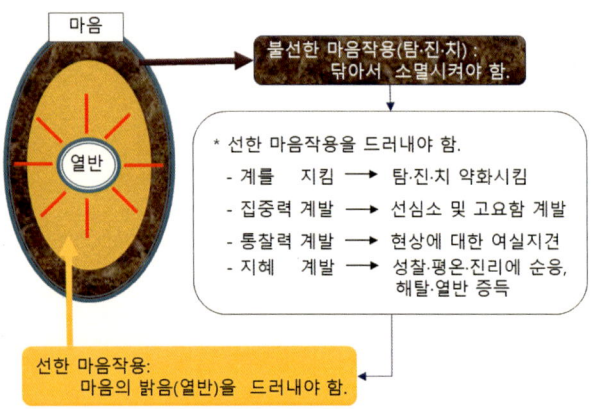

이처럼 마음에는 선한 마음작용과 불선한 마음작용이 있습니다. 그런데 불선한 마음작용인 탐·진·치는 마음에 괴로움을 가져옵니다. 그래서 이를 제거하기 위해서는 수행해야 합니다. 이를 통해 마음의 선한 마음작용은 점차로 밝음의 상태가 됩니다.

먼저, 계를 지킴으로서 탐·진·치의 기제를 점차 약화해야 합니다. 두 번째로, 집중력을 계발해서 선한 마음작용(심소)과 고요함을 계발해야 합니다. 세 번째로, 계청정과 마음의 고요를 기반으로 통찰력을 계발해서 현상에 대한 여실지견을 갖춥니다. 마지막으로, 이를 통해 성찰·평온·진리에 순응하는 지혜가 계발됩니다. 이렇게 지혜로 마음이 가득해지면 마음은 해탈·열반을 증득하게 됩니다. 이런 청정의 밝은 길을 거쳐 종성이 변하며, 이를 통해 선한 마음작용을 닦아서 마음의 밝음인 열반을 드러나게 해야 합니다.

이렇게 수행을 통해 대상에 대한 집중력이 좋아지면 고요함이 계발됩니다. 그리고 이런 집중력을 통해 실재에 대한 통찰력을 키우면 여실지견하는 통찰지혜를 얻게 됩니다. 그러면 이런 통찰지혜로 마음에 있는 탐·진·치를 잘 닦을 수 있으며, 이렇게 마음이 청정하게 잘 닦여지면 참사람의 마음이 밝은 빛으로 드러나게 됩니다.

○ 성자의 흐름

참사람인 성자의 흐름에 들었다는 것은 범부에서 성자의 길로 들어섰다는 것을 의미합니다. 그리고 이때는 마음에 얼룩이 점점 닦여져서 마음이 깨끗해지며, 성자로 종성이 변하는 시기입니다. 이를 통해 탐·진·치가 소멸하게 되면 더는 마음에 얼룩이 생성되지 않습니다. 이런 상태를 일컬어 열반에 든 깨달은 성자라고 말합니다.

'법구경'의 '바라문의 품'을 보면 번뇌를 여읜 님, 마음의 얼룩을 제거한 님을 위 없는 목적에 도달한 님이라 합니다(Dhp. 386). 이를 '수행승의 품'에서는 다섯 가지 낮은 족쇄와 다섯 가지 높은 족쇄인 열 가지를 끊고, 거센 흐름을 건넌 자라고 합니다(Dhp. 370). 이렇게 마음에 있는 얼룩인 열 가지 족쇄를 끊으면서, 점차로 성자의 흐름에 듭니다.

성자의 흐름에는 얼룩인 열 가지 족쇄가 끊어져 나가는 것을 기준으로 해서 4단계가 있습니다. 이는 수다원, 사다함, 아나함과 아라한을 말합니다.

먼저, 수다원의 단계에서는 유신견, 계금취와 회의적 의심의 족쇄가 끊어집니다. 두 번째, 사다함의 단계에서는 감각적 욕망과 분노의 족쇄가 엷어집니다. 세 번째, 아나함의 단계에서는 감각적 욕망 및 분노의 족쇄도 끊어집니다. 마지막으로, 아라한의 단계에서는 색계에 대한 갈망, 무색계에 대한 갈망, 들뜸, 아만 및 무명의 족쇄가 끊어집니다. 그래서 성자의 최고봉인 아라한의 단계에서는 마음의 얼룩이며 열 가지 족쇄인 탐·진·치가 완전히 소멸합니다. 그러나 성자가 되더라도 전생에서 생성된 업의 과보가 남아 있다면 현생에서 삶을 계속 유지하게 되며, 이에 따른 과보는 받아야 합니다.

그래서 깨달은 성자라고 해도 전생의 업에 의해 현생에서 힘든 삶을 살 수도 있습니다. 그러나 성자인 아나함과 아라한의 단계에 도달하게 되면 종성이 완전히 변하게 되며, 이전과는 확실히 다른 삶을 살게 됩니다. 그래서 재가자가 이런 도·과에 도달했다면, 이후에는 청정한 수행승의 삶을 살 수밖에 없습니다. 그러나 이런 성자라도 지난 생의 과보가 있다면 그것은 받아서 해소해야 합니다. 그래도 더는 업을 짓지 않으므로, 괴로움의 발생은 없습니다. 이렇게 탐·진·치인 열 가지 족쇄의 소멸을 통해서 점차로 참사람의 성품인 밝음이 드러나게 됩니다. 이렇게 '점차 드러나는 참사람의 성품'을 표로 나타내면 다음과 같습니다.

[표 III-17] 점차 소멸하는 탐·진·치의 열 가지 족쇄

성자의 단계	점차 소멸하는 탐·진·치의 열 가지 족쇄	족쇄의 상태
수다원	유신견·계금취·회의적 의심	족쇄의 소멸
사다함	감각적 욕망·분노	족쇄 엷어짐
아나함	감각적 욕망·분노	족쇄의 소멸
아라한	색계에 대한 갈망·무색계에 대한 갈망·들뜸·아만·무명	족쇄의 소멸

 이처럼 수행을 통해 도달하게 되는 성자의 단계에는 4단계가 있습니다. 이런 성자의 단계인 수다원, 사다함, 아나함과 아라한은 수행의 과정에서 얻게 되는 족쇄의 소멸로 나타납니다. 이를 통해 나라고 하는 실체가 있으며(유신견), 그릇된 계율이나 규칙 등에 얽매이게 되고(계금취), 불·법·승 삼보에 대한 의심(회의적 의심)이 소멸하게 됩니다. 그러면 이를 통해 성자의 흐름에 들어서는 단계인 수다원의 단계에 들게 됩니다.

 여기서 계금취는 소나 개처럼 행동하면 하늘에 난다고 믿어서 풀이나 똥 등을 먹으며 소나 개처럼 행동하는 것 등을 말합니다. 그래서 이런 삿된 도에서는 벗어나야 합니다. 그리고 족쇄의 소멸을 통해 성자의 흐름에 들며, 단계별로 탐·진·치의 족쇄가 소멸하면 아라한의 도와 과를 증득하게 됩니다. 그러면 이 상태에서는 무명에서 벗어나 밝은 지혜를 증득하게 되는 해탈·열반에 들게 됩니다. 이런 방식으로 열 가지 족쇄인 얼룩이 점차로 소멸하며 참사람의 성품인 밝음이 점차로 드러나게 됩니다. 이것이 붓다가 들려주는 '참사람은 드러나는 것'입니다.

4. 행복은 내 안에 있는 것

　욕망의 세계인 욕계에 사는 일반 범부가 느끼는 행복이 있습니다. 이때의 행복은 물질적으로 바라던 것을 얻게 되고, 이루고 싶은 것을 이루게 되는 행복입니다. 이를 통해 욕망의 욕구가 충족되면서 기쁨과 만족을 느끼게 됩니다. 이것이 일반 범부가 느끼는 행복입니다. 그러나 이런 행복은 오래 가지 못합니다. 그래서 시간이 지나고 바라던 욕망의 욕구가 사라지면 기쁨과 만족도 사라집니다. 그리고 이를 통해 갖게 되던 행복감도 같이 사라집니다. 그래서 이것은 행복이라고는 하지만 일시적 행복이며, 참다운 행복은 아닙니다.

　예를 들어, 만약에 원하던 차를 사서 행복해하는 사람이 있습니다. 그러나 그가 그렇게 바라던 차를 구매했다고 해서 행복감이 영원히 지속되지는 않습니다. 그리고 그의 이런 행복감은 며칠이 지나지 않아서 점차 사라지게 됩니다. 또한 그에게 차로 인해 안 좋은 상황이 오거나, 많은 돈이 들어가는 상황이 온다면 자신이 원했던 차를 사서 일어났던 행복감은 오히려 괴로움으로 바뀌게 됩니다. 그래서 욕망에 의한 욕구의 충족으로부터 오는 행복감은 욕망의 대상이 사라지거나 이것이 감퇴한다면 행복감은 사라지며, 이는 오히려 괴로움을 만들게 됩니다. 이렇게 욕망으로 인한 행복감은 새로운 괴로움의 원인이 됩니다.

그러나 진정한 대행복은 시간이 지난다고 해서 소멸하지 않습니다. 왜냐하면 이런 행복은 모든 것으로부터 자유자재하게 되고 걸림이 없게 되었을 때 얻어지는 행복이기 때문입니다. 따라서 이는 더는 원하거나 바라는 욕구가 없을 때 일어나는 행복입니다. 그래서 수행을 통해 얻게 되는 대행복은 버림의 행복이며, 원함이 없음으로부터 오는 행복입니다. 따라서 나를 둘러싸고 있던 속박이나 족쇄로부터 풀려나고 모든 행에 대해 걸림이 없게 되며 자유자재하게 될 때의 행복입니다. 그래서 참다운 행복이란 행복한 상태가 영원히 지속될 때의 행복입니다. 그리고 이것이 열반을 통해 얻게 되는 대행복이며, 대자유입니다. 이렇게 마음이 청정해지고, 걸림이 없을 때 비로소 참다운 행복인 대행복이 찾아옵니다.

이렇듯 인간은 청정으로부터 와서 청정으로 가고 있습니다. 그래서 인간으로 태어났다면 이 길은 어떤 어려움이 있다고 해도 가야만 하는 길이고, 언젠가는 갈 수밖에 없는 길입니다. 왜냐하면 그곳에 괴로움의 소멸이 있고 진정한 의미에서의 대행복이 있기 때문입니다. 본 장에서는 이런 '행복은 내 안에 있는 것'에 대해 살펴보겠습니다.

가. 활과 화살

활과 화살은 한 쌍으로 이루어져 있습니다. 이는 무언가를 맞출 때 사용합니다. 그래서 이 중에 어느 한쪽만 있다면 이들의 기능은 발휘될 수 없습니다. 따라서 이들을 기능에 맞게 사용하기 위해서는 이들을 미리 잘 만들어놓고 다듬어놓아야 합니다. 그래야 활과 화살이 필요할 때 이들을 용도에 맞게 즉시 활용할 수 있습니다.

'맛지마니까야'의 '데바다하 경'에 보면, 삭까국의 데바다하에서 붓다는 수행승들에게 '마음에 행복의 화살을 만들어 놓으라'라고 이야기합니다(M. Ⅱ. 225). 여기를 보면, 한 마을에 활과 화살을 만드는 사람이 있었습니다.

어느 날 그는 활과 화살을 만듭니다. 그래서 화살촉을 불꽃 사이에서 가열하고 정제하며 세공합니다. 그리고 이것을 마무리 작업을 통해 잘 다듬어서 다음에 필요할 때 사용할 수 있도록 화살에 잘 장착해놓습니다. 그래서 이렇게 잘 만들어진 활, 화살과 화살촉은 다음에 사용할 때 다시 이들을 다듬고, 정제할 필요가 없습니다. 왜냐하면 이들은 이미 사용하기에 알맞게 잘 만들어졌기 때문입니다. 그래서 이렇게 잘 만들어진 활과 화살을 갖고 사냥을 하거나 필요한 곳에 잘 활용하면 됩니다. 이를 통해 그는 이것을 만든 목적을 잘 달성할 수 있게 됩니다.

이처럼 수행자는 평상시에 자신의 마음에 주시(사띠)와 집중을 잘 갈고닦아야 합니다. 그래야 실제 생활에서 대상에 대한 실상을 통찰할 때 장애 없이 대상에 집중할 수 있게 됩니다. 그리고 이를 활용해서 그는 깨달음의 지혜를 정확하게 쏘아서 맞힐 수 있습니다. 이렇게 집중과 주시는 깨달음을 얻기 위한 활과 화살에 해당합니다. 이때 화살촉은 통찰입니다. 이런 집중, 주시와 통찰인 활, 화살과 화살촉을 통해 수행자는 수행의 목적인 깨달음을 잘 달성할 수 있게 됩니다.

그래서 수행을 통해 통찰을 잘 가열하고 정제해서 이를 주시라고 하는 화살에 잘 장착해야 합니다. 그래야 이를 활용해서 깨달음의 과녁을 정확히 쏘아서 맞힐 수 있습니다. 이렇게 집중, 주시 및 통찰인 활과 화살을 사용해서 탐·진·치를 부수고, 소멸시켜 깨달음을 얻게 됩니다. 이처럼 잘 다듬어지고 잘 만들어진 주시와 집중을 활용하는 집중 수행(사마타 수행)과 주시와 통찰을 활용하는 통찰 수행(위빠사나 수행)으로 대행복을 중득할 수 있게 됩니다. 이렇게 대행복은 내 마음 안에서 만들어집니다.

○ 궁수의 활쏘기 연습

실전에서 원하는 목표를 달성하려면 궁수의 활쏘기 연습처럼 미리 연습해두어야 합니다. 그리고 실전에서 원활하게 사용할 수 있도록 연습할 때는 여러 가지 방법을 동원해서 활용해봅니다. 그래서 연습에서는 실패해도, 성공할 때까지 반복해서 다시 해보면 됩니다. 따라서 연습에서는 패배는 없고, 과정만 있을 뿐입니다. 그리고 연습하면 점진적인 진전이 있으므로 그 자체로도 수승한 것입니다. 이처럼 수행 생활은 열반을 성취하기 위한 끊임없는 연습의 과정입니다. 여기선 실패는 없으며 진전만이 있을 뿐입니다. 이렇게 수행을 통해 마음이 대행복을 향해 가게 되며, 인간 삶의 괴로움에서 벗어나며, 내 마음에 있는 대행복을 증득하게 됩니다.

'앙굿따라니까야'의 '선정에 의지함의 경'을 보면, 사왓티 시에서 붓다는 수행승들에게 '진리의 법을 찾아 나서는 방법'에 대한 이야기를 합니다(A. IV. 422). 여기를 보면, 번뇌에서 벗어나고 괴로움에서 벗어나는 방법에 대해 붓다는 이렇게 말합니다.

그것은 "진리의 법을 추구하고, 진리의 법을 찾으려고 노력하는 것이다"라고 말합니다. 이것은 사성제와 팔정도의 올바른 법인 진리의 법을 말합니다. 이렇게 진리의 법을 찾아 나서야 합니다. 그렇지 않고 삿된 법은 괴로움을 가져옵니다. 그리고 붓다는 진리의 법을 찾아 나서는 것을 활쏘기의 연습에 비유해서 이를 설명합니다.

한 마을에 궁수가 있었습니다. 그는 실전에서 사용하기 위해 활쏘기 연습을 합니다.

그래서 궁수는 짚으로 만든 인형을 과녁 삼아 활쏘기 연습을 합니다. 그 후에 멀리 있는 큰 소나무를 과녁 삼아 활쏘기 연습을 합니다. 이렇게 꾸준히 연습해서 가까운 것에서부터 시작해, 멀리 있는 과녁까지 맞히는 연습을 합니다. 그리고 결국 그는 멀리 있는 큰 소나무까지 번개처럼 쏘아서 쳐부수게 되는 경지에 오르게 됩니다.

이처럼 궁수는 연습을 통해 활을 쏘아서 과녁을 정확히 맞힐 수 있는 집중력을 향상합니다. 그리고 이렇게 향상된 집중력을 활용해서 그 후에는 움직이는 물체까지도 정확하게 맞힐 수 있는 경지에까지 도달하게 됩니다.

수행도 마찬가지입니다. 수행을 통해 대행복에 도달하기 위해서는 올바른 방향으로 수행 연습을 충분히 해야 합니다. 그래서 수행처에서는 수행을 통해 마음을 다스리는 방법을 배우며, 이를 통해 마음을 잘 닦아서 마음에 주시, 집중 및 통찰이라고 하는 수행 기제를 잘 만들어놓습니다. 그러면 일상생활이나 수행 생활에서 마음에 괴로움이 들어오더라도 이렇게 잘 닦아놓은 수행 기제를 사용해서 이런 괴로움을 맞추어서 물리칠 수 있게 됩니다. 그러나 수행을 잘못 연습해서 삿된 도를 익혀놓으면, 이에 의해 마음에는 더 큰 괴로움이 들어올 수 있습니다. 그래서 올바르게 수행을 잘 연습해서 주시, 집중 및 통찰이라고 하는 수행 기제를 잘 닦아놓아야 합니다.

이렇게 수행처에서 하는 수행을 통해 주시와 집중력이 키워지면 이를 통해 대상에 잘 집중할 수 있게 됩니다. 이렇게 잘 집중한 대상에 통찰을 사용해서 살아서 움직이는 실재까지도 정확히 쏘아서 맞히게 됩니다. 그러면 이렇게 통찰의 화살을 맞은 번뇌는 자신의 실상(무상·고·무아)을 드러내고 소멸하게 됩니다. 이렇게 해서 괴로움의 연결고리는 끊어지며, 이를 통해 수행자는 마침내 최상의 대행복을 얻게 됩니다. 이렇게 행복은 내 마음 안에서 이루어집니다. 그래서 이곳에서 행복을 찾아야 합니다.

나. 대지가 진동하는 원인

대지가 진동하는 데는 여러 원인이 있습니다. 여기에는 상서로운 진동이 있기도 하고, 두려운 진동이 있기도 합니다. 만약에 상서로운 진동이 일어난다면 여기에는 경의를 표해야 합니다. 이것은 대행복으로 가는 길목에서 나타나는 현상이기 때문입니다. 그러나 두려운 진동이 일어난다면 여기에는 대비해야 합니다. 이것은 위험을 알리는 현상이기 때문입니다. 이렇게 대지의 진동에는 여러 원인이 있습니다.

'디가니까야'의 '완전한 열반의 큰 경'에 보면, 웨살리 시의 짜빨라 탑묘에서 붓다는 아난다에게 '대지의 진동'에 대한 이야기를 합니다(D. Ⅱ. 108). 여기를 보면, 아난다가 길을 가고 있을 때입니다. 이때 아난다는 갑자기 대지가 심하게 진동하는 것을 느낄 수 있었습니다. 그래서 아난다는 승원으로 돌아와서 붓다에게 대지가 심하게 진동하는 것을 느꼈다고 하며, 이것에는 그만한 이유가 있는지를 묻습니다.

그러자 붓다는 대지가 진동하는 것에는 여덟 가지 이유가 있다고 이를 설명합니다. 먼저, 이 세상을 구성하는 허공 안에는 바람이 있고 바람 안에는 물이 있으며 물 위에는 대지가 있습니다. 그래서 어떨 때 허공에서 커다란 바람이 일면 물이 요동치게 되고 이를 통해 땅이 요동치게 되며 이때 대지는 진동하게 됩니다. 두 번째는, 이 세상에서 보살이 천계에서 죽어 새김을 확립하고 올바른 알아차림을 확립하며 모태에 들 때 땅이 요동치게 되며 이때 대지는 진동하게 됩니다. 세 번째는, 이 세상에서 보살이 새김을 확립하고 올바른 알아차림을 확립하며 모태에서 나올 때 땅이 요동치게 되며 이때 대지는 진동하게 됩니다. 네 번째는, 이 세상에 위대한 신통력이 있으며 마음에 지배력을 갖춘 수행자가 유한한 땅에 대한 앎을 계발하고 물에 대한 앎을 계발하게 되어 신통력을 계발하게 되면 땅이 요동치게 되며 이때 대지는 진동하게 됩니다. 다섯 번째는, 이 세상에서 여래가 깨달음에 이르러 바르고 원만한 깨달음을 증득할 때 땅이 요동치게 되며 이때 대지는 진동하게 됩니다. 여섯 번째는, 이 세상에서 여래가 중생제도를 위해 법륜의 수레바퀴를 굴릴 때 땅이 요동치게 되며 이때 대지는 진동하게 됩니다. 일곱 번째는, 이 세상에서 여래가 새김을 확립하며 올바른 알아차림을 확립하고 수명의 연장을 놓아버릴 때 땅이 요동치게 되며 이때 대지는 진동하게 됩니다. 마지막으로, 이 세상에서 여래가 무여열반인 완전열반에 들어 입멸할 때 땅이 요동치게 되며 이때 대지는 진동하게 됩니다. 이렇게 '대지가 진동하는 여덟 가지 원인'을 표로 나타내면 다음과 같습니다.

[표 III-18] 대지가 진동하는 여덟 가지 원인

구분	대지가 진동하는 원인
허공	바람이 일면 물이 요동치게 되고 이를 통해 땅이 요동치게 된다.
보살	천계에서 죽어 새김을 확립하며 모태에 들 때 땅이 요동치게 된다.
보살	새김을 확립하고 모태에서 나올 때 땅이 요동치게 된다.
수행자	마음에 지배력을 갖추고 신통력을 계발하게 되면 땅이 요동치게 된다.
여래	깨달음에 이르러 바르고 원만한 깨달음을 증득할 때 땅이 요동치게 된다.
여래	중생제도를 위해 법륜의 수레바퀴를 굴릴 때 땅이 요동치게 된다.
여래	새김을 확립하며 수명의 연장을 놓아버릴 때 땅이 요동치게 된다.
여래	무여열반인 완전열반에 들어 입멸할 때 땅이 요동치게 된다.

이처럼 대지가 진동하는 것에는 여덟 가지 원인이 있습니다. 예전에 선조들은 하늘에서 별똥별이 떨어지면 어디선가 위대한 사람이 삶을 놓아버린 것이라는 이야기를 하곤 했습니다. 이렇게 자연현상은 인간사와 결부되기도 합니다. 실제로 매 순간 많은 선인이 삶을 놓아버리고 있습니다. 이렇게 세상에 이유 없는 현상은 없습니다.

붓다는 대지가 진동하는 이유를 여덟 가지의 예를 들어 설명하고 있습니다. 실제로 유체 위에 떠 있는 대지가 흔들려서 지진이나 천재지변 등이 나타나기도 합니다. 그리고 보살이 모태에 들거나 모태에서 나올 때 대지는 진동합니다. 또한 수행자가 신통력을 계발했거나, 깨달음을 얻게 될 때 대지는 진동합니다. 그리고 깨달은 여래가 전법의 행을 하거나, 이 세상에 다시 오지 않는 완전 열반에 들 때도 대지는 진동합니다. 이렇게 붓다는 자연의 현상과 존재의 현상은 밀접한 관계가 있다고 설명합니다. 이것은 수많은 천계, 천신, 범천 및 범신에 의해 발생하는 현상입니다.

이렇게 원인이 있으면 현상이 있게 됩니다. 그리고 상서로운 원인은 대행복의 길로 가는 원인을 만듭니다. 그러나 이런 진동을 느끼는 사람도 있고, 느끼지 못하는 사람도 있습니다. 이렇게 사람에 따라 진동의 느낌은 다르게 일어납니다. 그러니 대행복을 얻기 위해서는 자신의 마음을 닦아서 그 안에서 깨달음의 길을 가야 합니다.

○ 인생길의 다섯 종류의 사람

인생길에서 만나게 되는 다섯 종류의 사람이 있습니다. 이렇게 앞에서 살펴본 참사람의 아홉 종류의 사람을 다시 다섯 종류로 구분해 볼 수 있습니다. 이는 우인, 선인, 양인, 성자와 붓다입니다. 이 중에서도 어리석은 우인이라면 여기에서는 벗어나도록 수행 정진해야 합니다. 그리고 선인 이상의 삶을 살도록 노력해야 합니다. 왜냐하면, 이것이 인간을 현생에서도 평온하게 만들며, 미래 생에서도 평온하게 만들기 때문입니다.

그러면 인생을 살면서 인생길에서 만나는 다섯 종류의 사람에 대해 살펴보겠습니다. 먼저, 인생길에서 만나게 되는 '우인'인 어리석은 사람이 있습니다. 그는 자신을 위해 사는 것이 편하며, 자신을 위한 감각적 욕망에 사로잡혀 있는 사람입니다. 그래서 그는 탐·진·치라고 하는 삼독심으로부터 헤어나오지 못하고, 감각적 욕망에 매여서 이를 쫓아서 사는 사람입니다. 그는 행복해지려고 하는 행을 통해서, 오히려 괴로움에 빠지는 사람입니다. 이런 인연으로 인해 그는 현생도 좋지 않으며, 미래 생에도 좋지 않은 곳에 태어납니다. 이런 사람을 어리석은 사람인 우인이라고 합니다.

두 번째로, 인생길에서 만나게 되는 '선인'이 있습니다. 그는 남을 위해 사는 것이 편안한 사람입니다. 그래서 그는 순수하게 남에게 도움을 주며, 힘든 사람이 있으면 도와주려고 하는 사람입니다. 이런 인연으로 그는 현생도 선하게 살게 되며, 미래 생에도 선처에 태어납니다. 이런 사람을 선인이라고 합니다.

　세 번째로, 인생길에서 만나게 되는 '양인'이 있습니다. 그는 수행을 통해 주변에 있는 어려운 상황에 있는 사람이 바른길로 갈 수 있도록 도와주는 사람입니다. 그래서 그는 그 사람이 자기의 힘으로 바르게 세상을 살아나갈 수 있도록, 다른 사람을 어질게 인도하는 사람입니다. 이런 인연으로 그는 현생에서도 행복의 밭에 살게 되며, 미래 생에는 범천에 태어납니다. 이런 사람을 양인이라고 합니다.

　네 번째로, 인생길에서 만나게 되는 '성자'가 있습니다. 그는 바르지 못한 세상을 구원하기 위해 인류를 바른길로 인도해주는 사람입니다. 그래서 그는 깨달음의 행을 통해 세상을 밝은 곳으로 인도합니다. 이런 인연으로 그는 현생과 미래 생에서 깨달음을 성취하고, 해탈·열반을 증득하게 됩니다. 이런 사람을 성자라고 합니다.

　마지막으로, 인생길에서 만나게 되는 '붓다'가 있습니다. 그는 수없이 많은 보살행을 통해 이 세상을 초월하신 분입니다. 그리고 붓다는 인간이 가진 괴로움에서 벗어났고, 해탈·열반에 들어 다시 태어나지 않는 불사의 상태가 되었으며, 이를 통해 중생을 깨달음의 세계인 열반으로 인도하는 세존이십니다. 이렇게 '인생길에서 만나게 되는 다섯 종류의 사람'을 그림으로 나타내면 다음과 같습니다.

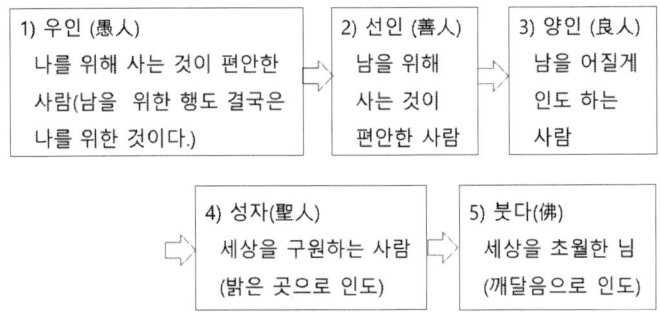

[그림 III-5] 인생길에서 만나게 되는 다섯 종류의 사람

 이처럼 인생길에서 만나게 되는 다섯 종류의 사람이 있습니다. 먼저, 오로지 자기 자신만을 위하며 다른 이에 대한 배려가 없는 어리석은 사람(우인)이 있습니다. 그러나 그것은 한 치 앞도 내다보지 못하는 삶입니다. 곧 다가올 죽음의 시간에 그는 후회하게 됩니다. 또한 몸이 파괴되어 죽은 뒤에 그는 사악처에 납니다.
 그리고 남을 도와주고 배려하는 선한 사람(선인)이 있습니다. 그의 삶은 평탄하고 행복합니다. 다가올 죽음의 시간에도 그는 평안함을 갖게 되며, 다가오는 다음 생에는 선처에 나게 됩니다. 또한 다른 이들을 선한 곳으로 인도하는 어진 사람(양인)이 있습니다. 그의 삶은 평탄하고 행복할 뿐만이 아니라, 다른 이들의 삶도 평탄하고 행복해집니다. 다가올 죽음의 시간에 그는 평온함을 갖게 되며, 다가오는 다음 생에는 범천의 세계에 나게 됩니다. 그리고 세상을 구원해서 밝은 곳으로 인도하는 성자가 있습니다. 그의 삶은 괴로움이 없을 뿐만이 아니라 다른 이들의 삶도 괴로움의 소멸로 인도합니다. 다가올 죽음의 시간에 그는 평온함을 갖게 되며, 다가오는 삶이 있다면 고귀한 흐름에 들어 성자의 세계에 나게 됩니다. 마침내 세상을 초월한 깨달음의 세계인 붓다가 있습니다. 그의 삶은 어떤 행에도 걸림이 없고, 다시는 괴로움의 윤회가 없으며, 대행복과 대자유를 누리는 불사의 경지입니다. 그리고 그는 깨달음의 세계인 열반으로 중생들을 인도합니다.

이렇게 인생길에서 만나게 되는 다섯 종류의 인간이 있습니다. 그리고 이런 다섯 종류의 길 중에서 어떤 길을 택할지는 자신의 선택에 달려 있습니다. 이를 통해 인간은 욕계·색계·무색계인 삼계의 세계를 거쳐서 대행복의 길을 가게 됩니다. 이렇게 행복은 내 마음 안에서 이루어지며, 이는 수행을 통해 얻을 수 있습니다. 그래서 수행하면 마음에 종성의 변화가 일어나며, 이를 통해 대행복을 증득할 수 있게 됩니다.

다. 공덕의 힘으로 받게 되는 선물

현생에서 쌓은 공덕의 힘으로 현생과 미래 생에 선한 과보인 지복을 받게 됩니다. 이렇게 공덕의 힘으로 행복이라는 선물을 받게 됩니다. 이를 통해 사람은 행복해합니다. 그러니 미래 생을 위해서는 현생에서 공덕을 쌓아야 합니다. 그러나 현생에서 공덕을 쌓지도 않으면서 미래 생에 행복하기를 바라는 것은 어리석음입니다. 이렇게 공덕은 쌓아야 지복으로 나타나며, 이는 쌓은 자에게 과보로 나타납니다.

'담마파다'의 '사랑하는 자의 품'의 주석서를 보면, 바라나씨 시의 이씨빠따나에서 붓다는 '공덕으로 세상에서 받게 되는 열 가지 종류의 선물(십선)'에 대한 이야기를 합니다(DhpA. Ⅲ. 290~294). 여기를 보면, 예전에 바라나씨 시에 삼보에 대한 믿음을 철저하게 갖춘 가문이 있었습니다. 그리고 그 가문에 난디야라는 아들이 있었습니다.

그는 나이가 차서, 결혼적령기가 됩니다. 그런데 그와 결혼하려는 레바띠는 신자가 아닙니다. 그래서 그녀는 수행 생활도 모르고, 수행승에게 어떻게 공양을 올리는지도 알지 못합니다. 그러자 믿음이 철저한 난디야는 그녀와 결혼하지 않으려 합니다. 그러자 레바띠의 어머니는 그녀에게 수행승들에게 어떻게 공양을 올리는지 등의 수행 생활에 대해 알려줍니다. 이렇게 레바띠에게 수행에 대한 믿음이 갖춰지자, 그제야 난디야는 그녀와 결혼식을 올립니다. 그리고 난디야는 상가에 대한 믿음으로, 결혼한 후에도 부모가 물려준 재산과 그가 모은 재산을 합쳐서 수행승들에게 정기적으로 보시와 공양을 올립니다. 또한 이씨빠따나에 대승원을 지어서 이를 상가에 보시했습니다.

그런데 이처럼 그가 대승원을 지어 상가에 보시하자, 하늘 세계인 도리천에도 그와 같은 크기의 집이 생겨났습니다. 그리고 그곳은 천상의 요정들로 가득 찹니다. 이렇게 그가 승원을 지어 기증한 보시의 공덕으로 그와 같은 규모의 집이 도리천인 천상에도 생겨난 것입니다. 그러자 목건련은 신통력으로 알게 된 이런 사실들을 붓다에게 이야기합니다. 그러자 붓다는 이 세상에서 공덕을 쌓게 되면 그만큼의 공덕으로 저세상에서 열 가지 종류의 선물(십선)을 갖고 천신들이 기다린다고 합니다.

이런 열 가지 선물은 하늘의 수명, 하늘의 용모, 하늘의 안락, 하늘의 명예, 하늘의 주권, 하늘의 형상, 하늘의 소리, 하늘의 향기, 하늘의 맛 및 하늘의 감촉을 얻게 된다는 것입니다. 이렇게 현생에서 공덕을 쌓은 자에게 열 가지 선물을 주려고 저세상에서 천신들이 준비해놓고 그를 기다리고 있습니다.

그래서 천상에 있는 자신의 궁전은 세상에서 쌓은 공덕에 의해 안락하게 조성될 것입니다. 그리고 이렇게 공덕에 의해 만들어진 열 가지 선물들은 그를 맞이하기 위해 천신들이 갖고, 그를 기다리고 있습니다. 이렇게 현생에서 쌓은 '공덕으로 저세상에서 받게 되는 열 가지 선물(십선)'을 표로 나타내면 다음과 같습니다.

[표 III-19] 공덕으로 받게 되는 열 가지 선물(십선)

세상에서 공덕을 쌓게 되면 →	천신들이 갖고 기다리는 열 가지 종류 선물
	하늘의 수명, 하늘의 용모, 하늘의 안락, 하늘의 명예, 하늘의 주권, 하늘의 형상, 하늘의 소리, 하늘의 향기, 하늘의 맛 및 하늘의 감촉

이처럼 인간계와 천계는 서로 연결되어 있습니다. 그래서 인간계에서 지은 공덕의 힘으로 천계에 안락한 공간이 조성되며, 천신들은 그에게 공덕에 의한 지복(하늘에서 내려주는 행복)을 내려줍니다. 그러나 만약 인간계에서 지은 악행이 있다면, 이런 악업으로 지옥을 비롯한 사악처에 그를 맞을 끔찍한 공간이 준비되기도 합니다.

그리고 실제 이런 현상계에서의 현상은 기쁨이나 즐거움, 소름이나 오싹함 등으로 나타납니다. 그러니 삼계의 공간에 무엇을 만들어놓을지는 그런 행동을 하는 사람의 몫입니다. 그리고 확실한 것은 이렇게 만들어진 과보의 공간은 업의 행을 지은 사람을 따라가며, 이는 미래 생에 반드시 받게 된다는 것입니다. 그래서 내가 가게 되는 미래 생에 행복한 공간을 만들기 위해서는 선행의 공덕을 쌓아야 합니다. 이렇게 선행의 공덕은 그것을 지은 자를 행복으로 인도합니다. 그래서 내 마음 안에 있는 행복을 드러내면, 당신은 행복해집니다.

○ 복을 쌓으면 받게 되는 최상의 축복

복을 쌓은 사람은 그에 걸맞은 축복을 받게 됩니다. 그래서 축복은 자신이 쌓은 것을 자신이 쌓은 만큼 받게 됩니다. 이것이 과보의 법칙입니다. 이렇게 복을 쌓은 사람이 받게 되는 축복 중에서도 복을 쌓으면 받게 되는 열한 가지 최상의 축복이 있습니다.

이는 수행자가 수행을 통해 복을 쌓으면 받게 되는 최상의 축복입니다.

'숫타니파타'의 '위대한 축복의 경'에 보면, 기원정사에서 붓다는 천인들에게 '천인과 인간으로서 받을 수 있는 최상의 축복'에 대한 이야기를 합니다(Stn. p. 46). 여기를 보면, 이 세상에서 복을 쌓으면 천인과 인간으로서 받게 되는 최상의 축복이 있습니다. 그러니 이런 최상의 축복을 받기 위해 복을 쌓아야 합니다.

인간으로 태어나서 선한 마음을 내고 수행 정진함으로써 받게 되는 최상의 축복이 있습니다. 이것은 복을 쌓으면 받게 되는 열한 가지 최상의 축복입니다. 따라서 이런 최상의 축복을 받기 위해서는 수행을 통해 복을 쌓아야 합니다. 이것이 인간으로 태어나서 할 수 있는 최상의 행동이며, 인간으로 태어나서 받을 수 있는 더없는 최상의 축복입니다.

먼저, 복을 쌓으면 어리석은 자와 사귀지 않게 되며 슬기로운 존재를 섬기게 되고 존경할 만한 존재를 공경하게 됩니다. 두 번째로, 분수에 맞는 곳에서 살게 되고 일찍이 공덕을 쌓아서 스스로 바른 서원을 세우게 됩니다. 세 번째로, 많이 배우고 익히며 절제하게 되고 훈련해서 의미 있는 대화를 나누게 됩니다. 네 번째로, 아버지와 어머니를 섬기게 되고 아이와 자식을 돌보게 되며 일함에 혼란스럽지 않게 됩니다. 다섯 번째로, 나누어주며 정의롭게 살게 되고 친지를 보호하게 되며 비난받지 않는 행동을 하게 됩니다. 여섯 번째로, 악한 행위를 싫어하여 멀리하게 되고 술 마시는 것을 절제하게 되며 가르침에 게으르지 않게 됩니다. 일곱 번째로, 존경하며 겸손하고 만족과 감사할 줄 아는 마음으로 때에 맞추어 가르침을 듣게 됩니다. 여덟 번째로, 인내하게 되고 온화한 마음으로 수행자를 만나서 가르침을 서로 논하게 됩니다. 아홉 번째로, 이런 방법으로 그 길을 따르면 어디서든 실패하지 않게 되고 모든 곳에서 번영하게 됩니다. 열 번째로, 세상살이 많은 일에 부딪혀도 마음이 흔들리지 않게 되고 슬픔 없이 안온하게 됩니다. 열한 번째로, 감각기관을 수호하여 청정하게 살게 되며 거룩한 진리를 관조하여 열반을 이루게 됩니다.

 이런 열한 가지 축복이 인간으로서 받을 수 있는 더없는 최상의 축복입니다. 그리고 이처럼 인간으로서 받을 수 있는 최상의 축복을 받는다는 것은 더없는 대행복을 가져옵니다. 이렇게 수행을 통해 인간이 '복을 쌓으면 받게 되는 열한 가지 최상의 축복'을 표로 나타내면 다음과 같습니다.

[표 III-20] 복을 쌓으면 받게 되는 열한 가지 최상의 축복

	수행을 통해 복을 쌓으면 ➡ 받을 수 있는 최상의 축복	
1	어리석은 자와 사귀지 않으며, 슬기로운 존재를 섬기게 됨	
2	분수에 맞는 곳에서 살며, 일찍이 공덕을 쌓아서 바른 서원을 세우게 됨	
3	많이 배우고, 익히며, 절제하고, 훈련하여 의미 있는 대화를 나누게 됨	
4	부모와 처자식을 돌보게 되며, 일하면서 혼란스럽지 않게 됨	
5	나누어주고, 정의롭게 살며, 친지를 보호하게 됨	
6	악한 행위를 멀리하고, 술 마시는 것을 절제하며, 가르침에 게으르지 않게 됨	
7	존경, 겸손, 만족과 감사할 줄 아는 마음으로 때에 맞추어 가르침을 듣게 됨	
8	인내하게 되고, 온화한 마음으로 수행자를 만나서 가르침을 서로 논하게 됨	
9	그 길을 따르면 어디서든 실패하지 않게 되고, 모든 곳에서 번영하게 됨	
10	세상살이 많은 일에 부딪혀도 마음이 흔들리지 않고, 슬픔 없이 안온하게 됨	
11	감각기관을 수호하며, 청정하게 살고, 거룩한 진리를 관조하여 열반을 이루게 됨	

이처럼 수행을 통해 복을 쌓게 되면 쌓은 만큼의 복을 받게 되는 것은 인과의 법칙에서는 당연한 이치일 것입니다. 그러나 만약에 쌓은 복과는 다르게 악업을 받게 되거나, 복을 쌓은 사람과 그것을 받게 되는 사람이 다르게 된다면 대혼란이 일어날 것입니다. 그래서 그것은 세상의 혼돈과 파멸을 뜻합니다. 그러니 그런 일은 일어나지 않을 것입니다. 그래서 인과의 법칙은 복을 지은 사람이 복을 받게 됩니다. 따라서 업의 과보는 그것을 지은 자를 따라가서 과보로 나타납니다.

그러니 현생에서 복의 과보가 바로 나타나지 않는다고 해서 슬

퍼할 일도 아니고, 복을 쌓는 일에 소홀히 해서도 안 됩니다. 또한 복을 짓는 행 자체에서 행복함을 느낄 수 있다면, 그것이야말로 인간이 받을 수 있는 최상의 축복이 됩니다. 이를 통해 그는 현생에서도 행복하며 미래 생에서도 행복하게 됩니다. 이렇게 행복은 자신의 마음 안에 있으며, 자신의 마음으로부터 나옵니다.

라. 맹인과 코끼리

행복에 대한 해석은 사람마다 다릅니다. 아니, 행복뿐만이 아니고 일어난 현상에 대한 해석은 사람마다 다르게 나타납니다. 따라서 행복을 남의 기준에 맞추려 한다면 그것으로 행복을 느끼지 못할 수도 있습니다. 왜냐하면 그것은 사람마다 업에 대한 차이가 있기 때문입니다. 그래서 다른 사람의 기준에 맞춰 행복을 찾으려 한다면 그것은 당신에게 진정한 행복을 갖다주지 못하고, 오히려 괴로움을 갖다줄 수도 있습니다. 따라서 자신이 추구하는 행복에 대한 방향이 무엇인지를 알아야 합니다. 이를 통해 행복을 찾아야 자신이 원하는 삶에서 진정한 행복을 얻을 수 있습니다.

'숫타니파타'의 '최상에 대한 여덟 게송의 경'의 주석서를 보면, 사왓티 시에서 붓다는 수행승들에게 '맹인이 만져보는 코끼리의 모습'에 대한 이야기를 합니다(Prj. II. 796). 여기를 보면, 사왓티 시에는 여러 이교도가 있었습니다. 그런데 이들은 각자 자신들만의 교리를 갖고 있었으며, 자신들의 교리에 대한 자부심이 컸습니다.

 하루는 여러 이교도가 모여서 각자 자기들 스승의 교리가 최고의 가치가 있으며, 최상의 가르침이라는 논쟁을 하고 있었습니다. 그런데 이들은 끊임없이 논쟁을 계속합니다. 왕이 보기에 이것은 불필요한 논쟁입니다. 그래서 이들의 논쟁을 보고 왕은 답답해합니다. 따라서 왕은 이들을 깨우칠 묘안이 필요했습니다. 그래서 이를 위해 왕은 눈먼 맹인들을 왕궁으로 초대합니다. 그리고 왕은 광장의 중앙에 코끼리 한 마리를 갖다놓도록 지시하고, 이교도들과 맹인들을 광장으로 모이도록 합니다. 그런 후에 코끼리를 처음 만나는 맹인들에게 한 사람씩 앞으로 나가서 코끼리를 만져보라고 합니다. 그리고 왕은 맹인들에게 자신들이 만져본 코끼리에 관해 설명해보라고 합니다.

 왕이 지시를 내리자, 맹인은 한 사람씩 앞으로 나가서 앞에 있는 코끼리를 만져봅니다. 어떤 맹인은 코끼리의 코를 만져보고, 어떤 맹인은 코끼리의 몸을 만져보며, 어떤 맹인은 코끼리의 다리를 만져봅니다. 그런 연후에 그들은 자리로 돌아와서, 각자 만져본 코끼리에 대해서 왕에게 설명합니다.
 이때 코끼리의 코를 만져본 맹인은 코끼리는 쟁기와 같다고 하

며, 몸을 만져본 맹인은 코끼리는 커다란 벽과 같다고 하고, 다리를 만져본 맹인은 코끼리는 기둥과 같다고 말합니다. 이렇게 같은 코끼리를 만져보고도 코끼리에 대한 표현은 모두 다릅니다. 이를 본 왕은 이교도들에게 그대들의 논쟁도 이와 같다고 말합니다. 그대들은 부분만 보고 부분만 알고 있는 것이라는 겁니다. 이것은 코끼리 전체를 알지 못하는 것과 같습니다. 그래서 그대들의 교리도 이와 같으니 논쟁을 그만 끝내라고 합니다.

그리고 세상에 대한 실상의 지혜인 붓다의 가르침만이 전체를 보고 전체를 아는 것이라고 합니다. 이렇게 부분만 아는 것은 전체를 대변하지 못합니다. 이렇게 왕은 이교도들을 일깨웁니다. 이를 두고 붓다는 이야기합니다. 이런 이교도의 교리는 맹인들이 코끼리의 몸을 만지는 것과 같이 부분만을 가지고 아는 것입니다. 이것은 그들이 해탈과 열반이라고 하는 궁극적인 가르침을 모르기 때문입니다. 그래서 각자의 교리에 집착해서 논쟁하는 것입니다. 그런데 이것은 올바르지 못합니다. 왜냐하면 이런 이교도들의 이념인 영원주의, 허무주의 및 단멸론 등은 인간이 만든 개념일 뿐입니다.

그러니 여기에 휩쓸리지 말아야 합니다. 이것은 코끼리 일부만 만져보고 그것을 코끼리 전부인 것처럼 단정짓고 이야기하는 것과 같습니다. 그래서 진리이며 최상의 법인 붓다의 가르침에 따라야 합니다. 그리고 부분만 알고 말하는 일체의 교리는 허망한 것임을 알아야 합니다. 그러니 자신의 견해에 집착하지 말고 실재인 진리를 보아서 알아야 하며, 이를 배우고 익혀서 대행복의 길로 가야 합니다. 그래야 내 마음에 있는 행복이 서서히 빛을 비추게 됩니다.

○ 나병 환자의 치료

어느 마을에 나병 환자가 살고 있었습니다. 그는 나병으로 인한 고통으로 괴로워합니다. 또한 그는 사회로부터 격리되고, 멸시받는 것으로도 괴롭습니다. 그래서 그는 어떠한 어려움이 있더라도 나병을 치료해야겠다고 마음을 굳게 먹습니다.

'맛지마니까야'의 '마간디야 경'에 보면, 꾸루국 깜맛싸담마라는 불을 모신 사당 안에서 붓다는 마간디야에게 '괴로움이라는 병의 치료'에 대해 이야기합니다(M. I. 506). 여기를 보면, 한 환자가 병을 치료하기 위해 각고의 노력을 합니다.

한 마을에 나병이 있는 환자가 있었습니다. 그는 손이 문드러지고 살이 썩어들어가는 병으로 인해 그의 신체에는 심한 상처가 있습니다. 그는 이런 상처로 인해 몸과 마음이 너무나 아팠습니다. 그리고 그의 주변에서 그에게 보내는 차가운 시선 또한 그를 괴롭힙니다. 그래서 그는 이런 괴로움에서 벗어나고자 병을 치료하기로 마음을 굳게 먹습니다. 그는 민간요법에서부터 시작해서 갖가지 방법을 동원해서 병을 고치기 위해 최대한 노력합니다. 이렇게 그는 의지를 내서 아픔을 참아내고, 병을 고치겠다는 일념으로 치료 과정을 꿋꿋하게 참아냅니다. 이런 아픔을 치료하기 위해 어떨 때는 숯불 구덩이에 몸을 태우기도 합니다. 그리고 외과의사를 초빙해서 병의 치료를 받습니다. 이렇게 여러 가지 치료과정을 통해 그는 아픔을 이겨내고, 드디어 나병이 치료됩니다. 그리고 이런 병에서 완전히 벗어나게 됩니다. 드디어 그는 사회로부터 격리되었던 삶에서 벗어납니다. 이를 통해 그의 심신은 평안해졌으며 안락해졌습니다. 그리고 그는 자기가 가고 싶은 곳은 어디든지 마음대로 갈 수 있게 됩니다. 이로 인해 그가 얼마나 행복한지 모를 것입니다. 그것은 그것을 경험해본 사람만이 알 수 있습니다. 이렇게 그는 정상적인 삶을 사는 행복을 느끼고 이를 즐기게 됩니다.

그런데 어느 날 그는 길을 가고 있었습니다. 이때 그는 주위에서 나병으로 고통받는 환자를 보게 됩니다. 그 환자는 손이 문드러지고 살이 썩어들어가는 병으로 인해 신체에 심한 상처가 있으며 이로 인해 그는 괴로움에 떨고 있습니다. 그리고 그는 상처가 너무 아팠습니다. 그래서 그는 괴로움에 떨면서 몸을 숯불 구덩이에 넣습니다. 그리고 그곳에서 그는 몸을 태우며 상처의 괴로움에서 벗어나려고 합니다. 이렇게 그는 병을 고치기 위해 몸부림칩니다. 이렇게 괴로움에서 벗어나려고 하는 그를 보고 치료가 된 사람이 그를 부러워하겠습니까? 아닙니다. 오히려 힘센 두 명의 사람이 그 사람의 팔을 양쪽에서 붙잡고 그를 숯불 구덩이 속으로 억지로 데려가려고 해도 그는 몸을 이리저리 비틀며 이를 피할 것입니다. 그는 나병이 다 나았으며, 또한 나병으로 인해 받게 되는 숯불 구덩이의 고통을 알고 있기 때문입니다. 그래서 그는 숯불 구덩이로 다시 들어가기를 원하지 않습니다.

이렇게 사람이 인생을 통해 겪게 되는 감각적 욕망의 괴로움도 마찬가지입니다. 인간은 욕계에 살면서 괴로움에서 벗어나고, 행복하기 위해 감각적 욕망으로 불타는 삶을 살고자 합니다. 그러나 이것은 전도몽상입니다. 이런 삶은 그를 괴로움에서 벗어나게 해주지 못합니다. 감각적 욕망으로 불타는 삶은 잠간의 즐거움만 줄 뿐이며, 시간이 지나면 이것은 오히려 그에게 괴로움으로 변해서 다가옵니다. 그리고 이때 일어나는 괴로움으로 그는 몸부림칩니다. 그래서 그는 감각적 욕망의 괴로움에서 벗어나기로 마음을 먹습니다. 이를 위해 그는 수행합니다. 그리고 그는 수행을 통해 드디어 불타오르는 감각적 욕망의 괴로움에서 벗어나, 고요하고 평화로운 경지를 얻게 됩니다. 그리고 그는 여기에서 행복을 얻게 됩니다. 이런 경지를 취득한 그가 감각적 욕망의 즐거움을 부러워하겠습니까? 아닙니다. 오히려 힘센 두 명의 사람이 그 사람의 팔을 양쪽에서 붙잡고 그를 감각적 욕망이 불타는 곳으로 억지로 데려가려고 해도, 그는 몸을 이리저리 비틀며 이를 피할 것입니다. 왜냐하면 그는 감각적 욕망을 추구하는 삶에서 벗어났으며, 감각적 욕망으로 인해 받게 되는 괴로움을 알고 있으며, 더는 그것에 집착하지 않기 때문입니다.

 이렇게 그는 불타오르는 감각적 욕망에 집착해서 괴로움에 싸이는 병이 다 나았습니다. 그래서 탐·진·치를 일으키는 감각적 욕망이라고 하는 숯불 구덩이에서 나온 자는 다시 그곳으로 들어가려 하지 않습니다. 왜냐하면 그는 감각적 욕망으로 인한 괴로움을 잘 알고 있으며, 그것을 추구하는 마음의 병이 다 나았기 때문입니다. 이렇게 그의 마음에는 괴로움이 소멸했으며, 이를 통해 숯불 구덩이로 다시 들어가기를 원하지 않습니다. 이처럼 마음에 있는 탐·진·치의 괴로움은 수행을 통해 소멸합니다. 그래서 마음에 대행복을 얻은 수행자는 더는 괴로움의 세계로 들어가려고 하지 않습니다. 이렇게 대행복은 내 마음으로부터 나와서 나를 감싸며, 이를 통해 더는 숯불구덩이인 탐·진·치의 괴로움으로 나를 들어가지 않게 합니다.

마. 행복의 발판

 사람마다 전생과 현생에 쌓아놓은 업이 다르며, 이렇게 쌓아놓은 업은 행복과 불행으로 나타납니다. 그래서 이를 통해 현생과 미래 생에서 받게 되는 행복의 모양과 크기도 달라집니다. 따라서 어떤 사람은 사소한 것에서도 행복을 느끼는 사람이 있고, 어떤 사람은 아주 큰 것을 얻어도 무덤덤한 사람이 있습니다. 그리고 어떤 사람은 아무리 얻어도 불만족하며, 오히려 부족하다고 여기며 화를 내는 사람도 있습니다. 이렇게 사람마다 행복의 원인이 다르며, 그래서 행복의 모양과 크기도 사람마다 다르게 나타납니다.

이런 행복에도 조건이 있습니다. 그것은 일상생활을 통해 나타나는 행복의 조건이 있으며, 수행 생활을 통해 나타나는 대행복의 조건이 있습니다. 이렇게 행복의 원인, 행복의 모양과 크기, 그리고 행복의 조건에 따라서 행복의 발판은 사람마다 다르게 나타납니다. 이렇게 사람마다 다르게 나타나는 '행복의 발판'을 표로 나타내면 다음과 같습니다.

[표 III-21] 행복의 발판

행복의 발판	구분되는 행복
행복의 원인	전생에: 쌓아 놓은 업이 다르고, 현생에: 태어나서 쌓는 업이 다름
행복의 모양과 크기	사소한 것에서: 행복을 느끼는 사람 얻어진 것에도: 무덤덤한 사람 아무리 얻어도: 불만족한 사람
행복의 조건	일상생활에서 행복 조건: 갈애·집착 수행 생활의 대행복 조건: 집중·성찰·분명한 앎·지혜

이처럼 사람에 따라 행복의 발판은 다르게 나타납니다. 그래서 사람마다 행복의 원인이 다르며, 행복의 모양과 크기가 다르고, 행복의 조건도 다르게 나타납니다. 따라서 이를 통해 나타나는 행복도 사람마다 다르게 됩니다.

○ 일상생활과 수행 생활에서 행복의 차이

행복의 발판에는 행복의 조건에 따라 '일상생활의 행복'과 '수행 생활의 대행복'이 있습니다. 일상생활에서 행복은 일시적으로 일어나는 행복이며, 수행 생활에서 대행복은 영구히 지속되는 행복을 말합니다. 그래서 인간은 대행복을 얻어야 합니다.

이런 '일상생활의 행복'과 '수행 생활의 대행복'을 구분하면 이는 다음과 같습니다. 먼저, '일상생활의 행복'에서는 행복과 괴로움이 반복하게 됩니다. 일상생활에서는 감각적 욕망 때문에 즐거움을 찾게 되며, 이것을 지속하고픈 갈애가 일어납니다. 그러면 이것을 취(집착)하게 됩니다. 그러나 이를 취한 즐거움으로 인해 그는 행복에 잠시 도취되지만, 이런 즐거움은 잠깐이고, 곧이어 그에게 나타난 갈애와 취(집착)가 변화를 가져오거나 이것이 증가하게 되면 이는 바로 허탈과 무기력감으로 그에게 나타나게 됩니다. 그러면 이를 통해 그에게 괴로움이 엄습해옵니다. 이렇게 일상생활에서는 갈애와 집착을 조건으로 행복이 일어납니다. 그러나 이런 갈애와 집착은 곧이어 괴로움으로 변하게 됩니다. 그래서 '일상생활의 행복'에서는 행복과 괴로움이 반복하게 됩니다.

두 번째로, '수행 생활의 대행복'에서는 행복이 지속하게 됩니다. 수행 생활은 감각적 욕망에서 벗어나 선한 의도를 일으키고, 이를 통해 집중을 계발하면 마음에 고요함이 나타납니다. 그리고 이를 통해 성찰·분명한 앎·지혜를 계발하면 이때는 갈애가 없고, 집착이 없으며, 원함이 없는 대행복이 나타납니다. 그래서 그에게 나타난 버림의 행복, 원함이 없는 행복으로 그는 더는 괴롭지 않게 되며, 항상 고요하고, 행복하게 됩니다. 이것이 수행 생활에서 얻게 되는 대행복이며, 대자유입니다. 이렇게 수행 생활에서는 집중·성찰·분명한 앎·지혜를 조건으로 대행복이 일어납니다. 그래서 '수행 생활의 대행복'에서는 행복이 지속합니다.

이렇게 일상생활과 수행 생활에서 행복의 조건이 다릅니다. 그리고 이것이 재가자와 출가자에 대한 행복의 차이를 만들어냅니다. 이렇게 '일상생활과 수행 생활에서 행복과 조건'을 그림으로 나타내면 다음과 같습니다.

[그림 III-6] 일상생활과 수행 생활에서 행복의 조건

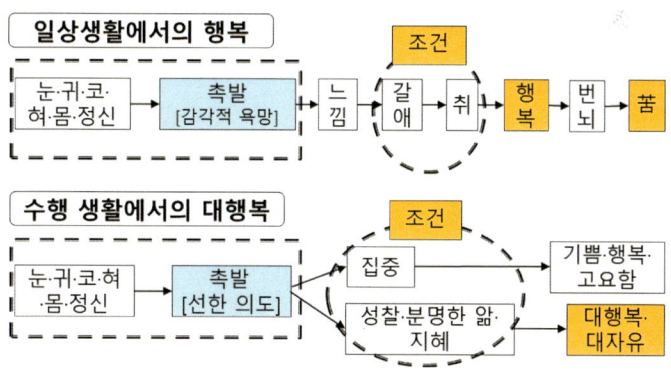

이처럼 인간 삶의 괴로움에서 벗어나려면, '수행 생활의 대행복'

을 증득해야 합니다. 이런 행복은 멀리 있는 것이 아닙니다. 바로 내 마음 안에 있는 것입니다. 그래서 마음에 있는 탐·진·치만 걷어내면 마음은 대행복이 되어 내 앞에 나타납니다. 이렇게 원함이 없는 행복이며 버림의 행복인 대행복을 증득해야 합니다. 이것이 붓다가 들려주는 '행복은 내 안에 있는 것'입니다.

전편인 '인생 편'에서 살펴본 바와 같이 인간은 '달려가는 인생'과 '돌고 도는 인생'에서 겪게 되는 괴로움에서 벗어나기 위해 더욱 괴로움 속으로 빠져들어가게 되는 행을 하고 있습니다. 그래서 이런 인간 삶의 괴로움에서 벗어나고, 참된 행복을 얻기 위해서는 참사람의 길을 가야 합니다. 그리고 이를 위해서는 참된 공덕을 쌓게 되는 행복의 길인 '쉬어가는 인생'을 살아야 합니다. 그러면 이를 통해 인간은 참사람의 길로 가게 되는 인생의 진정한 의미를 알 수 있을 것입니다.

다음 장에서는 이런 참사람의 길을 가는 데 필요한 '멈춰서 보는 인생'에 대해 살펴보겠습니다. 그러면 이렇게 '멈춰서 보는 인생'을 통해 인간은 참사람의 길을 잘 갈 수 있게 될 것입니다. 그리고 이를 통해 참사람은 인간 삶의 괴로움에서 벗어나게 됩니다.

Ⅳ. 멈춰서 보는 인생

> **인간은 '멈춰서 보는 인생'을 가져야 합니다.**
>
> 인간 삶의 괴로움에서 벗어나고 대행복을 증득하기 위해 수행자는 수행합니다. 그래서 대행복을 증득하게 되는 '수행 생활은 수승한 것'입니다. 이렇게 '최상의 수행은 마음의 경작'을 통해 인간 삶의 '괴로움을 소멸하게' 합니다. 그리고 이렇게 해서 증득한 '깨달음으로 세상을 밝게' 합니다. 이렇게 인간은 인간 삶의 괴로움에서 벗어나고, 대행복을 증득하기 위해 '멈춰서 보는 인생'을 가져야 합니다.

참다운 인생길에서 대행복으로 가는 길을 가기 위해서는 수행하며 '멈춰서 보는 인생'을 가야 합니다. 그래서 '달려가는 인생'과 '돌고 도는 인생'에서 쉬면서 '쉬어가는 인생'을 통해 올바른 인생의 길을 살펴보았다면, 이제는 이렇게 정해진 길을 따라 수행을 통해 대행복과 대자유로 가게 되는 '멈춰서 보는 인생'을 가야 합니다.

이렇게 수행을 통해 미래 생을 미리 준비한다면 미래 생에는 수만 배에서 수천억 배의 혜택을 받게 될 것입니다. 이것이 시공간을 넘어서 받게 되는 공덕의 특성입니다. 이것은 마치 횃불의 특성과도 같습니다. 그래서 횃불은 꺼지지 않고 다른 것에 불을 전달할 수 있습니다. 그래서 지금 생에서 멈춰서 하는 수행으로 조그마한 공덕이라도 쌓는다면 이는 다음의 수백 생에서는 좋은 과보를 수없이 만들 수 있습니다. 그러니 멈춰서 보는 수행을 통해 공덕을 쌓아야만 합니다. 이는 자신의 미래 생을 위한 것입니다. 이것이 깨달음의 길이며, 대행복과 대자유를 증득하게 되는 길입니다.

그러니 수행을 통해 인생의 바른길을 찾길 바랍니다. 그러나 현생에서 앞만 보고 '돌고 도는 인생'과 '달려가는 인생'에서는 인생의 진정한 의미를 알지 못합니다. 그러니 멈추어 쉬면서 인생을 바르게 바라볼 수 있어야 합니다. 그리고 이를 통해 남은 생에서는 참다운 방향을 잘 설정해서, 잘 가야 합니다. 이것이 '멈춰서 보는 인생'입니다. 그래서 본 장에서는 이런 '멈춰서 보는 인생'에 대해 살펴보겠습니다.

1. 수행 생활은 수승한 것

 인간으로 산다는 것은 숨을 한번 들이마시고, 마신 숨을 다시 내뱉는 순간의 삶입니다. 그래서 인간은 숨을 '가졌다, 버렸다'를 반복하면서 살게 됩니다. 그런데 인간이 숨을 들이마시지 못하거나 마신 숨을 내뱉지 못한다면 그것은 죽음을 의미합니다. 그래서 인간은 들이마신 숨을 버릴 줄 알아야 살 수 있습니다. 또한 인간은 자신에게 들어온 것을 버리지 않으면 살 수가 없습니다. 그래서 물도 먹으면 배뇨해야 합니다. 그리고 재물도 들어왔다가는 다 나가게 됩니다. 또한 욕망도 들어왔다가는 사라집니다. 그리고 괴로움과 슬픔도 시간이 지나면 사라집니다. 이렇게 자신에게 들어온 모든 것을 다 갖고 살 수는 없습니다. 들어온 것들은 당연히 다 나가게 돼 있습니다. 이것이 무상이며, 고이고, 무아인 삼법인이 적용되는 삶입니다.

 이렇게 들어온 모든 것은 나가는 것이라는 것을 인정하고, 이것에 대한 집착을 버리고 비워야 이곳을 행복으로 채울 수 있습니다. 그래서 인생을 살면서 나가는 것에 대한 갈애와 집착에서 벗어나야 진정한 깨달음인 대행복은 다가옵니다. 그래서 잘 버리는 방법을 배우는 것이 수행입니다. 따라서 출가한 수행승은 번뇌에 얽힌 속세의 인연을 끊고 원함이 없는 곳에서 버림의 행복 밭을 일구며 살게 됩니다.

 이를 통해 수행승은 대행복으로 가는 수승한 길을 가게 됩니다. 그리고 출가한 수행자는 수행 정진을 통해 성자의 도와 과를 증득합니다. 이런 출가의 길에서는 번뇌에서 해탈한 자유자재함으로 대자유를 얻게 됩니다. 그리고 번뇌를 다 태우고, 이의 소멸을 통해 괴로움까지 소멸하는 대행복을 증득합니다. 그러니 대자유와 대행복을 얻게 되는 수행의 수승함은 말로 표현할 수 없을 정도로 큽니다. 본 장에서는 이런 '수행 생활은 수승한 것'에 대해 살펴보겠습니다.

가. 출가와 불교의 유래

 BC 624년에 붓다는 인도 동북부 까삘라국에서 숫도다나 왕과 마야 왕비 사이에서 태어납니다. 왕자의 이름은 '고타마 싯다르타'입니다. 싯다르타가 태어나자 선지자인 아시따가 와서 왕자가 성장하면 세계를 지배하는 전륜성왕이 되거나 최상승의 위대한 성자가 될 것이라고 예언합니다. 그러자 왕은 왕자가 전륜성왕이 되기를 바랍니다. 그래서 그에게 세 곳(여름, 우기, 겨울)의 궁전을 하사하고 인간으로서 누릴 수 있는 최고의 즐거움을 누리게 하며 위대한 왕이 되는 길을 가르칩니다. 이렇게 싯다르타는 왕자 시절에 아버지인 숫도다나 왕의 극진한 보살핌 속에서 성장합니다. 그러나 그는 인간 삶의 괴로움에 대한 고민에 항상 싸여 있었습니다. 이런 괴로움을 해결하기 위해서 그는 출가해서 수행승의 길을 갑니다. 이를 통해 그는 깨달음을 증득하고 인간 삶의 괴로움에서 벗어납니다. 이것이 불교의 기원입니다.

'맛지마니까야'의 '마긴다야 경'에 보면, 꾸루국 깜맛싸담마라는 불을 모신 사당에서 붓다는 마간디야에게 '출가의 기쁨'에 대한 이야기를 합니다(M. I. 504). 여기를 보면, 인간 삶의 괴로움에서 벗어나기 위한 붓다의 출가에 관한 이야기가 나옵니다.

붓다는 출가 전에 까삘라국의 왕자였을 때 아버지인 숫도다나 왕에게서 지상에서 누릴 수 있는 온갖 최상의 즐거움을 받게 됩니다. 그러나 궁전에서 화려한 생활을 하며 최상의 즐거움을 누리고 있는 순간에도 그는 인간 삶의 괴로움에 휩싸여 있었습니다. 이렇게 왕자의 신분으로 누릴 수 있는 최고의 즐거움도 그가 가진 인간의 생·노·병·사에서 오는 근본적인 괴로움을 해결해주지는 못했습니다. 그리고 행복하기 위해서 추구하는 감각적 쾌락의 삶이 시간이 지나면 그에게 괴로움으로 다가오는 것이었습니다. 그러자 왕자는 감각적 쾌락에서 일어나는 즐거움을 점차 거부하게 되고, 더는 그 속에서 행복을 찾으려 하지 않았습니다. 그리고 그는 이런 인간 삶의 괴로움에서 벗어나길 원했으며, 이런 길을 찾고자 했습니다.

　그래서 그는 왕궁에 있는 동·서·남·북의 사대문을 통해, 늙고 병들며 죽고 수행을 떠나는 사람들을 보게 됩니다. 이를 보고 그도 괴로움에서 벗어나는 깨우침을 얻고자 집에서 집 없는 곳으로의 출가를 결심하고, 감각적 쾌락을 추구하는 삶을 버리고 출가합니다(29세). 그리고 출가를 통해 그는 6년간 선정수행과 고행 수행을 합니다. 그러나 여기서 깨달음을 얻지 못하고, 그 후에 하는 통찰 수행을 통해 그는 마음에 고요함과 깨달음을 성취하게 됩니다(35세). 그리고 붓다는 깨달음을 증득한 후에 무여열반에 바로 들려고 하였으나, 중생제도를 염원하는 범천의 권유로 그 후에도 45년간의 전법행을 마치고, BC 544년에 팔십 세의 일기로 무여열반에 들게 됩니다(80세).

　그 후에 붓다의 가르침이 제자들에 의해 암송으로 전해집니다. 그리고 BC 3세기경에 인도제국을 평정한 아소카 대왕에 의해 불교가 다른 국가로 뻗어나갑니다. 또한 BC 1세기경에는 스리랑카에서 붓다의 가르침인 경장·논장·율장이 싱할리어로 문자화되어 폐업경으로 후대에 전해집니다. 그리고 산스크리트어로 북방으로 전해진 불교는 중국을 거쳐 한국으로 들어옵니다. 이런 일련의 과정을 통해 붓다의 가르침이 현세에까지 이르게 됩니다. 그리고 이를 인간 삶의 괴로움에서 벗어나는 방법으로 많은 수행처에서 활용하고 있습니다. 이렇게 수승한 수행 생활이 세계로 뻗어나가

2,600여 년이 지난 현재에 이르고 있습니다.

○ 적당한 양의 식사

행복은 행복해지려고 하는 마음으로부터 나옵니다. 불행하다고 생각하는 마음으로부터는 행복은 나오지 않습니다. 그래서 아무리 큰 기쁨이 오더라도 마음이 행복해지고 싶지 않으면 행복해지지 않습니다. 그러나 마음이 행복해지려고 하면 작은 기쁨이 오더라도 마음은 행복해집니다. 그것이 남들에게는 하찮게 보이는 것이더라도 자신에게는 커다란 행복으로 다가옵니다. 그래서 행복은 행복해지려고 하는 마음으로부터 시작됩니다. 그러니 매사에 행복해지려는 마음을 가져야 합니다.

'담마파다'의 '안락의 품'을 보면, 사왓티 시의 제따 숲에 있는 기원정사에서 붓다는 수행승들에게 '건강은 최상의 이익이며, 만족은 최상의 재보이고, 신뢰는 최상의 친지이며, 열반은 최상의 행복이다'에 대해 이야기합니다(Dhp. 204). 이의 주석서를 보면, 꼬살라국에 왕인 빠쎄나디가 있습니다(DhpA. III. 264~267). 그런데 그는 대식가였습니다. 그래서 그는 한 끼로 됫박이나 되는 많은 밥, 수프 및 반찬 등을 먹습니다.

그런데 그가 붓다를 만나는 날도 그는 너무 많이 먹었습니다.

이렇게 많은 양의 밥을 먹고 나니 그에게 졸음이 밀물과 같이 밀려왔습니다. 그래서 그는 붓다께서 설법하시는 내내 졸음과 사투를 벌입니다. 이윽고 붓다의 설법이 끝나자, 왕은 붓다에게 과식의 괴로움을 토로합니다. 그러자 붓다는 왕에게 말합니다. "먹을 때 새김을 확립하고 알맞게 식사해야 합니다. 그런 사람은 괴로움이 적어지고 수명도 길어지며 더디게 늙어갑니다"라고 합니다. 그러니 매번의 식사마다 마지막 한 덩어리의 밥을 먹지 말고 치우라고 조언합니다. 이를 듣고 왕은 식사할 때 그의 옆에 총애하는 시종을 두고 지키고 서 있으라고 합니다. 그리고 옆에 있다가 식사의 마지막 한 덩어리를 먹지 말도록 신호를 주라고 합니다. 이를 통해 왕은 점차 식사량을 줄여갑니다.

그리고 얼마간의 시간이 지나자, 왕은 이전보다 훨씬 몸이 좋아지고 건강한 몸을 되찾게 됩니다. 이렇게 왕은 몸이 가벼워지게 되니 이전에 하지 못했던 것을 할 수 있게 돼서 행복하다고 합니다. 이렇게 붓다는 건강은 최상의 이익을 가져다준다고 합니다. 그리고 아무리 금은보화가 넘쳐나도 이것이 인간의 마음에 지속적인 행복을 가져다주지는 못합니다. 그러나 행복해지려고 하는 마음을 먹고 이를 실천하게 되면 작은 것에서도 이전에는 느끼지 못했던 행복이 찾아옵니다. 그러니 너무 큰 것에서만 행복을 찾으려 해서는 안 됩니다. 그러면 그것은 집착을 가져오고, 이는 불행을 만듭니다.

이렇게 사람의 욕망 가운데 하나인 식욕도 그렇습니다. 인간은 몸을 지탱할 수 있는 최소한의 식사로 식사량을 줄이기만 해도 몸과 마음은 가벼워지고 여기서부터 행복은 찾아옵니다. 그러면 소유하고자 하는 욕구는 줄어들고 마음은 비워지며, 이렇게 비워진 마음에 행복은 찾아옵니다. 이것이 버림의 행복입니다. 이런 버림의 수행은 건강, 만족, 신뢰 및 열반의 토대를 만들어줍니다. 그리고 이를 통해 수행 정진한다면 열반이라고 하는 최상의 대행복을 얻을 수 있습니다.

그래서 건강은 최상의 이익이며, 이를 통해 얻은 만족은 최상의 재보이고, 이로써 쌓인 신뢰는 최상의 친지이며, 이를 바탕으로 해서 증득하게 되는 열반은 최상의 대행복입니다. 이렇게 대행복은 마음을 비우는 것으로부터 시작되며, 작은 것에도 만족할 줄 알며 행복해하는 원함이 없는 마음으로부터 일어납니다. 이것이 괴로움에서 벗어나고 대행복으로 가는 길입니다. 그래서 인간으로의 태어남을 얻었다면, 수행을 통해 마음을 올바로 다스리는 방법을 배우고 익혀야 합니다. 이것이 수행 생활의 수승함입니다.

나. 개를 잡는 백정 집안의 선행

사람은 태어난 태생으로 향후의 생이 결정된 것은 아닙니다. 태생이 인생의 방향에 어느 정도 영향을 줄 수는 있지만, 그것이 고정된 상태로 인생을 살게 되지는 않습니다. 그래서 천한 집안에서 태어났더라도 선행을 하게 되면 이를 통해 공덕이 쌓이게 되며, 이것으로 그는 이후의 삶에서 귀한 신분으로 변할 수 있습니다.

'숫타니파타'의 '천한 사람의 경'을 보면, 붓다께서 전생에 베나레스 외곽의 짠달라 마을에서 불가촉천민의 아들인 마땅가라는 이름으로 태어났을 때의 이야기입니다(Stn. 137). 이때 있었던 붓다의 전생담입니다(Jāt. No. 497). 여기를 보면, 마땅가의 집안은 개를 잡는 백정의 집안이었으며, 마땅가는 이들 집안의 아들로 태어납니다.

그래서 그는 마을 사람들로부터 수시로 멸시를 당하기 일쑤였습니다. 그러나 마땅가는 그런 집안에서 태어나서 자랐지만, 자기가 태어난 집안을 부끄러워하지 않았습니다. 그렇게 지내던 어느 날 그는 숲속에 들어가 수행하게 되었습니다. 그리고 그는 그에게 잠재되어 있던 뛰어난 수행력으로 이레 만에 신통력을 얻게 됩니다. 그러자 이때까지 그를 멸시하던 마을 사람들이 이제는 거꾸로 그를 선인으로 칭송합니다.

그러나 아직도 계속 마땅가를 천하다고 멸시하는 바라문들도 있었습니다. 마땅가는 이런 바라문들에게도 여러 가지 뛰어난 보시를 합니다. 그리고 마땅가의 아들 만다비야는 커서 재력이 갖춰지자 매일 일만 육천여 명의 바라문들에게 보시하며 이들을 먹여 살립니다. 그러자 이제는 바라문들까지도 마땅가의 집안을 칭송하기 시작합니다. 이처럼 태생이 모든 것을 결정짓는 것은 아닙니다.

그리고 태생으로 인해 사람의 고귀함이 평생 유지되는 것도 아닙니다. 그래서 태생만 갖고 그들을 멸시하거나, 그들을 귀하게 여긴다면 그것은 잘못된 것입니다. 또한 태생으로 인해 인생을 포기하거나, 태생을 믿고 방탕한 생활을 하는 것도 어리석은 일입니다. 왜냐하면 자기가 전생에 쌓아놓았던 공덕을 낭비해서 다 써 버리면 그는 다시는 일어나기 힘든 나락으로 떨어질 수도 있기 때문입니다.

따라서 지금 현생에서 공덕을 쌓아야 하며, 이를 저축해야 합니다. 그리고 이를 다른 이들과 나누어 쓰며, 그들과 선한 인간관계를 형성해야 합니다. 그래야 이를 통해 자신이 더욱 선하고 행복한 곳으로 가게 되는 토대가 조성됩니다. 이렇게 수행 생활은 수승하게 됩니다.

○ 암바빨리의 공양청

붓다는 신분의 세습을 인정하지 않았으며, 누구나 다 평등하고, 평화로운 세상을 살 권리가 있다는 가르침을 펼칩니다. 그리고 고관 백작이나 천민들도 똑같이 대했으며 모두에게 괴로움에서 벗어날 수 있는 같은 가르침을 주십니다. 이렇게 붓다는 모든 이들을 평등하게 대합니다. 결코 이들을 신분으로 차별하지 않습니다.

'디가니까야'의 '완전한 열반의 큰 경'에 보면, 웨살리 시의 암바빨리 숲에서 붓다는 암바빨리가 하는 공양청을 받아들이십니다 (D. Ⅱ. 95~97). 여기를 보면, 붓다께서 웨살리 시에 도착해서 암바빨리 숲에 계신다는 것을 듣고, 기녀 암바빨리는 그곳에 가서 붓다께 내일 공양 올릴 것을 청합니다. 이를 듣고, 붓다는 침묵으로서 이를 허락합니다. 이렇게 허락을 받은 암바빨리는 붓다께 예를 올리고 집으로 돌아갑니다.

이때 웨살리 시에 사는 귀족인 릿차비 인들도 붓다가 암바빨리 숲에 계신다는 소식을 듣게 됩니다. 그래서 그들은 붓다를 뵙기 위해 숲을 향해 갑니다. 그리고 그곳으로 가는 도중에 붓다를 뵙고 집으로 돌아가는 암바빨리를 만나게 됩니다. 이때 그들은 암바빨리로부터 내일의 공양청을 올리기로 했다는 소식을 듣게 됩니다. 그래서 그들은 그녀에게 십만 황금을 줄 테니 그들에게 내일의 공양청을 양보하라고 권합니다. 그러나 암바빨리는 웨살리 시의 전부를 영지로 준다고 하더라도 붓다께 올리는 공양청과는 바꾸지 않을 것이라고 말합니다. 그러자 귀족인 릿차비 인들은 공양청을 바꾸는 것을 포기하고, 붓다를 찾아뵙니다. 그리고 릿차비 인들은 붓다에게 내일의 공양청을 자신들이 올리겠다고 청합니다. 그러나 붓다는 내일은 암바빨리에게서 공양을 받는다고 그들에게 말해줍니다.

이렇게 붓다는 신분에 따라 약속과 언행에 차별을 두지 않습니다. 붓다는 신분이나 계급에 따른 구분을 하지 않고, 모든 사람을 평등하게 대합니다. 그리고 한번 약속한 것은 신분이나 계급의 고하를 구분하지 않고 지킵니다. 이렇게 붓다의 가르침에 귀의한 모든 수행자는 붓다의 가르침을 통해 동등한 조건에서 해탈·열반의 길을 가게 됩니다. 이처럼 모든 수행자가 평등하게 대접받고, 평등하게 생활하며, 평등한 위치에 올라갈 수 있다는 것이 수행 생활이 수승한 점입니다.

다. 숯불 구덩이로 다시 들어가려는 싸누

토끼 한 마리가 풀숲에서 풀을 먹고 있었습니다. 그런데 갑자기 어디선가 호랑이가 나타나서는 무서운 기세로 토끼를 노려보자, 위험을 느낀 토끼는 죽을힘을 다해서 도망갑니다. 천만다행으로 토끼는 호랑이의 추격에서 벗어납니다. 그런데 잠시 후 토끼는 언제 위험했느냐는 듯이 근처의 풀밭에서 풀을 다시 뜯어먹기 시작합니다. 토끼의 이런 행동은 조금 전의 긴박했던 상황과는 전혀 다른 행동입니다. 이것은 흡사 숯불 구덩이에서 빠져나왔으면서도 다시 그곳으로 들어가려고 하는 것과 같습니다.

만약에 사람이 이런 상황을 경험했다면 그는 어떻게 행동할까요? 사람은 사고하고 숙고하는 동물입니다. 그래서 미리 일어날 상황을 예측하고 이것에 대비합니다. 따라서 토끼와 같은 상황에서 구사일생으로 위기를 모면했다면 그는 호랑이가 출몰하는 그곳에는 다시는 가지 않을 것입니다. 그곳에서는 언제라도 그런 위험이 일어날 수 있기 때문입니다. 그리고 만약에 그곳에 가야 한다면 미리 방책을 세운 다음에 그곳에 갈 것입니다. 이렇게 사람은 사유하고 숙고하며 미래를 대비해서 행동합니다. 그래서 인간은 토끼가 하는 그런 어리석은 행동에서는 벗어나려고 합니다.

이처럼 인간은 합리적 사고를 통해 어떻게 하는 것이 상황에 맞는 행동인지를 파악합니다. 그리고 이런 합리적 행동을 통해 문명의 발전을 이룩하며, 지구의 생태계에서 최상위의 지위에까지 오를 수 있었습니다. 그러나 이런 인간이라고 하더라도 인간 삶의 괴로움에서 벗어나기 위해서는 사고하고 숙고할 뿐만 아니라, 성찰하며 실상을 통찰할 수 있어야 합니다. 그래야 인간 삶의 괴로움에서 벗어날 수 있습니다. 그래서 지혜로운 수행자라면 성찰하고 통찰하는 수행을 통해 깨달음을 얻으려 합니다. 이렇게 수행자는 일반 범부가 하는 그런 어리석은 행동에서는 벗어나려고 합니다.

'담마파다'의 '코끼리의 품'의 주석서를 보면, 사왓티 시의 제따 숲에 있는 기원정사에서 붓다는 수행승들에게 '뜨거운 숯불에서 나왔으면서도, 다시 뜨거운 숯불로 들어가려 하는구나'에 대한 이야기를 합니다(DhpA. IV. 18~25). 여기를 보면, 한 마을에 어머니와 아들이 살고 있었습니다. 여기서 아들인 싸누의 출가에 관한 이야기입니다.

IV. 멈춰서 보는 인생

싸누는 신앙심이 깊은 여자 신도의 외아들로 태어나서 자랍니다. 그는 어렸을 때 어머니의 권유로 붓다의 승원에 출가합니다. 그리고 승원에서 사미가 되어 수행하며, 부모님께 매일 쌓은 공덕을 회향합니다. 그런데 이때 전생의 어머니인 야차녀가 법회에 있다가 싸누가 하는 공덕의 회향을 받습니다. 그리고 세월이 흐르자 싸누의 심신은 점차 성장합니다. 그러자 그의 몸에 있는 감각기관들이 성숙해지고, 이로 인해 그는 정해진 틀 속에서 사는 출가 생활에 불만이 점차로 쌓이기 시작합니다. 그리고 감각기관들이 더욱 성숙해지자 그는 이로 인한 괴로움에 휩싸이게 됩니다. 이렇게 출가 생활에 대한 불만이 점차로 심해지자 결국 그는 수행 생활을 참지 못하게 됩니다. 그래서 그는 집으로 돌아갑니다. 그리고 그곳에서 어머니를 만납니다.

현생의 어머니는 집으로 돌아온 싸누를 타일러도 보고, 혼도 내보지만 이것은 소용이 없었습니다. 그러자 이번에는 전생의 어머니인 야차녀가 싸누가 재가 생활로 돌아가는 것을 막기 위해 싸누의 몸속으로 들어갑니다. 그리고는 싸누의 목을 옆으로 비틀고, 그를 넘어트려서 구르게 하며, 또한 눈이 돌아가게 하고, 입에 거품을 물리게 해서는 땅에 넘어트리고, 온몸을 떨게 만듭니다. 그러자 이런 아들의 처참한 모습을 본 현생의 어머니는 붓다께 달려가서 아들의 치유를 간청합니다.

붓다는 싸누의 이런 행동을 지켜봅니다. 그리고 싸누를 불러세우며 싸누에게 말합니다. "그대여, 계행을 잘 지키고, 자신의 잘못을 뉘우치며, 청정한 삶을 행하면 야차들이 희롱하지 않는다. 그런데 그대가 쌓은 공덕의 힘으로 뜨거운 숯불에서 나왔으면서도, 이렇게 다시 뜨거운 숯불로 들어가려 하는 것은 어리석음이다"라고 말합니다. 이렇게 붓다는 그에게 욕망으로 불타고 있는 사바세계에서 나와 청정의 세계로 갔으면서도 왜 다시 욕망으로 불타고 있는 사바세계로 들어가려 하느냐고 말합니다. 그러면서 싸누에게 평온하며 청정한 길로 가야 한다는 가르침을 줍니다.

그리고 붓다는 그에게 청정한 계행을 지키며 불 속에서 건져졌으면서도 다시 불타기를 원해서 불 속으로 들어가는 어리석음을 범하지 말라고 말합니다. 이렇게 붓다는 싸누에게 바른길의 가르침을 줍니다. 이런 가르침을 받고 심신을 단속하게 된 싸누는 다시 승원으로 돌아갑니다. 그리고 그곳에서 그는 수행승의 구족계를 받습니다. 그러자 이제는 그의 마음이 안락해집니다. 그 후에 싸누는 경장·율장·논장의 삼장을 공부합니다. 그리고 그는 위대한 법사가 되었으며, 그 후로 얼마 안 있어 불사의 경지인 깨달음을 증득합니다. 이렇게 그는 인간 삶의 괴로움에서 벗어납니다. 이것이 출가해서 수행하는 수행의 수승함입니다.

○ 구두쇠 아들의 귀의

운명의 장난이라는 말이 있습니다. 자신이 전혀 생각하지도 못했던 불선한 일들이 일어났을 때 하는 말입니다. 그러나 인과의 법칙에서는 원인이 있었기에 결과가 있는 것입니다. 그것은 사필 귀정이라, 일어날 수밖에 없었던 일입니다. 이것은 깨달음의 길을 가는 수행자도 마찬가지입니다. 그에게도 일어나야만 하는 일은 일어나며, 그렇기에 해야만 할 일은 해야 합니다. 그것으로 인해 수행을 멈춰서는 안 됩니다. 그리고 수행자가 성자의 흐름에 들었더라도 전생에서 쌓은 업이 있다면 그에 따른 과보는 받게 됩니다. 그래서 성자라도 전생의 업에 의해서 현생에서 어려운 일이 일어날 수도 있습니다. 이것은 존재로서의 마지막 남은 퍼즐을 맞추는 것과 같습니다. 그래서 업에 의한 과보는 누구도 피할 수 없으며 이는 필연적으로 받아야만 합니다.

일반 범부도 마찬가지입니다. 더 큰 도약을 위해서는 현생에서 일어난 불선한 과보는 받아들여야 합니다. 그래서 그것이 어렵더라도 그것을 이겨내야 합니다. 이렇게 세상의 모든 사람은 인생을 살면서 어려움을 겪게 됩니다. 이것은 인간으로 태어난 운명입니다. 여기에서 의지가 꺾이거나, 중도에 포기해서 불선한 업을 지어서는 안 됩니다. 이런 어려움은 더 나은 인간으로 도약하기 위해 통과해야 할 통과 의례와도 같습니다. 그래서 이를 토대로 선한 과보를 짓도록 정진해야 합니다. 그런데 이런 도약을 포기하고 다시 숯불 구덩이로 들어가서는 안 됩니다.

'담마파다'의 '쌍의 품'의 주석서를 보면, 사왓티 시에서 붓다는 수행승들에게 '귀의의 중요성'에 대한 이야기를 합니다. 이는 바라문 학생 맛타꾼달리의 이야기입니다(DhpA. I. 25~35). 여기를 보면, 그의 아버지 아딘나뿝바까는 무척 구두쇠였습니다.

그의 아버지는 아주 인색해서 그의 가족에게조차 재물을 주는 것을 아까워했습니다. 그러던 어느 날 그의 외아들인 맛타꾼달리가 열여섯 살이 됐을 때 일어난 일입니다. 그때 아들은 황달에 걸려서 몹시 아프게 됩니다. 그래서 의사로부터 아들의 진찰을 받습니다. 그러자 의사는 아들의 상태가 좋지 않으니, 즉시 치료를 시작해야 한다고 말합니다. 그러나 아딘나뿝바까는 돈이 아까웠습니다. 그래서 의사에게 치료를 맡기지 않고, 자신이 직접 약을 사 온 후에 이것을 달여서 아들을 치료하려고 합니다. 그러나 그것은 잘못된 방법이었습니다. 그래서 시간이 지날수록 아들의 병세는 더욱 깊어졌으며, 결국 구두쇠는 아들의 치료 시기를 놓치고 맙니다. 그러자 구두쇠는 아들이 죽으면 조문 온 친척들이 자신의 재산이 많음을 알게 되고 그러면 그들이 자신의 재산을 나누어달라고 할까 봐 겁이 났습니다.

그래서 아들이 죽으면 바로 화장시킬 요량으로 아들을 문밖에 있는 난간에서 지내게 합니다. 그러나 아들은 이로 인해 불선한 마음을 일으키지는 않습니다. 다만 아들은 아픈 몸을 이끌고 서글퍼하며, 문밖의 난간에서 삶을 지탱하게 됩니다. 이때 이런 사정을 멀리서 지켜보고 있던 붓다는 이런 사실들을 알게 됩니다. 다음 날 붓다는 바라문의 집으로 탁발을 나갑니다. 그리고 문밖의 난간에 있는 아들을 발견하게 되자, 붓다는 아들에게 고요하고도 밝은 광명을 내보입니다. 그러자 평상시에도 붓다를 뵙고 싶었고 붓다께 귀의하고 싶었던 아들은 붓다의 밝은 광명을 보게 되자 마음에서 청정한 믿음이 복받치게 일어났습니다. 그리고 이를 통해 허약했던 아들의 마음이 붓다에 대한 믿음으로 가득 차게 됩니다. 이렇게 마음이 붓다에 대한 믿음으로 가득 차게 되자, 아들은 붓다께 예를 올리고, 귀의하게 됩니다.

그러자 허약했던 아들의 몸과 마음이 귀의에 대한 믿음과 희열로 청정하게 됩니다. 그리고서 얼마 후에 아들은 죽음을 맞이하게 됩니다. 그런데 그는 죽음을 통해 곧바로 서른셋 하늘 세계에 태어납니다. 이렇게 그는 전생에 지은 불선업에 의한 과보는 받아야 했으며, 이것이 해소되자 이를 통해 붓다께 귀의하는 선업을 짓게 됩니다. 이렇게 받아야 할 과보는 그 자리를 찾아가서 받게 됩니다. 그것을 이겨내고 선한 마음을 내고 올바르게 정진해야 합니다. 그러면 그로 인해 선한 과보를 받게 됩니다. 그러나 거기에서 오히려 불선한 마음을 일으키게 되면 그는 사악처로 떨어지는 불선한 과보를 받게 됩니다. 이는 자신을 두 번 죽이는 결과를 가져오게 됩니다.

이처럼 바라문의 아들은 심신이 허약하고 치료를 제대로 받지 못했지만, 다시 괴로움이 있는 숯불 구덩이로 들어가는 불선한 행을 하지 않았습니다. 그리고 여기에 굴하지 않고 붓다에 대한 청정한 믿음을 냈으며, 붓다께 귀의했기에 그는 죽은 후에 도리천인 하늘 세계에 태어나는 선한 과보를 받게 됩니다. 그래서 불선한 과보를 받았더라도 여기에 굴하지 않고 선업을 지어야 합니다. 그래야 선한 과보를 받게 됩니다. 그리고 이것이 바로 수행자들을 수승함으로 이끄는 길입니다.

라. 참사람에 대한 예절

참모임의 수행승들이나 거룩한 존재들에게는 존경의 예를 표합니다. 이들은 불선을 뿌리 뽑고, 선을 행하며, 주변에 선한 향기를 전해주기 때문입니다. 그래서 성스럽고 거룩한 존재에게는 존경의 예를 표하며, 그들에게 귀의하는 마음을 가져야 합니다. 이렇게 이들에게 예를 갖추는 것은 마음을 경건하게 해주며, 계를 청정하게 하는 토대가 됩니다. 이를 통해 선한 과보를 얻고 마음을 청정하게 할 수 있는 토대가 형성됩니다. 그러니 거룩한 참모임의 존재들에게는 예를 갖춰야 합니다.

'디가니까야'의 '수행자의 삶의 결실에 대한 경'을 보면, 라자가하 시의 지바까 꼬마라밧짜의 망고 숲에서 아자따쌋뚜 왕은 붓다께 경건한 마음을 유지하면서, 예를 다하는 이야기가 나옵니다(D. I. 85). 여기를 보면, 붓다와 접견한 다음에 하는 예절이 나옵니다(Smv. 237). 이렇게 참사람들에는 항상 경건한 예를 유지해야 합니다.

한때에 재가자들이 붓다의 가르침을 듣기 위해 법회에 참석했습니다. 그리고 붓다의 가르침이 끝나고 법회가 종료됩니다. 그러면 재가자들은 열 손가락을 모아 합장하고 이를 머리에 대며 일어섭니다. 그리고 붓다를 오른쪽으로 세 번 돕니다. 그런 후에는 붓다를 앞에 두고 보이지 않는 경계로까지 뒷걸음치면서 뒤로 물러납니다. 그리고 붓다가 보이지 않게 되면 이때 손을 내리고 조용하게 그 장소를 떠납니다. 그런 후에 그들은 별도의 장소로 가서 마음이 고요해질 때까지 오체투지를 합니다. 이렇게 붓다와 헤어질 때는 붓다의 가르침을 마음에 새긴다는 의미로 붓다를 오른쪽으로 해서 세 번 돕니다. 그래서 붓다의 입멸 시에도 마하가섭은 붓다의 관 주위를 오른쪽으로 세 번 돌며 예를 갖춥니다. 그러자 이런 마하가섭의 예를 받아들인다는 의미로 붓다는 발을 관 안으로 다시 들여보냅니다. 이것이 붓다와 마하가섭의 이심전심입니다.

이렇게 붓다 당시에도 참사람들께 존경의 예를 다했습니다. 그리고 이런 존경의 예를 표함으로써 삼보에 대한 귀의를 다짐하며 가르침을 잊지 않고 수행 정진하게 됩니다. 그래서 이렇게 예를 지키는 것은 계를 지키며 계를 청정하게 만드는 바탕이 됩니다. 그리고 이것은 계·정·혜 삼학에 군건한 토대를 만들어줍니다. 그래서 붓다를 비롯한 참사람들께 정성껏 예를 올려야 합니다.

그리고 부처님의 공덕을 기리는 수행으로는 불수념, 법수념 및 승수념 등이 있습니다. 이는 부처님과 가르침 그리고 청정한 승가에 대한 공덕을 기리는 것입니다. 이런 수행은 깨달음으로 가는 길에 고요함과 집중력을 만들어줍니다. 그래서 이런 수행을 통해 수행자는 계청정과 마음청정의 길로 나아갑니다. 이렇게 수행의 바탕이 되는 계를 청정히 해야 하며, 이를 위해서는 수행자들에 대한 공덕을 기리며 예를 갖춰야 합니다. 이런 행은 자신의 마음에 선한 공덕을 심어주며 이를 통해 선한 과보를 받게 하고, 이는 청정한 수행의 토대를 이룹니다. 이렇게 수행 생활은 수승하게 됩니다.

○ 붓다의 이심전심

인생을 살면서 사랑하는 사람과는 눈빛만 보아도 서로 간의 생각이 통한다고 합니다. 굳이 말이 필요 없다는 말입니다. 이것은 그만큼 그들 간의 생각이 비슷하다는 말일 수도 있습니다. 그리고 '이심전심'이라는 말도 있습니다. 이는 마음을 말로 전달하는 것이 아니라 마음을 마음으로 전달한다는 것입니다. 그런데 이런 행은 다른 사람의 마음을 읽을 수 있는 타심통이라는 신통력이 있지 않으면 어려운 일입니다. 이런 이심전심의 행에 대해 붓다 당시에 있었던 세 가지 예가 있습니다.

그것은 영산회상에서 꽃을 든 붓다를 보고 마하가섭이 지었던 '염화미소'가 있습니다. 그리고 붓다께서 모임에 늦게 온 마하가섭에게 자리를 내어준 '다자탑전 분반좌'도 있습니다. 또한 붓다가 다비식에 늦게 온 마하가섭에게 관 밖으로 발을 내어 보이신 '곽시쌍부'가 있습니다. 이를 붓다와 마하가섭에 의한 삼처전심이라고 합니다. 이를 통해 붓다와 마하가섭은 말로서가 아닌 마음과 마음으로 서로 간에 통한다는 말입니다. 그만큼 깨달음을 증득한 성자의 마음은 다른 성자들과 연결되어 있으며, 이를 통해 이들은 서로 간에 연결된 마음으로 소통하게 됩니다.

또한 '불립문자 교외별전'이라는 말도 있습니다. 이는 붓다의 가르침이 문자로 전해지는 것보다는 마음에서 마음으로 전해진다는 것입니다. 그래서 붓다의 가르침은 초기에는 문자가 아닌 암송으로 수행승들을 통해 입에서 입으로 전해졌습니다. 이런 암송을 통해 붓다의 가르침이 마음과 느낌으로 전달됩니다. 그러나 이런 '이심전심'은 쉽게 얻어지는 것은 아닙니다. 이것은 신통력을 계발해서 타심통을 얻은 경우를 제외하고는 남의 마음을 알게 되기란 어렵습니다. 그러나 사람 간에는 느낌이나 상황으로 어림잡아 짐작하는 '이심전심'은 있습니다. 그러나 이런 짐작만으로 상대방의 생각을 정확히 알 수는 없으며, 오히려 이는 잘못된 판단을 가져올 수도 있습니다.

그러니 수행을 통해 마음이 선한 방향으로 일어나도록 항상 마음에 길을 잘 들여놓아야 합니다. 그러면 이를 통해 말만이 아닌 행동을 통해 선한 행을 실천할 수 있게 됩니다. 그래서 이런 선한 행을 통해 대행복을 얻게 되는 수행은 위 없이 수승한 것입니다.

마. 남의 허물은 왕겨, 자기의 허물은 얼룩

성자 중에서도 최고봉인 아라한을 제외하고는 허물이 없는 사람은 없습니다. 그래서 탐·진·치가 있는 번뇌의 바다에서 헤매는 모든 인간은 허물이 있습니다. 그러나 이때도 남의 허물은 태산처럼 커 보이지만, 자신의 허물은 잘 보이지 않습니다. 이것은 마음의 눈은 밖의 대상을 향하고 있어서 안의 마음은 잘 보지 못하기 때문입니다. 그러니 수행을 통해 마음의 눈으로 자신의 마음에 있는 허물을 보고 이를 잘 닦아야 합니다.

'담마파다'의 '얼룩의 경'을 보면, 밧디야 시의 자띠야 숲에서 붓다는 수행승들에게 "남의 허물은 보기 쉬우나 자기의 허물은 알기 어렵다"라고 이야기합니다(Dhp. 252). 여기를 보면, 남의 허물은 왕겨를 키로 켜듯 샅샅이 보지만, 자신의 허물은 잘 보지 못합니다. 이는 밖으로 향하고 있는 마음의 방향성 때문입니다.

그래서 남의 허물은 보기 쉽고, 자신의 허물은 보기 어렵습니다. 그리고 이것은 마치 교활한 도박꾼이 잘못 던진 주사위를 보지 못하도록 감추는 것과 같습니다. 이렇게 자신의 허물은 감추고 이를 못 보게 합니다. 그래서 남의 허물은 키로 켜듯 잘 보지만 자신의 허물은 무심코 넘어가며 잘 보지 않습니다. 또한 다른 사람의 허물을 들춰내는 것은 좋아하지만 자신의 허물을 들춰내는 것은 싫어합니다. 그리고 자신의 허물이 있다고 하더라도 이를 대수

롭지 않은 것으로 여기고 이를 숨기려 합니다. 이를 통해 그는 바르게 가는 길을 알려고 하지 않습니다. 그래서 그는 더 큰 괴로움을 겪게 됩니다. 이렇게 어리석은 사람은 남의 허물은 커 보이고, 자신의 허물은 작게 보입니다. 그러나 이런 행동이 결국은 자신을 더 큰 괴로움 속으로 빠지게 하는 것이라는 것을 알아야 합니다.

그래서 이런 행동은 사람을 밝지 못한 어리석음의 길로 인도합니다. 그러니 수행을 통해 마음의 눈으로 자신의 허물을 잘 보고, 이를 잘 닦아서 마음을 청정하게 해야 합니다. 그러면 이를 통해 대행복의 길이 열리게 됩니다. 그래서 이런 대행복의 길이 열리게 하는 수행은 수승한 것입니다.

○ 뱀은 염소 발로 잘 잡아야!

감각의 문을 통해 들어오는 감각적 욕망을 잘못 다루면 이는 큰 화를 불러일으킵니다. 그래서 감각적 욕망을 잘 제어하기 위해서는 지혜의 마음을 갖추어서 이를 잘 잡아야 합니다. 그래야 욕망이 요동치지 않으며, 이를 잘 제어할 수 있습니다. 이렇게 감각적 욕망은 지혜로 단속할 수 있으며, 그래서 지혜를 키워야 합니다.

'맛지마니까야' '뱀 비유 경'에 보면, 사왓티 시의 제따 숲에 있는 기원정사에서 붓다는 수행승에게 뱀의 비유를 통해 감각적 욕망을 잘 제어하는 방법에 관해 이야기합니다(M. I. 134). 여기를 보면, 어떤 사람이 뱀에 의해 괴로움을 겪고 있습니다.

그는 뱀을 잘 잡아서 그에게 괴로움을 주는 뱀을 사라지게 하고 싶습니다. 이를 위해서 그는 우선 뱀이 있는 곳을 알아야 합니다. 그리고 그곳으로 가서 뱀을 잘 잡아야 합니다. 이렇게 뱀을 잘 잡고 나면 이제는 뱀을 잘 제어해야 합니다.

이처럼 마을에 어떤 사람이 있었습니다. 그는 인간 삶의 괴로움에서 벗어나려고 붓다의 가르침을 배우며 익히고 있습니다. 그러나 그는 붓다의 가르침을 배우려 했지만, 이런 가르침을 올바르게 이해하지 못했고 올바르게 익히지 못했습니다. 그래서 그는 이로 인해 깨달음의 통찰을 얻지 못했고 지혜를 갖추지 못했습니다.

그는 단순히 다른 사람과의 논쟁에서 이기기 위해서 배움을 익혔으며, 또한 다른 사람을 비난하기 위해서 배움을 익혔기 때문입니다. 그래서 그는 배운 바를 몸과 마음으로 직접 체득하는 수행을 통해 통찰지혜를 증득하려는 정진이 없었습니다. 따라서 붓다의 가르침을 배움으로써 지식으로서는 그를 당해낼 자가 없었으나, 그의 마음에 지혜가 자리 잡지는 못했습니다. 그래서 그는 붓다의 가르침에 대한 참다운 의미를 경험하지 못했습니다. 이것은 그에게 괴로움을 다시 안겨줍니다.

이처럼 그는 붓다의 가르침을 배움에 있어서 이론적인 지식은 있었으나, 그 의미를 수행으로 직접 체득하지 못했습니다. 그래서 그는 붓다의 가르침에 대한 참다운 의미를 제대로 파악하지 못했습니다. 이런 배움은 그를 참다운 길로 인도하지 못합니다. 따라서 진실한 가르침을 올바르게 이해해야 하며 올바르게 체득해야 합니다.

이렇게 감각적 욕망에서 벗어나 지혜를 얻으려면 수행승은 문사수(聞思修)를 겸비해서 몸과 마음으로 지혜를 체득해야 합니다. 이것은 사람이 뱀을 잡으려면 우선 뱀을 잘 찾아야 하며(문), 그리고 뱀의 머리를 잡는 방법도 잘 알아야 하고(사), 또한 실제로 뱀의 머리를 염소 발로 잘 잡아야 합니다(수). 이렇듯이 붓다의 가르침을 들어서(문), 익히며(사), 통찰 수행을 통해(수) 실제로 지혜를 체득해야 합니다. 이렇게 마음의 종성까지 깨달음으로 완전히 변화돼야, 감각적 욕망을 바르게 제어할 수 있게 됩니다. 그래야 이를 통해 수행 생활의 수승함을 얻을 수 있게 됩니다.

바. 왕자의 출가

한 나라의 왕자가 있었습니다. 그는 왕자로서 누릴 수 있는 최상의 즐거움을 누리며 왕궁에서 지냅니다. 그러나 그는 즐거움 속에서도 그에게 엄습해오는 두려움으로 인해 늘 괴로워합니다. 그래서 그는 인간 삶의 괴로움에서 벗어나고자 집에서 집 없는 곳으로 출가합니다. 그런데 그는 수행하다가도 불현듯 왕자 시절이 떠오릅니다. 그러면 왕자였던 수행자는 이렇게 불현듯 떠오르는 왕자 시절의 삶을 부러워할까요? 아니면 괴로움에서 해탈한 수행승의 삶을 부러워할까요? 그런데 확실한 것은 사악처의 존재들이나, 하늘의 천신들은 수행하는 수행자를 부러워합니다. 왜냐하면, 수행자는 존재의 괴로움에서 벗어나는 길을 가고 있기 때문입니다.

'담마파다'의 '다양한 것의 품'을 보면, 붓다는 수행자와 재가자의 삶에 관해 이야기합니다(Dhp. 302). 여기를 보면, 수행자의 삶은 어렵다고 하며, 재가자의 삶은 괴로운 것이라고 합니다. 그래서 세상을 보내는 재가자는 지속하는 괴로움 속에서 살게 됩니다. 이렇게 현생을 보내는 나그네의 삶은 괴로움이 따릅니다. 그러니 괴로움에 빠진 나그네의 삶에서 벗어나도록 수행 정진해야 합니다.

이경의 주석서를 보면, 라자가하 시의 벨루 숲의 죽림정사에서 붓다는 수행승들에게 "지옥에 사는 자들이 하늘나라로 가는 자들을 부러워하듯, 많은 이들이 그대 수행자를 부러워합니다"라는 이야기를 합니다(DhpA. Ⅲ. 460~463). 여기를 보면, 예전에 밧지국 왕자 출신의 한 수행승이 웨살리 시에서 수행하고 있었습니다.

그러던 어느 날 웨살리 시에서 밤새 축제가 열렸습니다. 그래서 시 전체가 깃발과 갖가지 치장으로 장식되었으며, 악기와 음악들이 널리 울려 퍼지면서 한껏 축제 분위기를 띄우고, 흥겨움을 돋우고 있었습니다. 이때 왕자의 신분에서 출가자가 된 수행자는 왕자 시절과는 다르게, 지금은 많은 이들에게서 벗어나 도시에서 떨어져 숲속에서 홀로 지내고 있습니다. 그러자 그는 흡사 버려진 통나무와 같은 기분이 듭니다. 비록 속가에서는 왕자로서 왕국을 지배할 순서가 되었겠지만, 출가한 지금은 홀로 수행처에서 수행하고 있습니다. 이렇게 그는 밤새도록 현악기의 소음에 시달려야만 했습니다.

이처럼 수행자가 자신이 버려진 느낌을 받으며 소음에 시달리고 있자, 이를 일깨우기 위해 숲속의 신들이 그에게 다가왔습니다. 그리고 숲속의 신들이 그에게 말합니다. "지옥에 사는 자들이 하늘나라로 가는 자들을 부러워하듯, 많은 이들이 그대 수행자를 부러워합니다. 그러니 부디 열심히 수행 정진해야 합니다"라고 그를 격려해줍니다. 이처럼 수행자는 존재의 괴로움에서 벗어나기 위해 출가해서 수행 정진합니다.

그리고 이를 통해 해탈·열반에 들게 됩니다. 이것이 모든 천신과 사악처의 존재들이 부러워하는 것입니다. 그러니 지금까지 이루어놓은 경지에서 후퇴하지 말고, 무소의 뿔처럼 앞으로 정진하며 나아가야 합니다. 이것이 인간으로 태어나서 할 수 있는 최상의 행동이며, 모든 존재가 부러워하는 최고의 축복입니다. 그리고 이것이 수행 생활의 수승함을 가져옵니다.

○ 출가를 수승하게 만드는 수행의 두 축

수행은 지관 수행인 지수행과 관수행으로 나누어집니다. 여기서 지수행은 사마타 수행이며, 집중 수행입니다. 그리고 관수행은 위빠사나 수행이며, 통찰 수행입니다. 이렇게 집중 수행과 통찰 수행이 출가자를 수승하게 만드는 수행의 두 축입니다.

'법구경 바라문의 품'에 보면 번뇌를 부순 거룩한 존재가 지와 관의 수행으로 피안의 세계에 도달하는 것에 관한 이야기가 있습니다(DhpA. Ⅳ. 140). 이렇게 붓다의 가르침에 따라 수행하는 수행자는 지관 수행을 통해 해탈·열반의 길을 갑니다. 이때 사마타 수행은 마음을 고요함으로 이끈다고 해서 지수행 및 고요 수행이라고도 하며, 선정을 닦는다고 하여 선정 수행 및 집중 수행이라고도 합니다. 그리고 위빠사나 수행은 마음을 통찰로 이끈다고 하여, 통찰 수행 및 관수행이라고 하며, 지혜를 이룬다고 하여 지혜 수행이라고도 합니다. 이런 집중 수행(사마타 수행)과 통찰 수행(위빠사나 수행)에 대해 살펴보겠습니다.

먼저, 집중 수행의 수행대상은 개념입니다. 이것을 이미지(니밋따)라고도 합니다. 이것은 실재가 아닌 내가 떠올린 것, 내가 마음으로 만들어 떠올린 니밋따에 계속 집중합니다. 그래서 이것에는 변화가 없으며, 생멸이 없습니다. 이렇게 떠올린 니밋따에 계속 집중할 뿐입니다. 그래서 니밋따에 고정해서 집중함으로써 마음의 산란을 막고, 괴로움에서 벗어나며, 이를 통해 마음은 고요함을 얻게 됩니다.

두 번째로, 통찰 수행의 수행대상은 실재입니다. 이것은 몸과 마음에서 일어나는 실재이며, 이를 통해 변화하는 생멸인 실상을 보게 됩니다. 그래서 호흡을 보는 수행에서는 호흡의 일어나고 사라짐인 호흡의 생멸을 보게 됩니다. 또한 이미지나 생각이 일어나더라도 일어나는 순간의 생멸을 보게 됩니다. 그리고 마음이 닿는 모든 것에 대해 주시(사띠)를 통해 실재인 생멸을 봅니다. 이로써 실재인 실상이 무상·고·무아라는 것을 여실지견하게 됩니다. 이를 통한 탐·진·치의 소멸로 괴로움이 소멸하는 해탈·열반을 증득하게 됩니다. 이렇게 '출가를 수승하게 만드는 수행의 두 축'을 표로 나타내면 다음과 같습니다.

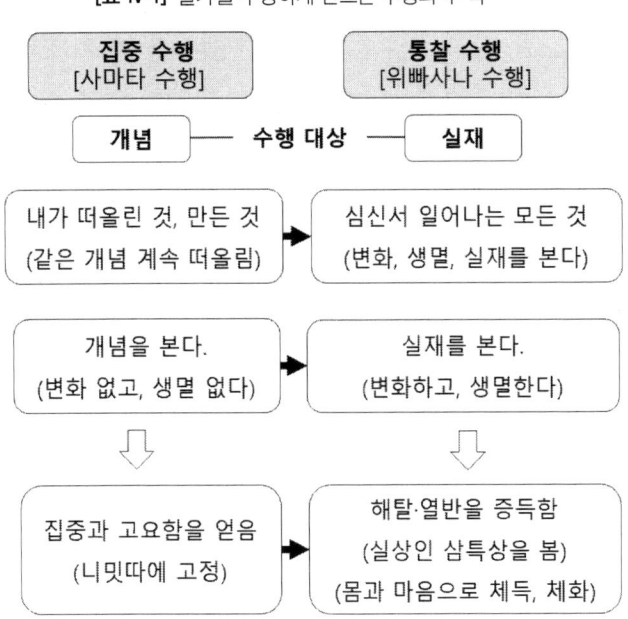

[표 IV-1] 출가를 수승하게 만드는 수행의 두 축

이처럼 인간 삶의 괴로움에서 벗어나는 방법으로 집중 수행과 통찰 수행이라고 하는 지관 수행이 있습니다. 먼저, 집중 수행은 일시적으로 괴로움을 멈추게 하는 효과가 있으며, 이를 통해 마음이 고요함에 들게 합니다. 그래서 이를 지수행이라고 합니다. 이런 집중 수행은 붓다 이전부터 존재하고 있던 수행 방법입니다.

두 번째로, 통찰 수행은 실상을 통찰함으로써 통찰지혜가 발생합니다. 이것은 탐·진·치의 번뇌로부터의 해탈과, 괴로움으로부터의 열반을 목적으로 합니다. 그래서 이를 관수행이라고 합니다. 이런 통찰 수행은 붓다께서 인간 삶의 괴로움에서 벗어나기 위해서 몸소 체험하고 터득해서 새롭게 계발한 수행 방법입니다. 이때 안다는 것과 여실지견은 다릅니다. 단순히 아는 것은 지식에 가깝습니다. 그러나 이것을 깨달음으로 승화하려면 이것을 몸과 마음으로 체득해서 몸과 마음에 체화해야 합니다. 그래서 마음이 성자의 종성으로 바뀌어야 합니다. 그래야 그가 알고 있던 앎이 진정한 깨달음으로 승화하게 됩니다. 이것이 통찰 수행의 핵심입니다.

이렇게 이런 수행 방법은 둘 다 수승한 수행 방법입니다. 그래서 이런 수행 방법을 담고 있는 팔정도 수행을 통해 해탈·열반의 길을 가게 됩니다. 그러니 지관 수행은 인간 삶의 괴로움에서 벗어나게 하는 수승한 수행법입니다. 그리고 출가를 수승하게 하는 수행의 두 축입니다. 이것이 붓다가 들려주는 '수행 생활은 수승한 것'입니다.

Ⅳ. 멈춰서 보는 인생

2. 수행은 마음을 경작하는 것

지구상에는 다양한 인종과 다양한 국가가 있으며, 개인 간에도 다양한 개성이 존재합니다. 그리고 쌍둥이라고 하더라도 개성이 다르며, 성격이 다르고, 그리고 추구하는 인생의 방향도 다릅니다. 그래서 이렇게 다양한 개성을 지닌 인간은 세상에 태어난 목적도 다르고, 업도 다르며, 가야 할 길도 다릅니다. 그런데 인간의 삶을 통해 어떤 사람은 인생의 길이 점차로 나아지는 사람이 있는가 하면, 어떤 사람은 점차 나락으로 떨어지는 사람도 있습니다. 그러나 이 세상에 인간으로 태어났다면, 저마다 태어난 목적이 있으며 세상에 날 때 갖고 온 업의 보따리들도 다 다릅니다. 그래서 인간은 세상에 살면서 자기가 갖고 온 업의 보따리를 하나씩 풀면서 삶을 살아나가게 됩니다. 그러나 보따리 중에는 괴로운 보따리도 있으며 이에 의해 인간은 삶을 살면서 괴로움을 겪게 됩니다. 그래서 수행을 통해 괴로운 마음의 보따리들을 하나씩 소멸시켜 나가면 종국에는 괴로움에서 벗어나게 됩니다. 이렇게 수행으로 마음을 경작하면, 이를 통해 괴로운 업의 보따리들은 점차 소멸하며, 괴로움에서 벗어나는 길을 가게 됩니다.

그래서 인류는 궁극적인 최종 목적지인 괴로움이 소멸하는 열반의 길을 향해 나아가고 있습니다. 따라서 세상에서 하는 삶의 행은 큰 줄기에서는 수행의 일종입니다. 다만 현생에서 수행이 잘 되면 좋은 일이 생기고, 수행이 잘 안 되면 좋지 않은 일이 생길 뿐입니다. 어쨌든 인류는 오르락내리락하는 희·노·애·락의 인생을 살면서 열반이라고 하는 목적지를 향해 수행의 길을 가고 있습니다. 이런 수행의 길이 인류가 가는 길입니다.

그리고 인간의 마음에는 선한 마음이 불선한 마음보다 훨씬 많습니다. 그래서 인간은 존재의 삶이 향상되는 길을 가게 됩니다. 이렇게 향상되는 길을 가는 데도 네 가지의 길이 있습니다. 이것은 복을 쌓는 길이 있으며, 마음을 편안하게 하는 길이 있고, 마음을 고요하게 하는 길이 있으며, 괴로움의 소멸로 가는 길이 있습니다. 그래서 이런 네 가지의 길 중에서 현생에서 자신이 가고 싶은 길을 정합니다. 이렇게 자신이 가고 싶은 길이 정해지면 그 다음에는 그곳으로 가는 수행 방법을 선택해서 마음을 잘 경작해야 합니다.

그래서 복 받고 싶으면 복을 지어야 하고, 좋은 일이 생기고 싶으면 좋은 일을 해야 합니다. 이렇게 자신이 갈 길을 자신이 선택해서 그 길을 자신이 가면 됩니다. 그리고 자신이 선택한 길에 대한 과보는 자신이 기꺼이 받아야 합니다. 이렇게 자신이 한 행의 과보를 받는 것은 자신의 몫입니다. 그래서 어떤 길을 선택하고 어떻게 마음을 경작할지에 대해 잘 고찰하고, 이를 신중히 선택해야 합니다. 이렇게 인간은 마음을 경작하며 수행의 길을 가고 있습니다. 본 장에서는 이런 '수행은 마음을 경작하는 것'에 대해 살펴보겠습니다.

가. 코끼리의 자유자재

수행자는 코끼리처럼 우직하고, 자유자재함을 갖춰야 합니다. 그래서 고양이나 토끼처럼 가볍게 행동해서는 안 됩니다. 그리고 코끼리처럼 수행의 연못에 들어가 우뚝 서 있으면서 연못에 휘둘리지 않고, 연못을 자유자재로 활용할 줄도 알아야 합니다. 그래야 괴로움의 연못에 빠지지 않고, 자유자재하게 수행할 수 있습니다.

'앙굿따라니까야'의 '우빨리의 경'을 보면, 붓다는 존자 우빨리에게 '수행의 상태'에 대해 이야기합니다(A. V. 201). 만약에 수행자가 수행할 수 있는 마음의 상태를 갖추지 못한다면 수행자는 수행의 연못에 가라앉거나, 표면에 떠올라 수행을 제대로 하지 못할 것입니다. 그래서 수행자가 수행하려면 수행하고자 하는 마음의 상태를 먼저 갖추어야 합니다.

여기를 보면, 한 수행자가 있습니다. 그는 삼매를 얻기 위한 정진은 하지 않으면서, 숲속의 외딴 처소에서 지내고 싶어만 합니다. 이렇게 단순히 숲속의 처소에서 먹고, 자며, 지내는 것만으로는 수행이 되지 않습니다. 이렇게 하는 것은 시간만 낭비하는 것일 뿐입니다. 그래서 그는 수행하려고 숲속의 처소에 머물러 있지만, 수행의 연못에서 바닥으로 가라앉거나, 표면으로 떠오를 것이 분명합니다.

예를 들어, 깊은 연못이 있는데 거기로 팔 척이나 되는 큰 코끼리가 들어갑니다. 그러면 코끼리는 연못에 들어가서 우뚝 선 채로 자신의 귀, 등 및 몸을 씻으면서 놀기도 하며, 자유롭습니다. 이렇게 큰 동물인 코끼리는 연못에 우뚝 서 있을 수 있습니다.

이처럼 코끼리는 연못에서 놀고 나서, 몸에 물을 뿌리면서 목욕을 하고, 물을 마신 후에 연못에서 나와 자기가 가고 싶은 곳으로 유유하게 갑니다. 이렇게 코끼리가 연못에서 하고 싶은 것을 자유자재로 할 수 있는 것은 그렇게 큰 존재인 코끼리는 연못과 같은 깊은 곳에서도 우뚝 서 있을 수 있기 때문입니다.

그러나 이런 연못에 고양이나 토끼가 들어갔다면, 그리고 작은 동물이 깊은 연못에 아무 생각 없이 뛰어들었다면 이런 작은 동물은 연못의 바닥에 가라앉거나 연못의 표면으로 떠오를 것입니다. 왜냐하면, 작은 존재는 깊은 연못에 우뚝 선 채로 있을 수 없기 때문입니다.

수행도 마찬가지입니다. 수행자가 계를 지키지도 않고 수행의 정진을 통해 마음속에 우뚝 서 있지도 않으면서 삼매를 얻기를 바라거나 선정을 얻기를 바란다면, 그는 들뜸이나 후회 등으로 마음이 붕 떠서 있거나 해태와 혼침 등으로 마음이 깊숙이 가라앉아 있을 것입니다. 그래서 수행자가 계학·정학·혜학인 삼학의 닦음이 없이 숲속의 처소에서 홀로 지내기만 한다면 이것만으로 수행자가 되지 않습니다.

그러니 보시, 지계, 인욕, 정진, 선정 및 지혜를 통해 그의 마음을 코끼리와 같이 강건하고 크게 만들어놓아야 합니다. 그래야 수행자는 수행의 선한 기제(주시·집중·통찰)를 활용해서 마음에 우뚝 서 있을 수 있습니다. 그리고 이를 통해 탐·진·치의 마음에 빠지지도 않고, 마음에서 자유자재함을 얻을 수도 있습니다. 이렇게 마음을 자유자재로 닦기 위해서는 계학·정학·혜학인 삼학을 통해 주시, 집중 및 통찰의 힘을 길러야 합니다. 이를 위해 수행자는 수행 시에 마음이 우뚝 설 수 있도록 마음을 잘 경작해야 합니다.

○ 소 떼의 뒤를 따라가는 당나귀

수행자는 수행자다워야 합니다. 말로만 '수행자다'라고 한다고 해서 수행자가 되는 것은 아닙니다. 참된 수행자는 계를 지켜야 하고, 마음을 고요하게 해야 하며, 지혜를 닦아야 합니다. 이렇게 계학·정학·혜학인 삼학을 닦아야 참된 수행자가 됩니다. 그러나 삼학을 닦지는 않고, 말로만 수행자라고 해서 수행자가 되는 것은 아닙니다.

'앙굿따라니까야'의 '밭의 경'을 보면, 사왓티 시에서 붓다는 수행승들에게 '수행자를 수행자답게 만드는 세 가지 배움'에 대한 이야기를 합니다(A. I. 229). 여기를 보면, 수행자를 수행자답게 만드는 것에는 계학·정학·혜학의 삼학이 있습니다.

이는 먼저, 더욱 높은 계행에 대한 배움을 수용하는 것입니다. 두 번째로, 더욱 높은 마음에 대한 배움을 수용하는 것입니다. 마지막으로, 더욱 높은 지혜에 대한 배움을 수용하는 것입니다. 그래서 자신을 수행자라고 칭하고 싶어서, 하늘에 대고 "나는 수행자다. 나는 수행자다"라고 소리 높여 외친다고 해서 수행자가 되는 것은 아닙니다. 이는 당나귀가 소 떼의 뒤를 따라가면서, "나는 소다. 나는 소다"라고 외친다고 해서, 소가 되는 것이 아닌 것과 같습니다. 왜냐하면, 당나귀는 소의 모습도 아니며, 소의 목소리도 아니고, 소의 마음도 아니기 때문입니다. 만약 소가 되려고 한다면, 그는 소의 모습, 소의 목소리 및 소의 마음을 갖춰야 합니다.

이렇게 수행자를 수행자답게 만드는 것도 이와 같습니다. 참된 수행자가 되려면 참모임인 수행자의 행동, 수행자의 언행 및 수행자의 마음을 갖춰야 합니다. 그래서 높은 계행에 대한 배움을 수용해야 하고, 높은 마음에 대한 배움을 수용해야 하며, 높은 지혜에 대한 배움을 수용해야 합니다. 그리고 이를 갖추고, 이에 따른 행을 해야 합니다. 이렇게 수행자를 수행자답게 만드는 삼학인 세 가지 행에 대해 이를 수용하고, 이를 갖추고, 이를 행함으로써 참된 수행자가 됩니다. 이렇게 '수행자를 수행자답게 만드는 삼학과 삼행'을 표로 나타내면 다음과 같습니다.

[표 IV-2] 수행자를 수행자답게 만드는 삼학과 삼행

수행자답게 만드는 삼학	갖춰야 하는 삼행
계학: 높은 계행에 대한 배움을 수용	신행: 참모임인 수행자의 행동 구행: 참모임인 수행자의 언행 의행: 참모임인 수행자의 마음
정학: 높은 마음에 대한 배움을 수용	
혜학: 높은 지혜에 대한 배움을 수용	위의 세 가지를 갖추고, 이를 행해야 함.

이처럼 수행자를 수행자답게 만들기 위해서는 계·정·혜 삼학을 배우고 익히며 닦아야 합니다. 이는 계를 지키고 마음을 고요하게 하며 참다운 지혜로 마음을 가득 채우는 것입니다. 이를 통해서

수행자는 참된 수행자로서의 신행·구행·의행의 거룩한 삼행을 실천해야 합니다. 그러나 이렇게 참된 수행자로서 갖추어야 할 삼행을 갖추지 않았으면서 갖춘 척하거나, 갖춘 것으로 오인한다고 해서 참된 수행자가 되는 것은 아닙니다. 그러니 수행자라면 수행자로서 삼학을 갖추고, 이를 통해 거룩한 삼행을 실천해야 합니다. 이를 통해 수행자는 코뿔소의 뿔처럼 우직하게 참된 수행자로서 마음을 잘 경작해야 합니다.

나. 누더기와 깨진 그릇은 스승

수행 정진하다 보면, 수행자를 올바른 길로 인도해주는 참다운 스승이 필요합니다. 이때 참다운 스승은 수행자에게 올바른 가르침을 주며, 이를 배우며 익히게 해주고, 그가 참다운 곳으로 갈 수 있도록 이끌어줍니다. 그래서 참다운 스승은 수행자가 힘들어하거나 힘을 잃을 땐 힘이 되어주고, 방향을 잘못 잡으면 채찍이 되어줍니다. 그래서 위대한 인물 옆에는 위대한 스승이 있으며, 이렇게 위대한 스승 옆에서 위대한 인물이 탄생합니다. 따라서 참다운 수행자는 참다운 것을 스승으로 삼고, 본보기로 삼으며, 이를 통해 흐트러지지 않는 구도자의 길을 가야 합니다.

'담마파다'의 '폭력의 품'을 보면, 사왓티 시의 제따 숲에 있는 기원정사에서 붓다는 수행승들에게 '채찍을 본 준마처럼, 정진을 힘차게 일으켜라'라고 이야기합니다(Dhp. 143). 이의 주석서를 보면 이곳에 한 구도자의 이야기가 있습니다(DhpA. Ⅲ. 84~86). 여기를 보면, 한 마을에 부모가 없는 가난한 소년이 살고 있었습니다.

이때 마을에 있던 장로 아난다는 누더기를 입고 깨진 그릇을 들고 가는 소년을 유심히 쳐다봅니다. 그리고 아난다는 소년에게 다가가서 지금의 생활보다는 승원에서의 생활이 훨씬 나으니 그에게 출가하라고 권합니다. 그러자 소년은 아난다를 바라다보고는 그에게 덕행을 느껴 이를 흔쾌히 받아들입니다. 그리고 소년은 그가 입었던 누더기와 깨진 그릇을 승원 근처에 있는 나뭇가지에 걸어놓고는 출가합니다. 그는 승가에서 계를 받고, 가사와 발우를 챙겨서 승원 생활을 시작합니다. 이렇게 소년은 수행승으로 승원에 기거하며 수행자의 길을 걷게 됩니다. 그러던 어느 날입니다. 소년인 수행자는 승원 생활을 하다 보니 살도 찌고 마음이 나태해졌습니다. 그래서 그는 승원의 자유롭지 못한 생활에 불만이 생기기 시작하며, 이곳에서 벗어나고 싶어집니다.

그러자 그는 출가 시에 누더기와 깨진 그릇을 걸어두었던 나무로 갔습니다. 그리고 그것을 보면서 그는 속으로 말합니다. "다시 저런 생활을 하고 싶은가"라고 마음을 다잡습니다. 그리고 그는 수행을 지속합니다. 또다시 얼마간의 시간이 지났습니다. 그러자 그의 마음에 다시 불만이 생깁니다. 그래서 그는 다시 나무로 가서, 마음을 다잡고서는 수행을 지속합니다.

이를 본 주변의 수행승들이 그에게 "어딜 그렇게 자주 가냐?"라고 묻습니다. 그러자 그는 스승에게 가는 길이라고 말합니다. 이렇게 그는 누더기를 명상 주제로 삼아 꾸준히 수행 정진을 계속합니다. 그리고 마침내 이를 통해 그는 거룩한 성자의 경지에 오릅니다. 그가 바로 장로 뻴로띠까입니다. 그는 이렇게 거룩한 경지에 오른 뒤에는 더는 나무로 가지 않습니다. 그는 세상에 집착했을 때는 스승과 같이했으나, 세상에 묶인 끈을 잘라냈으므로 더는 스승에게도 집착하지 않는다고 말합니다. 이렇게 '준마가 채찍을 보고 정진을 힘차게 일으키듯이 수행자도 지난날의 스승을 채찍으로 삼아 정진을 힘차게 일으켜야 합니다.' 이렇게 참된 것을 스승으로 삼아 흔들림 없이 마음을 잘 경작해야 합니다.

○ 조형물에 집착한 수행자

마음은 변화무쌍합니다. 그래서 같은 대상을 보고 있어도 기분이 좋았다가, 마음이 금방 슬픔으로 변하기도 합니다. 이런 마음은 자신이 모르는 사이에 1초에 1,200번이나 빨리 변하기 때문입니다. 그래서 수행을 통해 마음을 단속하고 있다가도 일순간에 망상으로 빠지며 슬퍼지기도 합니다. 이것이 변화무쌍한 마음입니다. 그러나 마음에 수행력을 쌓아놓으면 마음의 주인이 내가 되므로 내가 마음을 내지 않으면 마음은 쉽게 변화하질 못합니다. 그래서 마음에 쌓아놓은 수행력은 불선한 마음이 일어나는 것을 다 잡고, 선한 마음을 지속시켜줍니다. 따라서 마음의 경작을 통해 마음의 주인이 되기 전까지는 마음을 꾸준히 단속하고, 닦아야 합니다.

'담마파다'의 '갈애의 품'의 주석서를 보면, 라자가하 시의 벨루 숲의 죽림정사에서 붓다는 수행승들에게 '무상·고·무아인 삼특상의 확립'에 대한 이야기를 합니다(DhpA. Ⅳ. 52~53). 여기를 보면, 붓다 당시에 사선정을 성취한 수행승이 있었습니다.

그는 장로인 두타제일 마하가섭의 도반이었습니다. 그는 수행승으로 사선정을 성취했습니다. 이 수행승이 하루는 금 세공사인 숙부의 집에 갔습니다. 그런데 그는 거기서 다양한 조형물을 보게 됩니다. 그리고 그는 전생의 업으로 인해 조형물의 모습과 광채에 마음이 사로잡히게 됩니다. 그래서 그는 그런 이미지가 머리에서 떠나질 않고, 머릿속에서 빙빙 돕니다. 이렇게 조형물에 더욱 집착하게 된 그는 수행자의 길을 버리고 환속하게 됩니다. 그러나 그는 일하기는 싫어했습니다. 오로지 조형물에만 집착했습니다. 그러자 더는 그곳에 머물지 못하게 되고, 그는 그곳에서 나오게 됩니다.

그러자 그에게 남아 있던 삶의 의미가 갑자기 사라져버렸습니다. 그때부터 그는 악한 친구들의 도움을 받게 되며, 도둑질까지 하게 됩니다. 그러다 마침내 악당들의 꼬임에 넘어가 나쁜 일에 연루되고, 관리에게 붙잡혀 벌을 받게 됩니다. 그리고 급기야 그는 큰 사고를 일으켜서 사형장으로 끌려가는 신세에까지 이르게 됩니다.

이때 탁발을 나갔던 장로 마하가섭은 도반이었던 그를 사형장에서 보게 됩니다. 그래서 마하가섭은 그에게 조용히 다가가서 그의 포승줄을 느슨하게 풀어주며, 그에게 조용히 이야기합니다. "그대여, 그대가 예전에 닦았던 그대의 명상 주제를 일으켜보시오!"라고 말합니다. 이렇게 그는 마하가섭의 이야기를 듣게 되자, 이전에 닦았던 수행의 근기가 되살아나며, 그가 닦았던 명상 주제를 다시금 일으키게 됩니다. 그러자 그는 한순간에 이전에 닦았던 사선정까지 성취하게 됩니다. 이를 통해 그의 마음은 고요하게 됩니다. 이때 형리들이 그를 죽이려고, 그에게 다가와서 그를 쇠꼬챙이로 찔렀습니다. 그런데도 그는 전혀 아픈 내색도 없이 꿈쩍도 하지 않습니다. 그리고 형리들이 갖가지 험한 무기를 들고 그의 앞에서 그를 노려보고, 위협을 해도 그는 전혀 흔들리거나 두려워하지 않았습니다. 그러자 이런 모습을 멀리서 지켜보고 있던 왕은 신기해하며 그를 불러들입니다. 그리고 왕은 신하를 시켜 그의 수행력을 시험해봅니다. 이를 통해 왕은 그가 뛰어난 선정력을 가진 뛰어난 수행자라는 것을 알게 됩니다. 그러자 왕은 그의 선정력을 귀하게 여기고는 그 자리에서 그를 풀어주었습니다.

그런데 이런 상황을 근처에 있던 붓다가 알게 됩니다. 그리고 붓다는 그가 드디어 깨달음을 증득할 때가 됐음을 간파합니다. 그래서 붓다는 광명을 일으켜 그에게 나타납니다. 그리고 붓다는 지혜를 일으키는 가르침을 그에게 전합니다. 그래서 그가 겪었던 이런 모든 인연이 무상이며(무상), 괴로움이고(고), 고정된 주체가 없음(무아)을 깨우치게 합니다. 그러자 이런 무상·고·무아의 삼특상을 체득하게 된 그는 그 자리에서 즉시 깨달아 해탈·열반에 들게 됩니다. 이처럼 인연에 의해 조형물에 집착해서 환속한 수행자는 수행자 시절에 자신이 닦았던 사선정의 근기에 의해 변화무쌍한 마음을 잠재울 수 있었습니다.

그리고 그는 거룩한 스승이신 붓다의 가르침에 따라 더욱 수행 정진해서 이를 통해 거룩한 깨달음의 경지를 성취하게 됩니다. 이렇게 사선정을 성취했어도 종성의 변화를 통해 해탈·열반에 들어 마음의 주인이 되기 전까지는 스승의 가르침을 따라서 마음을 꾸준히 경작하고, 마음을 잘 닦아야 합니다.

다. 삶의 주인이 되는 길

인간은 눈·귀·코·혀·몸·정신을 통해 들어오는 여섯 감각에 매여 사는 '수동의 삶'을 살고 있습니다. 그런데 이런 '수동의 삶'과 '불선한 의도를 일으키는 능동의 삶'은 갈애와 집착을 일으켜서 마음에 괴로움이 일어납니다. 따라서 여섯 감각기관을 단속하고, 선한 마음을 일으키는 수행을 통해 '선한 의도를 일으키는 주체적인 능동의 삶'을 살아야 합니다. 그러면 이런 길을 통해서 삶의 주인이 될 수 있습니다.

'담마파다'의 '길의 품'을 보면. 사왓티 시의 제따 숲에 있는 기원정사에서 붓다는 수행승들에게 '광대한 지혜의 성장과 자신의 확립'에 대한 이야기를 합니다(Dhp. 282). 이의 주석서에 개미굴에 있는 여섯 구멍에 관한 이야기가 있습니다(DhpA. Ⅲ. 417~421). 여기를 보면, 그곳에 있는 개미굴에 여섯 개의 구멍이 나 있었습니다.

그런데 이 중에 한 개의 구멍으로 도마뱀이 들어갔습니다. 이때 도마뱀을 잡으려면, 다섯 개의 구멍은 막고 한 개의 구멍은 열어놓아야 합니다. 그리고 열어놓은 구멍으로 나오는 도마뱀을 잘 잡아야 합니다. 이처럼 사람에게도 눈·귀·코·혀·몸·정신인 여섯 개의 감각기관이 있습니다. 이때 '수동의 행'은 여섯 감각기관에서 올라오는 행이 그대로 작용만 하는 것입니다. 그래서 이것은 '작용만 하는 마음의 행'입니다. 그러나 이렇게 올라오는 여섯 감각기관 중에서 내가 하나를 선택하고, 이때 의도가 있는 행을 하게 되면 이것을 의도가 있는 '능동의 행'이라고 합니다. 이렇게 '수동의 행'과 '능동의 행'은 의도의 여부에 의해 구분할 수 있습니다. 이런 인간의 '여섯 감각기관과 수동·능동의 행'을 그림으로 나타내면 다음과 같습니다.

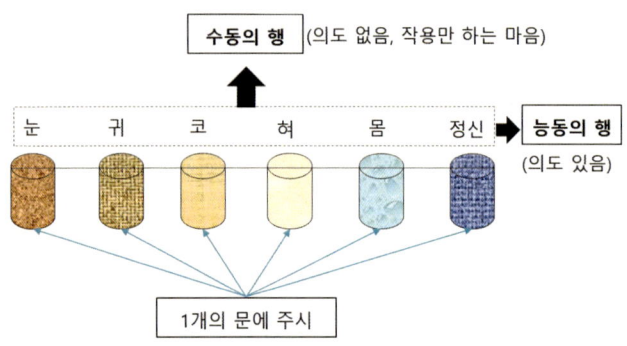
[그림 IV-1] 여섯 감각기관과 수동·능동의 행

이처럼 인간은 여섯 감각기관을 통해 삶을 살아나가고 있습니다. 그런데 평상시에 일반 범부인 인간은 업에 의한 과보로 인해 마음으로부터 '작용만 하는 마음'이 자동으로 일어납니다. 이런 행을 하며 사는 것이 '수동의 삶'입니다. 그리고 의도를 내어 이 중에서 하나의 행동을 하게 되면 이를 '능동의 삶'이라고 합니다.

이런 '능동의 삶' 중에서도 마음에서 자동으로 선하거나, 불선한 의도가 일어나서 이에 따른 행동을 하면 이는 마음이 시키는 대로 하는 '자동적인 능동의 삶'입니다. 그런데 '능동의 삶' 중에서도 수행자가 수행한다는 것은 불선한 의도가 일어날 때 이곳으로 마음이 자동화·동일화·중심화되는 삼체화를 막고, 수행자가 선한 의도를 내서 선한 행동을 하도록 '주체적인 능동의 삶'을 일으키는 것을 말합니다.

그래서 이렇게 수행은 '수동의 삶'에서 벗어나 점차로 선한 마음의 진정한 주인이 되려고 하는 것입니다. 그래서 탐·진·치에 물든 마음이 시키는 대로 하지 말고, 선한 마음의 진정한 주인이 돼서 마음이 대행복의 길로 가도록 마음의 방향을 선한 쪽으로 움직이는 것을 말합니다. 그래야 마음에 집중과 통찰이라는 선한 마음 작용을 심고, 이를 활용해서 마음을 청정하게 닦아 대행복과 대자유를 성취하게 됩니다. 이것이 수행의 궁극적인 목적이며, 마음을 직접 경작해서 마음의 진정한 주인이 되는 길입니다.

○ '자동적인 능동의 삶'과 '주체적인 능동의 삶'

'능동의 삶'에는 '자동적인 능동의 삶'과 '주체적인 능동의 삶'이 있습니다. 이 중에서 일반 범부들이 일으키는 '자동적인 능동의 삶'은 일상적인 불선한 행으로 나타나기 쉬우며, 이런 불선한 행은 인간에게 괴로움을 갖게 합니다. 따라서 수행자는 '주체적인 능동의 삶'을 통해 인간 삶의 괴로움에서 벗어나도록 해야 합니다.

이렇게 '능동의 삶'에는 '자동적인 능동의 삶'과 '주체적인 능동의 삶'이 있습니다. 여기서 '자동적인 능동의 삶'은 이미 갖춰진 존재지속심에 있는 의도인 마음작용에 의해 마음이 행동하는 것입니다. 이때 존재지속심에서 일어난 마음작용이 선한 마음작용이면 선한 방향으로 마음이 움직이며, 불선한 마음작용이면 불선한 방향으로 마음이 움직입니다. 그런데 일반 범부의 경우에는 마음이 불선한 마음작용인 탐·진·치로 가게 될 확률이 높습니다. 이를 '자동적인 능동의 삶'이라고 합니다.

그러나 '주체적인 능동의 삶'은 불선한 마음작용이 일어나려고 하는 마음에 수행을 통해 선한 마음작용이 일어나도록 마음을 움직여서 선한 삶을 살도록 하는 것입니다. 이렇게 수행자는 '주체적 능동'으로 대행복의 길을 가게 됩니다. 이렇게 삶의 주인이 되기 위해서는 '주체적인 능동의 삶'을 살아야 합니다. 이것이 세상을 밝고 청정하게 하는 주체적인 청정한 삶입니다. 이런 '자동적인 능동의 삶'과 '주체적인 능동의 삶'을 표로 나타내면 다음과 같습니다.

[표 IV-3] '자동적인 능동의 삶'과 '주체적인 능동의 삶'

구분	의도	행	마음의 주인
자동적인 능동의 삶	존재지속심 의도 (선·불선한 의도)	세간의 행	감각적 욕망에 매인 삶, 일반 범부의 길
주체적인 능동의 삶	선한 의도	수행의 행	진정한 마음의 주인, 깨달음의 길

이처럼 '자동적인 능동의 삶'은 세간에서 일반 범부의 행입니다. 이때 인간이 사는 욕계는 감각적 욕망의 세계입니다. 그래서 마음이 움직이는 것을 가만히 내버려두면, 이때의 의도는 선한 의도가 일어나거나 불선한 의도가 일어나게 됩니다. 그러나 이때 일반 범부는 자동으로 불선한 의도가 일어날 가능성이 큽니다.

그래서 '주체적 능동의 삶'은 출세간에서 수행자의 행과 같은 삶입니다. 이것은 마음에서 불선한 의도가 일어나려고 할 때 수행을 통해 마음에서 불선한 의도가 아닌 선한 의도가 일어나도록 한번 더 선한 의도를 내는 것입니다. 그래서 이렇게 '주체적인 능동'으로 마음의 진정한 주인이 돼야 합니다. 그렇지 않고 마음을 가만히 놓아두면 마음은 자동으로 감각적 욕망에 매여 불선한 의도를 일으키기 때문입니다.

이렇게 삼체화(자동화·동일화·중심화)하려는 마음은 욕망의 세계인 욕계에 사는 인간의 특성이기도 합니다. 그래서 이를 수행으로 바꾸어서 진정한 마음의 주인이 되도록 해야 합니다. 이것이 AI 시대로 나아가는 현대에 있어서 필요한 '주체적인 능동의 삶'입니다.

그러나 물이 흐르는 방향으로 배를 움직이려고 하면 쉽지만, 물이 흐르는 방향과 반대로 배를 움직이려 하면 힘이 필요합니다. 또한 돼지가 진흙 속에 살려고 하면 쉽지만, 깨끗한 곳에서는 살기 어렵듯이 수행도 탐·진·치의 욕망 속에서 살다가 그곳에서 나오려 하면 쉽지 않습니다. 그러나 확실한 것은 수행은 한 만큼 마음이 닦여지며 성숙하게 된다는 것입니다. 그러니 마음이 '주체적인 능동의 삶'을 갖도록 해야 합니다. 이것이 바로 마음을 바르게 경작하는 길입니다.

라. 수행의 포살과 재일

참모임의 수행승은 매월 보름마다 정기적으로 모여 그간의 수행 생활을 점검하고 수행력을 나누며 계송을 암송합니다. 그리고 혹시라도 수행하면서 범하게 되는 위계에 대해서 참회하고 다시금 화합의 시간을 갖습니다. 이것이 수승한 참모임의 포살입니다. 그리고 수행승이 되면 수행을 위한 청정한 계율을 지켜야 합니다. 재가자들은 보통 5계나 8계를 지키지만, 비구는 227계이고, 비구니는 311계입니다. 수행자는 이런 계송을 포살의식에서 암송하며, 청정한 수행의 발판을 만들어나갑니다.

'쌍윳따니까야'의 '싸누의 경'을 보면, 사왓티 시의 제따 숲에 있는 기원정사에 붓다께서 계셨습니다. 이때 여자 신도가 야차에게 포살에 관한 이야기를 합니다(S. I. 203). 여기를 보면, 보름의 여덟째 날(8일, 23일)과 보름의 열네 번째 날(14일, 29일), 그리고 보름의 열다섯 번째 날(15일, 30일)은 포살일입니다.

그리고 불가사의한 힘을 얻는다는 재일은 포살일(8일, 14일, 15일)의 전·후일을 말하며, 안거 후에 하는 자자일의 전·후일을 말합니다. 포살 일에 수행승들은 의무계율을 외우고, 이를 지키며, 일반 신도는 다음의 여덟 가지 계행(팔계)을 지킵니다.

① 살아 있는 것을 죽이지 않습니다. ② 주지 않는 것을 빼앗지 않습니다. ③ 사랑을 나눔에 있어 잘못을 범하지 않습니다. ④ 거

짓말을 하지 않습니다. ⑤ 취하게 하는 것을 마시지 않습니다. ⑥ 오후에는 아무것도 먹지 않습니다. ⑦ 가무, 음악, 연극, 치장과 화장을 하지 않습니다. ⑧ 높고 사치스러운 침상이나 와좌구를 사용하지 않습니다(전재성 2014: 230). 이런 팔계를 지킴으로써 재가자들은 사악처에 떨어지지 않고 선처에 들게 됩니다. 이렇게 수행승들의 참모임은 매월 보름마다 포살을 시행하거나, 주 1회 포살을 시행하고 있습니다. 이를 통해 수행승들은 야차에게서 희롱을 당하지 않으며, 마음은 점차 청정해지고 깨달음의 길을 향해 나아가게 됩니다. 이것이 수행자들이 하는 포살의 이익입니다.

이런 포살일을 기준으로 국내에서는 절에서 여섯 주요재일을 시행합니다. 그것은 8일(약사재일), 14일(현겁천불재일), 15일(아미타불재일), 23일(대세지보살재일), 29일(약왕보살재일), 30일(석가모니불재일)입니다. 여기에 1일(정광불재일), 18일(지장보살재일), 24일(관세음보살재일), 28일(노사나불재일)을 합쳐 십재일이 됩니다. 그리고 우란분절(음력 7월 15일)도 있습니다. 이것은 포살일이나 안거 후에 참모임의 수행승들이 모여서 화합하는 시기에 그들에게 공양을 올리고 그들에게서 축복을 받는 것으로부터 시작됩니다. 이를 통해 수승한 수행승들의 모임은 재가자들에게 참다운 축복을 내려줍니다. 이렇게 수행승들은 마음을 경작하며, 이를 바르게 닦아나갑니다.

○ 수행승들의 화합

수행승들의 참모임은 서로 화합합니다. 그리고 참모임의 청정함은 나날이 높아만 갑니다. 이를 통해 주변의 재가자에게도 수행의 참다운 맛이 전해집니다. 그래서 화합하며 청정한 참모임의 수행처가 주변에 있다는 것은 복 밭을 얻은 것입니다. 이렇게 수행승의 참모임은 수행처의 주변에도 청정한 수행의 향기를 전해줍니다.

'맛지마니까야'의 '고싱가살라 짧은 경'에 보면, 왓지 국의 나디까 마을의 긴자까바싸타 정사에서 붓다는 아누룻다 존자에게 '수행승들의 화합'에 대한 이야기를 합니다(M. I. 207). 여기를 보면, 참모임의 수행승들은 탁발 시에도 서로 화합합니다.

그래서 탁발을 마치고 가장 먼저 수행처로 온 수행승이 자리를 정리하고, 먹을 물, 음식을 넣을 통 및 씻을 물 등을 준비합니다. 그리고 수행승들이 탁발해 가져온 음식들을 통에 넣고 이 음식들을 서로 나누어 먹습니다. 이때, 뒤에 온 수행승이 음식을 나누어 먹기를 원한다면 이를 먹거나, 원하지 않는다면 음식을 넣은 통을 치우고 이것을 깨끗이 청소합니다. 그리고 먹은 통은 다시 원위치로 옮겨놓습니다. 이때 치울 것이 너무 무거우면 손짓으로 다른 수행승들을 두세 번 부르며, 손을 맞잡고 협동하여 물건을 옮깁니다. 이렇게 수행승들은 의·식·주를 비롯한 수행 생활에서 서로 간에 화합하며 협동하여 지냅니다. 그리고 이들은 공양 시간 동안이나, 수행 생활 동안에도 불필요한 말은 하지 않습니다. 다만, 수행 기간에는 닷새마다 밤을 새우며 서로 간에 법담을 나눕니다. 그리고 방일하지 않고 열심히 수행 정진합니다.

이를 통해 수행처는 점점 더 청정 도량으로 면모를 갖춰나갑니다. 그리고 수행승들은 우기에 수행처에서 참모임과 함께 안거하고, 안거가 끝나면 자자를 시행합니다. 이를 통해 서로 간에 수행 생활을 점검해주고, 자신의 잘못을 고백하고 참회합니다. 또한 참모임의 수행승들은 보름마다 포살을 시행해서 계율을 독송하고, 잘못을 참회하며, 부족한 부분에 대해 서로 화합하며 일깨워줍니다. 이런 수행승들의 화합으로 수행처는 점차로 청정한 도량으로서의 면모를 갖춰나갑니다.

이를 통해 화합하는 수행승들의 참모임은 주변에 청정한 수행의 향기를 전파합니다. 그리고 이렇게 수행의 향기를 전해 받은 재가자들도 자신들의 행을 청정하고 복되게 가꾸어나갑니다. 그래서 이런 수행승들의 참모임이 주변에 있다는 것은 복 밭을 얻은 것과 같습니다. 그러니 이렇게 붓다의 가르침에 따라 수행 정진하며 마음을 경작해야 하고, 이를 잘 가꾸어나가야 합니다.

마. 마음의 경작

농사짓는 농부는 곡식을 경작합니다. 그리고 상인의 경작은 물건을 매매하는 것이며, 대장장이의 경작은 쇠를 달구어 물품을 만드는 것입니다. 이렇게 모든 사람은 자신이 맡은 바 일을 경작하고, 그것을 바탕으로 해서 삶을 살아나갑니다. 그러면 수행승들은 무엇을 경작할까요? 수행승들이 경작하는 것은 바로 마음입니다. 그래서 수행승들은 이런 마음의 경작을 통해 마음을 청정하게 하고, 인간 삶의 괴로움에서 벗어나고자 합니다. 그리고 이렇게 마음을 경작해서 인간 삶의 괴로움에서 벗어나는 방법을 주위에도 전파해줍니다. 이처럼 살아 숨 쉬는 모든 존재는 각자 자신이 맡은 바 일을 경작합니다. 이를 통해 서로 화합하며, 세상을 청정의 길로 인도해 나아갑니다. 이렇게 각자의 위치에서 자신이 할 일을 잘 경작해야 합니다.

'쌍윳따니까야'의 '까씨의 경'을 보면, 붓다는 바라문 까시에게 '수행승들도 경작하고 있는 것'에 대한 이야기를 합니다(S. I. 172). 여기를 보면, 바라문 까시는 아침에 붓다께서 탁발을 나가시는 것을 보고, 붓다에게 자신의 경작에 대해 말합니다.

그는 붓다께 말합니다. "우리는 밭을 갈고, 씨를 뿌리며, 물을 주고, 곡식을 가꾸는 등의 경작을 한 연후에 밥을 먹습니다. 그러니 수행승들도 밭을 갈고, 씨를 뿌리며, 물을 주고, 곡식을 가꾸는 등의 경작을 한 연후에 밥을 드십시오"라고 합니다. 그러자 붓다는 그에게 말합니다. "바라문이여, 수행승에게는 믿음이 씨앗이고, 감각기관의 제어가 물이며, 지혜가 멍에와 쟁기이고, 부끄러움이 자루이며, 정신이 노끈이고, 사띠가 쟁기날과 몰이 막대가 된다. 그리고 진리는 잡초를 제거하는 낫이 되고, 정진은 짐을 나르는 황소가 되는 것이다. 그래서 이를 통해 수행승들은 마음을 경작하고, 불사의 열매를 얻으면서 고통에서 해탈하게 된다"라고 말합니다. 그러자 이런 붓다의 가르침에 탄복한 까시는 "붓다는 진실의 밭, 불사의 밭을 경작하는 분이시니, 여기 청동 그릇에 유미죽을 올립니다"라고 하며, 붓다께 경건한 마음으로 정성을 다해 공양을 올립니다. 이렇게 존재들은 서로 간에 화합하며 세상을 경작해나갑니다. 그리고 존재로서 해야 할 일에 종사하며, 서로 간에 도움을 줍니다. 이렇게 그들은 자신의 위치에서 자신에게 주어진 세상을 경작해 나아갑니다. 이런 '사람의 위치에 맞는 경작'에 대해 이를 그림으로 나타내면 다음과 같습니다.

[그림 Ⅳ-2] 사람의 위치에 맞는 경작

이처럼 농부는 논을 경작하고, 어부는 물고기를 경작하며, 상인은 상품을 경작하고, 공예인은 공예품을 경작합니다. 그리고 수행자는 마음을 경작합니다.

이렇게 수행승은 수행을 통해 마음을 경작합니다. 이를 통해 참모임의 수행승들은 청정을 향해 나아갑니다. 그리고 청정한 수행승들은 참모임의 주변도 청정하게 하며, 주변의 사람들이 복을 받을 수 있도록 그들에게 축복을 내려주고, 그들에게 붓다의 가르침도 전해줍니다. 그래서 주변에 있는 재가자들의 마을이 붓다의 가르침으로 평온해지며 행복함이 깃들도록 합니다. 이를 통해 세상은 청정함으로 나아갑니다. 이것이 바로 수행자들이 하는 마음의 경작입니다.

○ 다섯 장애의 비유

수행하다 보면 수행에 장애를 주는 다섯 가지 장애(오장애)를 만나게 됩니다. 그러나 이런 장애를 없애려고 굳이 노력할 필요는 없습니다. 오장애는 수행의 진전과 더불어서 서서히 자취를 감추게 됩니다. 그러나 그것을 없애려고 마음에 조바심을 내면 오히려 오장애에 마음이 매이게 되고, 이렇게 오장애에 매인 마음은 수행을 더욱 어렵게 만듭니다. 그러니 수행을 통해서 오장애는 서서히 극복하게 됩니다.

'디가니까야'의 '수행자 삶의 결실에 대한 경'을 보면, 라자가하 시의 지바까 꼬마라밧짜의 망고 숲에서 붓다는 아자따쌋뚜 대왕에게 '수행 시에 나타나는 다섯 가지 장애'의 특징에 관해 이야기합니다(D. I. 73). 여기를 보면, 오장애는 감각적 욕망, 분노, 해태와 혼침, 들뜸과 후회 및 회의적 의심입니다. 그리고 붓다는 이런 오장애를 표현할 때, 이를 빚진 것과 같으며 질병에 걸린 것과 같고 감옥에 갇힌 것과 같으며 다른 곳에 보내진 것과 같고 사막에 있는 것과 같다고 합니다.

그리고 이의 주석서에 보면(Pps. II. 318~319) 수행에서 오는 오장애를 다음과 같은 다섯 가지 특징을 들어서 이를 비유적으로 설명하고 있습니다.

먼저, 수행 시에 나타나는 수행의 장애로 감각적 욕망이 있습니다. 그런데 감각적 욕망은 다른 사람에게 빚진 것과 같습니다. 그래서 감각적 욕망을 쓰게 되면 타인에게 빚을 진 것과 같아서 이 빚은 나중에 꼭 갚아야 합니다. 따라서 이에 대한 과보가 들어왔을 때, 여기에 아무런 대항도 못 합니다. 왜냐하면 이것은 갚아야만 하는 빚이기 때문입니다. 그래서 감각적 욕망은 될 수 있으면 쓰지 말고 단속해야 합니다.

두 번째로, 수행 시에 나타나는 수행의 장애로 분노가 있습니다. 그런데 분노는 담즙병에 걸린 것과 같습니다. 그래서 분노가 일어나면 아무리 달고 맛있는 음식을 주어도 그 맛을 제대로 느끼지 못합니다. 그리고 음식을 먹더라도 그것은 쓴맛이라고 하며 이를 도로 토해냅니다. 이렇게 분노가 많은 자는 선정의 고요함과 즐거움 등의 진정한 맛을 모르게 됩니다. 그러므로 분노는 일으키지 말아야 합니다.

세 번째로, 수행 시에 나타나는 수행의 장애로 해태와 혼침이 있습니다. 그런데 해태와 혼침은 축제가 한창 벌어지고 있는데 감옥에 갇혀서 격리된 것과 같습니다. 그래서 그는 축제의 시작, 중간 및 끝을 알지 못합니다. 따라서 다른 사람들이 축제에 관해 이야기해도 그는 이것을 알지 못합니다. 이처럼 해태와 혼침은 수행 시에 그곳에 갇혀서 수행에 대해 알 수 없게 합니다. 그래서 그는 수행에 진전을 갖지 못합니다. 그러므로 수행 시에는 해태와 혼침에서 빠져나와야 합니다.

네 번째로, 수행 시에 나타나는 수행의 장애로 들뜸과 후회가 있습니다. 그런데 들뜸과 후회는 축제가 한창 벌어지고 있는데 그를 다른 곳으로 보낸 것과 같습니다. 이렇게 그는 축제가 아닌 다른 곳으로 가 있는 바람에 축제에 대해 알지 못합니다. 이처럼 들뜸과 후회는 그를 수행에 전념하지 못하게 하고, 수행의 즐거움과 행복을 체험하지 못하게 합니다. 그러므로 수행 시에는 들뜸과 후회는 가라앉혀야 합니다.

마지막으로, 수행 시에 나타나는 수행의 장애로 회의적 의심이 있습니다. 그런데 회의적 의심은 황량한 사막에서 강도를 만난 사람이 강도에 의해 약탈당해 처참하게 되는 것을 본 것과 같습니다. 그래서 그는 사막을 갈 때마다 나뭇가지나 새의 울음소리만 들어도 두려움에 떨게 됩니다. 그러자 그는 그 길로는 더는 가지 못하고, 그 길을 나와서 다른 길을 선택해서 가게 됩니다. 이렇게 회의적 의심은 수행 시에 수행자를 수행의 길에서 벗어나게 하며 그를 거룩한 바른길로 인도하지 못하게 합니다. 그래서 수행 시에는 회의적 의심을 버려야 합니다. 이런 '오장애의 비유와 제거'를 표로 나타내면 다음과 같습니다.

[표 IV-4] 오장애의 비유와 제거

오장애	비유	작용	제거
감각적 욕망	다른 사람에게 진 빚과 같음	욕망에 의한 과보가 들어오면 받아야 한다.	참아내야 한다.
분노	담즙병에 걸린 것과 같음	선정 고요함과 즐거움의 진정한 맛을 모른다.	일으키지 말아야 한다.
해태와 혼침	감옥에 갇힌 것과 같음	수행에 진전을 갖지 못한다.	빠져나와야 한다.
들뜸과 후회	다른 곳에 가 있는 것과 같음	수행의 즐거움과 행복을 체험하지 못한다.	가라앉혀야 한다.
회의적 의심	강도 만난 사람 보는 것과 같음	수행의 길에서 벗어나게 한다.	버려야 한다.

이처럼 오장애는 수행을 방해하고 올바른 삶을 방해합니다. 그래서 수행하면 가장 먼저 제거해야 하는 것이 오장애입니다. 그런데 집중 수행을 하게 되면 점차로 오장애의 일어남이 줄어들게 됩니다. 그리고 근접삼매에 들게 되면 오장애는 사라지고, 마음은 고요하게 됩니다. 이를 통해 본삼매에 들게 되면 선정의 단계별로 고요함과 행복함이 찾아옵니다.

따라서 수행을 통해 오장애에서 벗어남은 빚을 진 사람이 빚을

갚은 것과 같으며, 병이 든 사람이 병을 고친 것과 같습니다. 그리고 감옥에 갇힌 사람이 감옥에서 나온 것과 같으며, 길을 헤매던 사람이 올바른 길로 돌아온 것과 같습니다. 또한 강도를 만났던 사람이 의심에서 벗어난 것과 같습니다. 이렇게 수행을 통해 오장애에서 벗어남으로 마음은 고요하게 되고, 이를 통해 수행자는 깨달음의 길로 가게 됩니다. 이처럼 수행자는 마음을 경작하며, 수행의 길로 나아갑니다. 이것이 붓다가 들려주는 '수행은 마음을 경작하는 것'입니다.

3. 괴로움은 소멸하는 것

 인간은 인생을 살면서 마음에 괴로움을 겪게 되는데, 이런 마음의 괴로움에서 벗어나고 영원한 행복을 얻고자 하는 것이 수행의 궁극적인 목적입니다. 그런데 이런 인간의 괴로움은 사고(四苦)와 팔고(八苦)로 크게 나뉩니다. 여기서 사고는 생·노·병·사의 괴로움을 말하며, 팔고는 여기에다가 애별이고·원증회고·구부득고·오음성고를 포함합니다. 이는 태어나고 늙으며 병들고 죽는 것이 괴로움이라는 것입니다. 또한 사랑하는 사람과 헤어지고 싫어하는 사람과 만나야 하며 원하나 얻지 못하고 오온으로 이루어진 인간 자체가 괴로움을 수반한다는 것입니다. 그리고 이런 괴로움은 노(늙음)·사(죽음)·우(슬픔)·비(비탄)·고(고통)·수(고뇌)·뇌(절망)로 나타납니다.

 이렇게 인간으로 태어나는 순간부터 괴로움은 시작됩니다. 그리고 이런 괴로움은 죽음을 맞이해서야 끝이 납니다. 그러나 대부분 인간은 죽음을 통해 다시 다른 존재로 윤회합니다. 그래서 끝날 것 같았던 존재의 괴로움이 지속하게 됩니다. 따라서 붓다는 이런 괴로움을 가져오는 윤회의 사슬을 끊어버리고자 했습니다. 이를 위해 붓다는 지관 수행을 통해 괴로움의 족쇄를 끊어버리고, 대행복인 열반에 드는 방법을 계발했습니다. 그리고 이를 괴로움 속에서 헤매는 중생들에게 전파하게 됩니다.

여기서 붓다는 괴로움의 소멸을 위해 제거해야 할 족쇄로 열 가지를 들고 있습니다. 이런 열 가지 족쇄는 탐·진·치로 구성돼 있으며, 이는 유신견, 계금취, 감각적 욕망, 분노, 회의적 의심, 색계에 대한 갈망, 무색계에 대한 갈망, 들뜸, 아만 및 무명입니다. 이런 열 가지 족쇄의 소멸을 통해 성자의 단계인 수다원, 사다함, 아나함, 아라한의 도·과를 증득하게 됩니다. 그리고 종국에는 해탈·열반에 들어 괴로움을 종식하게 됩니다. 그래서 본 장에서는 이런 '괴로움은 소멸하는 것'에 대해 살펴보겠습니다.

가. 재산의 삼 등분

재가자는 가정과 집안의 평화와 안녕을 위해 열심히 일해야 합니다. 이를 통해 자신의 삶과 사회는 발전을 이룩합니다. 붓다는 재가자들에게 열심히 일해서 많은 부를 축적하라고 합니다. 이렇게 해서 축적된 부를 알맞고 유익한 곳에 사용하라고 합니다. 이를 통해 참모임인 수행처를 안정되게 만들어야 합니다. 그러면 이런 안정을 토대로 수행처는 수행하기에 알맞은 조건을 갖추게 됩니다. 그래야 재가자인 자신의 현생도 안정되며 미래 생도 안정을 가져올 수 있습니다. 그러면 이를 발판으로 한 수행으로 깨달음을 얻게 되며 이는 괴로움의 소멸을 가져옵니다.

'담마파다' '마음의 품'의 주석서를 보면, 사왓티 시의 한 부호의 아들이 자기 집에 찾아온 장로에게 '괴로움에서 벗어나는 길'을 가르쳐 달라고 합니다. 그러자 장로는 그에게 붓다의 가르침에 대해 들려줍니다(DhpA. I. 297~299). 여기를 보면, 재가자가 인간 삶의 괴로움에서 벗어나기 위해서는 보시하고 지계하며 수행해야 합니다.

이렇게 재가자가 인간 삶의 괴로움에서 벗어나기 위해서는 감각적 욕망에서 벗어나야 하며, 이를 위해서는 우선 주변 사람들에게 음식을 베풀어주고 도움을 주어야 합니다. 그리고 우기에는 수행자들에게 처소를 제공하며 가사와 생필품 등을 보시해야 합니다. 이를 위해서 재가자는 열심히 일해서 적더라도 재산을 얻어야 하며 이런 재산을 삼 등분해서 그 중의 한몫은 사업에 투자합니다. 그리고 한몫은 가족의 생계를 위해 씁니다. 또한 나머지 한몫은 미래를 위해 투자해야 합니다. 이런 투자를 통해 재난에 대비하고 부처님의 가르침을 배워야 합니다. 이렇게 자신이 축적한 재산을 잘 활용해서 보시하고 붓다의 가르침을 배우며 미래에 투자합니다. 더 나아가서 붓다의 가르침에 귀의하고 삼귀의와 계를 지키며 수행하게 된다면, 종국에는 흐름에 든 자가 되어 인간 삶의 괴로움에서 벗어나게 됩니다.

이렇게 재가자가 인간 삶의 괴로움에서 벗어나기 위해서는 우선 열심히 일해서 적더라도 부를 축적해야 합니다. 그리고 축적한 재산을 유익하고 알맞은 곳에 사용해야 하며, 이를 위해 보시해야 합니다. 이렇게 재가자는 열심히 일해서 축적한 재산을 보시를 통해 나눠주는 연습을 해야 합니다. 이를 통해 마음을 비워야 마음의 청정을 받아들일 준비를 할 수 있게 됩니다. 그리고 이런 것이 재가자에게 수행의 토대를 만들어줍니다. 이렇게 재가자가 재산의 축적을 통해 얻은 '재산의 유익한 삼 등분'을 그림으로 나타내 보면 다음과 같습니다.

[그림 IV-3] 재산의 유익한 삼 등분

* 미래를 위해 투자
- 붓다의 가르침에 사용
- 주변 사람들에게 음식 제공 등 도움을 줌
- 수행자에게 처소 제공, 가사와 생필품 등 보시
- 재난의 시기에 대처 등

이처럼 인생을 살면서 축적한 재산 중에서 적더라도 한 몫은 미래를 위해 투자해야 합니다. 이런 투자는 붓다의 가르침에 사용하는 것이며, 주변 사람들에게 음식 제공 등 도움을 주는 것이고, 수행자에게 처소 제공 및 가사와 생필품 등을 보시하는 것이며, 재난의 시기에 대처하는 것입니다. 이를 통해 미래 생을 대비하고, 방책을 세워야 합니다. 그러나 이것은 미래 생을 대비하라는 것이지, 여기에 질책, 후회, 자책, 근심, 걱정 및 탐욕 등의 불선한 마음작용을 일으키라는 것이 아닙니다.

이런 불선한 마음작용들은 오히려 인간을 괴로움으로 빠트립니다. 그래서 미래의 발전을 위해서는 과거에 대한 반성이나 참회도 필요하지만, 여기에 불선한 마음작용들을 일으키지 말아야 합니다. 그래서 부를 축적하고 이것을 올바르게 분배해서 미래 생을 위해 투자해야 합니다. 이렇게 재산의 다소와는 상관없이 재산을 축적하고 보시하며 선행을 베풀어야 합니다. 그리고 이를 토대로 재가자도 계를 지키고 수행해야 합니다. 이것이 붓다가 말하는 괴로움에서 벗어나는 길입니다.

○ 재산의 형성과 좋은 친구를 위한 올바른 활용

인간은 삶을 유지하기 위해서는 의·식·주의 적절한 유지가 필요합니다. 그리고 재가자는 좋은 친구를 사귀고, 열심히 일하며, 재산을 축적해서 현재의 삶과 미래의 삶에 대비해야 합니다. 이에 대해 붓다는 재가자는 열심히 일해서 재산을 축적하라고 합니다. 이를 통해 좋은 친구를 사귀어야 한다고 말합니다. 그래서 이렇게 건전한 방식으로 축적한 재산을 유익하고 바람직한 곳들에 사용해야 합니다.

'디가니까야'의 '씽갈라까에 대한 훈계의 경'에 보면, 라자가하 시의 벨루 숲의 다람쥐보호구역에서 붓다는 장자의 아들 씽갈라까에게 '좋은 친구'에 대해 말하며, 재산의 축적과 이의 활용에 관한 이야기를 합니다(D. Ⅲ. 188). 여기를 보면, 벌들이 꿀을 모으는 것처럼 재가자들은 건전하게 열심히 일해야 하며, 또한 개미가 식량을 모으는 것처럼 재가자들은 건전하게 열심히 일해서 재물을 모으라고 합니다.

그리고 이렇게 축적한 재산을 좋은 친구와 사귀며, 미래를 위한 유익한 곳에 사용하라고 합니다. 여기서는 이런 재산을 사 등분 하라고 합니다. 그래서 재가자들이 축적한 재산 중에서 한몫은 집안의 생계에 쓰고, 두 몫은 사업의 번창을 위해 쓰며, 한몫은 미래를 위해 저축하라고 합니다. 이를 통해서 미래의 재난에 대비하며 미래 생을 대비해야 합니다. 이렇게 '좋은 친구를 위한 재산의 유익한 삼 등분'을 그림으로 나타내면 다음과 같습니다.

[그림 Ⅳ-4] 좋은 친구를 위한 재산의 유익한 삼 등분

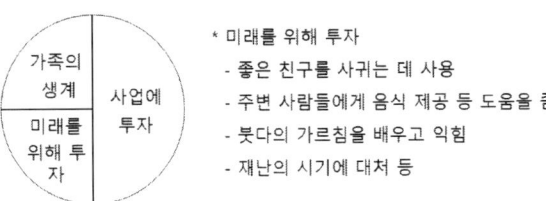

이것이 붓다가 말씀하시는 좋은 친구를 결속하기 위한 재산의 형성과 이의 활용 방법입니다. 이를 위해서는 두 몫을 사업에 투자해서 재산의 형성이 계속 이루어져야 합니다. 그리고 이런 형성 과정을 통해 좋은 친구들을 많이 만들어야 합니다. 여기서 좋은 친구란 '도움을 주는 친구, 한결같은 친구, 유익한 친구, 연민이 있는 친구'입니다. 이런 네 가지 특성을 갖춘 친구를 성실하게 섬기고, 이를 잘 수호해야 합니다. 이런 친구는 주변을 선처로 인도하며 괴로움이 소멸하는 깨달음의 길로 인도하는 선우이기 때문입니다. 이를 통해 인간 삶의 괴로움은 소멸 과정으로 들어갑니다.

나. 독화살의 치료 시기

독화살은 사람을 병들게 하고, 급기야는 그를 사망에 이르게 할 수도 있습니다. 그래서 독화살에 맞았을 때는 빨리 치유해야 합니다. 그러나 자칫 치료 시기를 놓치면 목숨이 위태로울 수도 있습니다. 그러니 다른 것에 우선해서 치료해야 합니다.

'맛지마니까야'의 '말룽끼야 짧은 경'에 보면, 사왓티 시의 제따 숲에 있는 기원정사에서 붓다는 말룽끼야뿟따에게 '괴로움의 치유'에 대한 이야기를 합니다(M. I. 429). 여기를 보면, 어떤 사람이 길을 가다가 독화살을 맞은 이야기가 나옵니다.

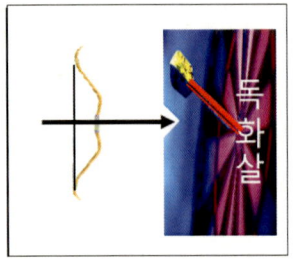

　이렇게 길을 가다가 독화살을 맞은 사람은 상처를 빨리 치료해야 합니다. 그런데 독화살을 맞은 사람이 독화살을 뽑기 전에 독화살을 쏜 사람이 누구인지 알아야 하며, 그 사람이 어디 출신인지 알아야 하고, 이름은 무엇인지 알아야 하며, 성별은 무엇인지 알아야 하고, 신장은 어떻게 되는지 알아야 하며, 사는 곳은 어디인지 알아야 하고, 피부색은 무엇인지 등을 알아야 독화살을 뽑을 것이라고 말하고 있습니다.

　그리고 그는 독화살을 뽑고, 상처를 치료하기 전에 활의 종류, 활의 재질 및 활의 모양 등을 알아야 치료를 받을 것이라고 말합니다. 이렇게 그가 독화살의 상처를 빨리 치료하지 않고 상황에 집착해서 이런 사실들을 알아야 치료를 받을 것이라고 고집을 피운다면, 그는 그것들을 알기 전에 먼저 죽을 것입니다.

　이와 마찬가지로 인간은 탐·진·치라고 하는 독화살을 맞고 인생을 괴로워하며 삶을 살아가고 있습니다. 그런데 이런 괴로움이 있는 자가 '탐·진·치의 세상은 유한한 것인지, 무한한 것인지? 이 세상에 존재하는 영혼은 있는지, 없는지? 깨달은 자가 사후에 존재하는지, 사후에 존재하지 않는지?'라고 하는 개념에 사로잡혀서 이것에 집착하고 있습니다. 그래서 그는 이런 사실들을 분명히 알기 전에는 탐·진·치의 괴로움을 치유하지 않을 것이라고 한다면,

그는 그런 사실들을 알기 전에 탐·진·치라고 하는 괴로움에 시달리다가 먼저 죽음을 맞이할 것입니다.

그러니 이렇게 세상의 유한성·무한성, 영혼의 존재성·무존재성, 그리고 깨달은 자가 사후의 존재성·무존재성에 대한 답을 얻으려 하는 것보다 현재에 일어난 탐·진·치에 의한 괴로움의 치유에 힘을 쏟아야 합니다. 그러다 보면 이런 궁금증은 자동으로 해소될 것입니다. 그리고 지금 그런 것들을 알려준다고 해도 이런 사실들은 자신이 직접 체험해서 체득한 것이 아니므로 그것은 단편적인 지식이 될 뿐이며, 지혜로서 다가오지 않습니다. 그래서 지식으로서 그것을 안다고 해도 체험이 없는 지식은 계속해서 그대를 믿지 못하는 불선한 마음으로 몰고갈 것입니다. 그래서 이렇게 믿지 못하는 불선한 마음은 그대를 괴로움으로 다시 끌고 들어가며, 그대가 열반으로 가려고 하는 길에 도움을 주지 못합니다. 따라서 사람의 마음이 탐·진·치의 독화살에 맞았다면 독화살을 먼저 제거하고 상처를 치료해야 합니다. 그리고 이런 치료를 통해서 직접 자신이 깨달음을 체득하게 되면 이때 증득한 깨달음은 지혜로서 다가올 것입니다. 이것이 괴로움이 소멸하는 길입니다. 그리고 그때서야 존재에 대한 궁금증은 풀리게 됩니다.

○ 독화살의 치료

독화살을 맞으면 고통이 따라옵니다. 그런데 이런 통증은 쉽게 사라지지 않습니다. 그리고 독화살에 맞은 상처를 치료하는 과정에서도 극심한 통증을 겪게 될 것입니다. 그러나 이런 과정을 거쳐서 독과 상처가 치료되면, 몸과 마음은 언제 그런 일이 있었냐는 듯 건강하게 됩니다. 그리고 더는 이로 인한 괴로움은 없게 됩니다.

'맛지마니까야'의 '데와다하 경'에 보면, 삭까국의 데와다하라는 성읍에서 붓다는 니간타인들에게 '괴로움의 치료에는 아픔이 따른다'에 대해 이야기합니다(M. Ⅱ. 216). 여기를 보면, 삭까국의 성읍에서 붓다는 니간타인들에게 독화살을 맞았을 때의 치료에 관해 설명하고 있습니다. 어떤 사람이 독극물이 진하게 묻은 화살에 맞았습니다.

그는 독화살을 맞은 부위에서 나는 통증으로 괴로워합니다. 그래서 이를 치료하기 위해 외과 의사가 화살 맞은 부위를 조사합니다. 이렇게 의사가 상처를 조사하는 과정에서 상처를 만지게 되면 그는 이로 인해 괴로워집니다. 그리고 의사가 상처를 치료하기 위해 화살을 뽑게 되면 이 과정에서 뽑은 자리의 상처가 덧나게 돼서 그는 괴로워집니다. 또한 상처를 치료하기 위해서 오염된 부위를 칼로 도려내면 이때는 상처가 부풀어오르며 그를 괴롭게 합니다. 그리고 상처난 구멍에 치료약을 바르면 치료약의 작용으로 상처가 쑤시게 돼서 그는 괴롭습니다. 이렇게 상처를 치료하는 과정에서 그는 아프고 고통을 느낍니다. 그러나 이런 과정을 거쳐서 무사히 독화살의 상처는 치료되고 피부가 아물게 됩니다. 그리고 마침내 독화살의 상처가 다 낫게 되고 그는 이전의 건강을 되찾게 됩니다. 그러면 그는 다시 행복하게 되고, 몸과 마음의 괴로움에서 벗어나 자유로운 생활을 영위하게 됩니다.

이처럼 사람이 인생을 통해 겪게 되는 탐·진·치에 의한 괴로움도 마찬가지입니다. 탐·진·치의 불선함이 마음으로 들어오면, 마음은 그것을 받아들일 때도 괴롭고 이것을 겪을 때도 괴롭게 됩니다. 그래서 수행을 통해 마음으로 들어온 탐·진·치를 선한 마음작용을 통해 치유하려고 합니다. 이런 치유과정에서 나타나는 탐·진·치로 인해 마음은 힘들고 괴로워집니다. 그러나 계속되는 치유과정에서 그는 정진을 통해 마음으로 들어온 불선한 마음작용들을 하나둘 해소하고 소멸해나갑니다. 이런 수행 과정을 통해 마음에서 탐·진·치의 괴로움이 하나둘 치유되고 이들이 점차 사라지게 되면 마음은 평온함을 되찾게 됩니다. 그리고 탐·진·치가 마음에서 완전히 소멸하게 되면 마음은 대행복을 증득하게 되며, 자유자재하게 됩니다. 이것은 마음에 있는 탐·진·치라고 하는 독화살이 치유되고, 이로 인해 발생됐던 괴로움이 소멸했기 때문입니다. 이렇게 마음에 들어온 탐·진·치의 독화살은 치유되고, 이를 통해 마음의 괴로움은 소멸합니다.

다. 자애 수행의 공덕

자애의 마음은 공덕을 쌓는 모든 것에 토대가 됩니다. 그래서 자애를 토대로 공덕을 쌓게 되면 더 높은 차원의 지복(祉福)을 형성할 수 있게 됩니다. 그리고 이렇게 형성된 공덕의 힘은 깨달음의 길로 가는 데 큰 발판이 되어줍니다. 이처럼 자애 수행은 다른 모든 수행에 도움을 주는 수행입니다. 그러니 자애 수행을 해야 합니다.

'앙굿따라니까야'의 '공덕에 두려워하지 않음의 경'에 보면, 사왓티 시에서 붓다께서 수행승들에게 '자애 수행의 공덕'에 대한 이야기를 합니다(A. IV. 89). 여기를 보면, 붓다는 전생에 보살이었습니다. 그리고 그때 칠 년간이나 자애의 마음을 닦았습니다.

그리고 일곱 번의 괴겁과 성겁을 거치는 동안 보살행을 지속합니다. 그래서 이를 통해 현생에서 붓다가 되어 다시는 괴로움 속에서 헤매지 않게 되는 깨달음을 증득하게 됩니다. 이렇게 붓다는 전생에 보살이었으며, 우주가 파괴될 때는 범천에서 깨달음을 준비하였으며, 우주가 생성될 때는 천계에서 인간계를 수호하였습니다.

거기서 그는 일곱 번이나 천계와 범천의 세계에 태어납니다. 그리고 그곳에서 그는 수백 번이나 승리자, 널리 관찰하는 자, 자재한 자, 전륜왕, 정법자, 법왕과 일곱 가지 보물 등을 갖춘 자로서 삶을 수호합니다. 그리고 서른여섯 번이나 신들의 제왕인 제석천으로 천신들을 보호합니다. 여기서 일곱 가지 보물은 수레바퀴의 보물, 코끼리의 보물, 말의 보물, 구슬의 보물, 여자의 보물, 장자의 보물과 장군의 보물을 말합니다. 이렇게 붓다는 전생에 자애 수행과 보살행을 했습니다. 그리고 붓다는 이런 수행을 통해 공덕을 짓는 것이 대행복으로 가는 길이라고 말합니다. 이런 '붓다의 보살행'을 그림으로 나타내면 다음과 같습니다.

[그림 IV-5] 붓다의 보살행

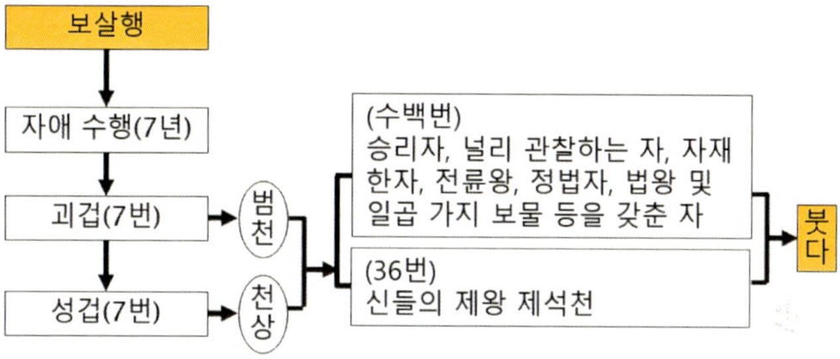

```
보살행
  ↓
자애 수행(7년)                (수백번)
  ↓          범            승리자, 널리 관찰하는 자, 자재
괴겁(7번)     천            한자, 전륜왕, 정법자, 법왕 및       → 붓다
  ↓          천            일곱 가지 보물 등을 갖춘 자
성겁(7번)     상            
                           (36번)
                           신들의 제왕 제석천
```

이처럼 붓다는 자애의 마음을 닦고 수많은 생을 거치면서 보살행을 닦아 수백 번의 전륜성왕과 수십 번의 신들의 제왕인 제석천을 거치게 되며, 그리고 수백 번의 자재한 자 등을 거칩니다. 그리고 드디어 현생에서 깨달음을 얻어 붓다의 경지에 오릅니다. 그러므로 붓다의 길은 위대한 길이며, 성스러운 길이고, 쉽게 근접할 수 없는 길입니다. 이렇게 자애 공덕의 힘은 괴로움이 소멸하는 깨달음의 길을 가는 데 큰 도움을 줍니다.

○ 자애 수행의 확대

자애 수행은 마음을 편안하게 해주며, 집중력을 계발하는 데 도움을 주는 수행입니다. 그리고 이는 집중 수행의 일종입니다. 그래서 자애 수행을 하면 마음이 고요해지며, 선정에 들기도 합니다. 그런데 자애 수행의 확대에는 순서가 있습니다.

우선, 자기 자신부터 자애심을 계발해야 합니다. 이렇게 제일 먼저 자기 자신에게 자애심이 채워지면 이를 바탕으로 해서 다른 사람에게로 자애심을 확대해나갈 수 있게 됩니다. 그런 후에 다음으로 사랑하는 사람에게로 자애심을 확대해나갑니다. 그다음으로는 존경하는 사람을 선정해서 그 사람에게로 자애심을 확대해서 보냅니다. 그리고 다음으로 자신과 무관한 사람에게 자애심을 확대해서 보내고, 마지막으로 미워하거나 싫어하는 사람을 선정해서 그에게로 자애심을 확대해서 보냅니다. 이렇게 자애 수행의 대상을 자신으로부터 시작해서 점차로 다른 사람에게로 확대해나갑니다.

그런데 만약에 자신부터 자애심을 계발하지 않고 다른 대상에게 자애심을 보내면, 자애심이 확대되지도 않으며, 이것이 변질할 수도 있습니다. 그래서 자칫 사랑하는 사람에게는 집착, 근심 및 슬픔이 일어날 수 있으며, 또한 미워하는 사람에게는 분노가 올라와 자신에게 이익이 되지 않을 수 있습니다. 그래서 자신을 대상으로 해서 가장 먼저 자애심을 키운 후에 점차로 다른 사람에게로 대상을 확대해나가야 합니다. 이런 '자애 수행의 대상 확대'를 그림으로 나타내면 다음과 같습니다.

[그림 IV-6] 자애 수행의 대상 확대

이처럼 자애 수행은 마음을 편안하게 해주기 때문에 모든 수행에 앞서 해주면 좋은 수행입니다. 그리고 대상을 확장하고 지역을 확장해서 모든 존재에게로 자애 수행을 넓혀나갑니다. 그래서 자애 수행은 나를 위한 것이며, 남을 위한 것이고, 세상을 위한 수행입니다. 이렇게 자애 수행을 통해서 세상이 자애로 가득 채워진다면 세상은 다툼, 미움 및 불안 등이 없는 사랑과 자애로 가득 찬 세상이 될 것입니다. 이렇게 마음을 자애로 선하게 닦음을 통해 마음에 괴로움이 소멸하는 발판을 만들 수 있게 됩니다.

라. 코끼리의 발자국과 같은 최상의 법

코끼리의 크기와 위엄은 지구상의 어떤 동물들과 비교해서도 최상입니다. 그리고 코끼리는 다른 동물들을 다 포용하고, 거두어들일 만한 힘을 갖고 있습니다. 이처럼 붓다의 가르침은 크기와 위엄에서 다른 어떤 법들에 비해서도 최상입니다. 그리고 붓다의 가르침은 다른 모든 법을 다 포용하고, 거두어들일 만한 힘을 갖고 있습니다. 이렇게 붓다의 가르침은 이 세상의 모든 법 중에서도 최상의 법입니다.

'맛지마니까야'의 '코끼리 발자국 비유의 긴 경'에 보면, 사왓티시의 제따 숲에 있는 기원정사에서 사리불이 수행승들에게 '최상의 법'에 대한 이야기를 합니다(M. I. 184). 여기를 보면, 지구상에서 움직이는 동물들의 발자국 중에서 코끼리의 발자국은 크기에 있어 최상입니다. 그래서 모든 동물의 발자국들은 최상인 코끼리의 발자국 안으로 다 포섭됩니다. 그리고 코끼리의 힘은 다른 모든 동물을 위엄 있게 제압할 수 있습니다. 이렇게 코끼리의 크기와 위엄은 동물 중에서 최상입니다.

이처럼 붓다의 가르침 중에서도 최상의 법이 있습니다. 붓다께서 말씀하시는 법 중에서 최상의 선한 법이라면 사성제에 관한 법이 최상입니다. 그 밖의 모든 선한 법은 사성제에 대한 가르침 안에 다 포섭되며, 여기에 포섭되지 않는 법은 없습니다. 그래서 올바른 법의 발자국을 남긴다면 모든 법은 사성제의 발자국 안에 포섭됩니다. 이런 최상의 올바른 법인 사성제는 고성제, 집성제, 멸성제 및 도성제를 말합니다. 여기서 고성제는 일체의 현상이 괴로움이라고 하는 거룩한 진리이며, 집성제는 괴로움의 원인이 되는 거룩한 진리이고, 멸성제는 괴로움이 소멸하는 거룩한 진리이며, 도성제는 괴로움의 소멸로 이르는 길에 대한 거룩한 진리입니다.

이렇게 붓다의 가르침인 사성제의 진리 안에 모든 법이 포섭되며, 이런 가르침은 크기와 위엄에서 능히 다른 법들을 제압할 수 있습니다. 그러니 이런 최상의 법을 알고, 보며, 닦아서 이를 통해 올바른 지혜를 갖춰야 합니다. 그러면 이를 통해 인간 삶의 괴로움에서 벗어나고, 대행복을 증득하게 됩니다.

○ 아수라가 좋아하는 바다, 수행승이 좋아하는 가르침

아수라들은 항상 선한 것에 싸움을 걸며, 인간계의 지배권을 차지하기 위해 천신들에게 수시로 싸움을 겁니다. 이런 아수라의 왕인 빠하라다가 붓다를 찾아옵니다. 그리고 그는 붓다에게 아수라들은 큰 바다를 좋아하는데, 여기에는 여덟 이유가 있다고 말합니다. 그러자 붓다는 수행승들은 붓다의 가르침을 좋아하는데, 여기에도 여덟 이유가 있다고 설해줍니다. 그리고 이런 이유를 아수라들이 큰 바다를 좋아하는 이유에 대비해서 아수라의 왕에게 설해줍니다. 이렇게 붓다의 가르침은 큰 바다의 선한 특징들을 갖고 있으며, 아수라들이 큰 바다를 좋아하는 이유가 붓다의 가르침 안에도 있습니다. 그러니 아수라들도 붓다의 가르침에 따라야 합니다.

'앙굿따라니까야'의 '빠하라다의 경'을 보면, 베란자 시의 나렐루 뿌찌만다 나무 아래서 붓다는 아수라의 왕인 빠하라다에게서 '아수라가 좋아하는 큰 바다'에 대한 이야기를 듣습니다. 그러자 붓다는 아수라의 왕에게 '수행승이 좋아하는 가르침'에 대해 설합니다(A. Ⅳ. 197~203). 여기를 보면, 아수라의 왕인 빠하라다는 아수라들이 큰 바다인 대양을 보고, 이를 좋아하는 아주 경이롭고도 놀라운 이유가 있다고 말합니다.

이를 듣고 붓다는 아수라의 왕인 빠하라다에게 수행승들이 붓다의 가르침을 보고, 이를 좋아하는 아주 경이롭고도 놀라운 이유가 있다고 설해줍니다. 이렇게 붓다에게 아수라들의 존재감을 내세우려던 아수라의 왕은 오히려 붓다에게서 큰 가르침을 받고 조용히 물러납니다. 이것이 경이로운 붓다의 가르침입니다. 우선 아수라들이 큰 바다를 좋아하는 이유를 아수라의 왕은 다음과 같이 이야기합니다.

먼저, 큰 바다는 점차로 기울고 점차로 깊어지며 점차로 나아갑니다. 이렇게 큰 바다는 갑자기 절벽을 이루지 않습니다. 두 번째로, 큰 바다는 전체적으로 안정되어 있습니다. 그래서 큰 바다는 해안선을 침범하지 않습니다. 세 번째로, 큰 바다는 사체를 신속하게 해안으로 옮겨 육지에 올려놓습니다. 그래서 큰 바다는 사체와 함께 지내지 않습니다. 네 번째로, 갠지스강이나 인더스강이나 어떤 큰 강이든 이런 큰 강이 큰 바다에 이르게 되면 그때는 이전에 있었던 각자의 강이라는 이름을 버리고 하나인 이름으로 큰 바다라고 불리게 됩니다. 다섯 번째로, 하늘에서 장대비가 쏟아지고 강이 넘치도록 흐르며 세상의 모든 강에서 물이 흘러들어와서 큰 바다로 들어오더라도 이로 인해 큰 바다는 늘어나거나 줄어들지 않습니다. 여섯 번째로, 강에서 아무리 많은 양의 물이 흘러들어오더라도 큰 바다는 오직 한 맛인 짠맛만을 지니고 있습니다. 일곱 번째로, 큰 바다에는 많은 다양한 보물들이 있습니다. 이런 보물로는 금, 은, 루비, 진주, 수정, 유리, 소라, 벽옥 및 산호가 있습니다. 마지막으로, 큰 바다에는 큰 존재들이 살고 있습니다. 이런 큰 존재로는 바다 괴어, 바다 괴물, 거대어 및 용 등이 있고, 키가 일백 요자나인 존재, 이백 요자나인 존재, 삼백 요자나인 존재, 사백 요자나인 존재 및 오백 요자나인 존재들이 살고 있습니다.

이런 이유가 아수라가 큰 바다를 좋아하는 이유입니다. 이렇게 아수라의 왕이 '아수라들이 큰 바다를 좋아하는 경이로운 여덟 가지 이유'가 있다고 붓다께 이야기합니다.

그러자 붓다는 붓다의 가르침을 보고 '수행승들이 이를 좋아하는 놀랍고도 경이로운 여덟 가지 이유'가 있다고 그에게 다음과 같이 설해줍니다.

먼저, 붓다의 가르침에는 점차적인 배움, 점차적인 실천, 점차적인 진보가 있습니다. 여기에 궁극적인 앎에 대한 갑작스러운 꿰뚫음은 없습니다. 두 번째로, 내가 제자들을 위해 시설한 학습계율은 안정되어 있습니다. 그래서 나의 제자들은 생계를 위해 이를 침범하지 않습니다. 세 번째로, 악한 성품을 지녔고 계행을 지키지 않는 어떤 사람이 있습니다. 그리고 그는 붓다의 가르침에 대해 의심하고 부정하며 이를 감추는 일을 하는 자입니다. 또한 수행하지 않으면서 수행자인 척하며 청정한 삶을 살지 않으면서 청정한 삶을 사는 척하는 자입니다. 이렇게 그의 마음은 부패하고 오염되어 혼탁하게 된 자입니다. 그런 사람이 있다면 수행승의 참모임은 그와 함께하지 않습니다. 그런 자가 있다면 즉시 참모임은 모여서 그를 쫓아냅니다. 그리고 그가 참모임에 와도 참모임은 그와 떨어져 지냅니다. 네 번째로, 어떤 사람이 네 가지 계급에 속하는 왕족이든 바라문이든 평민이든 노예이든 어떤 계급의 사람이라도 붓다께서 설한 계율과 가르침에 따라 출가하면 수행승은 이전에 있었던 각자의 출신은 버리고 하나의 이름으로 수행자라고 불리게 됩니다. 다섯 번째로, 많은 수행승이 번뇌가 없는 무여열반에 들지만 이로 인해 열반의 세계는 늘어나거나 줄어들지 않습니다. 여섯 번째로, 많은 수행승이 번뇌가 없는 무여열반에 들지만 붓다께서 설한 가르침은 오직 한 맛인 해탈의 맛을 지니고 있습니다. 일곱 번째로, 붓다의 가르침에도 많은 다양한 보물들이 있습니다. 이런 보물로서는 사념처, 사정근, 사여의족, 오근, 오력, 칠각지 및 팔정도가 있습니다. 마지막으로, 붓다의 가르침에도 큰 존재들이 살고 있습니다. 이런 큰 존재들로는 수다원, 사다함, 아나함과 아라한이 있습니다. 이런 여덟 가지 이유가 수행승들이 붓다의 가르침을 따르는 이유입니다.

이렇게 붓다는 '수행승들이 붓다의 가르침을 좋아하는 경이로운 여덟 가지 이유'가 있다고 아수라의 왕인 빠하라다에게 이야기합니다. 이처럼 아수라들이 좋아하는 바다에 대한 여덟 이유가 있으며, 수행승이 좋아하는 가르침에 대한 여덟 이유가 있습니다. 그를 표로 나타내면 다음과 같습니다.

[표 IV-5] 아수라가 좋아하는 바다, 수행승이 좋아하는 가르침

아수라가 좋아하는 큰 바다	수행승이 좋아하는 큰 가르침
큰 바다는 점차로 기울고, 깊어지며, 나아감	가르침에는 점차적인 배움, 실천, 진보가 있음
큰 바다는 전체적으로 안정되어 있음	붓다가 제자들을 위해 시설한 학습계율은 안정되어 있음
큰 바다는 사체와 함께 지내지 않음	마음이 부패하고, 혼탁하게 된 자와 참모임은 함께하지 않음
이전에 각자의 강이라는 이름을 버리고, 큰 바다라고 불림	출가하면 이전 출신은 버리고, 하나 이름으로 수행자라 불림
모든 강에서 물이 흘러들어와도, 큰 바다는 늘거나 줄지 않음	열반의 세계는 늘어나거나 줄어들지 않음
강에서 물이 흘러들어와도, 오직 한 맛인 짠맛을 지님	가르침은 오직 한 맛인 해탈의 맛임
큰 바다에는 금, 은, 루비 등 많은 다양한 보물들이 있음	가르침에도 사념처, 팔정도 등 많은 다양한 보물이 있음
큰 바다에는 거대어 등 큰 존재들이 살고 있음	가르침에도 아라한 등의 큰 존재들이 살고 있음

이처럼 수행승들이 붓다의 가르침을 따르는 놀랍고도 경이로운 여덟 가지 이유가 있습니다. 그러자 이를 듣고 있던 싸우기를 좋

아하는 아수라의 왕도 붓다의 가르침에 대해 탄복하고, 조용히 자리에서 물러납니다. 이런 붓다의 가르침은 아수라의 왕이 보기에도 놀랍고도 경이로운 것들이기 때문입니다. 그래서 붓다의 가르침에 따라 수행해야 합니다. 그러면 이를 통해 인간 삶의 괴로움에서 벗어나게 되고, 대행복을 증득하게 되며, 이는 세상을 밝게 비추게 됩니다.

마. 자신의 운명을 바꾸는 방법

욕계는 욕망이 있는 세계입니다. 그래서 욕계에 태어난 인간의 운명은 감각적 욕망에 매이는 삶을 사는 것입니다. 따라서 이로 인해 일어난 마음은 탐·진·치를 증장시키는 방향으로 움직이며, 이는 불선한 과보를 일으켜서 인간의 삶에 괴로움이 발생하게 되는 악순환을 가져옵니다. 그런데 이전에 쌓아놓았던 업이 너무 강하기 때문에 감각적 욕망의 행으로는 이런 악순환에서 빠져나올 수 없습니다. 그러니 불선한 과보가 반복되는 악순환에서 벗어나서 선한 길로 들어서기 위해서는 수행해야 합니다. 그렇다면 이를 통해 불선한 운명의 연결고리를 끊을 수 있으며, 그의 운명은 선한 방향으로 바뀌게 됩니다.

수행을 통해서 현재와 미래뿐만이 아니라 과거도 바뀌게 됩니다. 그래서 수행으로 현재의 마음이 바뀌게 되면 괴로웠던 과거의 기억도 어느 순간부터는 기쁨이고, 즐거운 기억으로 바뀌며, 미래도 평온하게 바뀔 것입니다. 이것이 현재의 행으로 인해 과거와 미래가 바뀌는 것입니다. 이렇게 과거·현재·미래가 한순간에 겹쳐 있습니다. 따라서 우리의 현재 삶은 현재에만 걸쳐 있는 것이 아니고 과거와 미래도 같이 연결되어 있습니다. 이렇게 현재의 삶을 통해 과거와 미래가 바뀌면서 인간은 매번 새로운 삶을 살게 됩니다. 이것이 욕계를 사는 인간의 운명입니다.

그런데 이런 욕계의 운명을 갖고 태어난 인간은 삶을 사는 동안에 괴로움을 받지 않고 살 수는 없습니다. 왜냐하면 마음에 탐·진·치를 완전히 제거한 성자를 제외하고는 대부분 인간은 마음에 탐·진·치의 성향을 갖고 있으며, 그래서 이로 인해 인간의 마음에는 괴로움이 발생하기 때문입니다. 이렇게 인간의 마음에 괴로움이 발생하게 되는 원인에는 사고와 팔고가 있습니다. 그래서 태어나서(生), 늙고(老), 병들며(病), 죽는(死) 것 자체가 괴로움의 원인이 됩니다. 이런 원인으로 인해 인간은 현생의 삶에서 괴로움을 겪으며 삶을 살게 됩니다.

'법구경'의 '바라문의 품'에서 붓다는 이런 '진흙탕 길이며, 험한 길이고, 윤회의 길이며, 어리석은 길인 괴로움의 길을 넘어서야 한다'라고 말합니다(Dhp. 414). 그래서 수행을 통해 인생에서 나타나는 이런 마음의 괴로움에서 벗어나야 합니다.

이렇게 괴로움에서 벗어나 자신의 운명을 바꾸는 것에는 네 가지 수행 방법이 있습니다. 먼저, 복 받고 선처에 나는 수행이 있습니다. 이는 보시하고 지계하며 인욕하는 삶입니다. 그래서 인간의 삶을 살면서 이런 수행을 하면 이를 통해 현생에서의 삶은 복을 받게 됩니다. 그리고 몸이 파괴되어 죽은 뒤에는 좋은 곳인 선처에 나게 됩니다. 이런 과정을 통해 그의 운명은 악처의 삶에서 점차 선처의 삶으로 변하게 됩니다.

두 번째로, 마음을 편안하게 하는 수행이 있습니다. 이에는 이완 수행과 자애 수행 등이 있습니다. 이런 수행을 하면 이를 통해서 그는 마음을 편안하게 할 수 있습니다. 또한 이런 수행은 지관 수행의 발판을 만들기 위한 수행으로도 좋으며, 특히 자애 수행은 집중 수행으로도 활용할 수 있으며, 이는 통찰 수행의 좋은 토대가 됩니다. 이런 과정을 통해서 그의 운명은 불안한 삶에서 점차 편안한 삶으로 변하게 됩니다.

세 번째로, 마음을 고요하게 하는 수행이 있습니다. 이를 집중 수행이라고 하며 청정도론에는 이의 수행 방법으로 마흔 가지의 방법을 제시하고 있습니다. 이를 통해서 그는 초선에서 사선까지의 고요함과 집중력을 얻게 됩니다. 그리고 이는 통찰 수행을 하기 위한 발판이 되기도 합니다. 그래서 이런 과정을 통해서 그의 운명은 불선한 삶에서 점차 범천의 세계로 들어가는 삶으로 변하게 됩니다.

네 번째로, 마음의 괴로움을 소멸하는 수행이 있습니다. 이를 통찰 수행이라고 하며 초기 경전에서는 사념처, 사성제 및 팔정도를 통찰 수행의 핵심으로 보고 있습니다. 이런 수행으로 그는 번뇌를 소멸시키며, 지혜를 구족하고, 괴로움이 소멸된 불사의 경지를 증득하게 됩니다. 이런 과정을 통해 그의 운명은 불선한 삶에서 점차 대행복과 대자유를 누리게 되는 삶으로 변하게 됩니다.

이렇게 붓다는 집중 수행과 통찰 수행을 합쳐서 지관 수행이라고 하는 수행 방법을 계발합니다. 그리고 이런 네 가지 수행 중에서 하나를 선택해서 수행하면 이를 통해 이전과는 다르게 자신의 운명은 바뀌게 됩니다. 이렇게 '자신의 운명을 바꾸는 방법'을 그림으로 나타내면 다음과 같습니다.

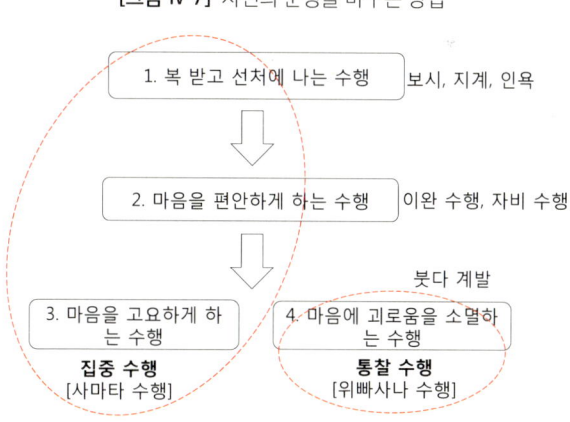

[그림 IV-7] 자신의 운명을 바꾸는 방법

이처럼 자신의 운명을 바꾸는 다양한 수행 방법이 있습니다. 그리고 이렇게 다양한 수행 방법이 있다는 것은 그만큼 존재의 삶이 다양하며, 그래서 다양한 운명을 겪고 있다는 것이기도 합니다. 그러나 위의 수행 방법을 통해서 수행한다면 그의 운명은 바뀌게 될 것입니다. 그래서 그는 현생에서 마음이 편안해지고 고요해지며, 미래 생에서도 행복한 곳에 태어날 수 있게 됩니다. 따라서 여건이 어렵다고 하더라도 다른 것에 우선해서 수행해야 합니다. 이것이 바로 인간 삶의 운명을 바꾸는 방법이며, 괴로움에서 벗어나기 위해 붓다가 계발한 가르침입니다.

○ 괴로움에서 벗어나는 길

사람은 눈·귀·코·혀·몸·정신으로 들어온 모든 대상을 동시에 알아차릴 수는 없습니다. 이것은 천수 천안의 능력을 갖춘 신의 영역입니다. 다만 사람은 한순간에 하나의 마음만 알아차리게 됩니다. 이렇게 한 번에 하나의 마음만 알아차리는데도 사람은 탐·진·치가 증장하는 방향으로 마음을 움직입니다. 그런데 이런 어리석은 행동은 마음에 괴로움을 유발합니다. 그러니 어리석은 범부는 되지 말아야 합니다. 그리고 자신의 운명을 바꿀 수 있는 깨달음의 길을 가야 합니다.

'앙굿따라니까야'의 '아난다의 경'에 보면, 꼬쌈비 시의 고씨따 승원에서 아난다는 수행승들에게 '감각의 존재'에 대해 이야기를 합니다(A. IV. 426). 여기를 보면, 사람은 눈·귀·코·혀·몸·정신(육근)

으로 바깥 대상과 접촉해서 감각을 알아차리게 됩니다.

그런데 이렇게 육근이 바깥 대상과 접촉하더라도 앎을 유발하지 않을 수도 있습니다. 다만 이때도 상(想, 지각)은 일어납니다. 그러나 이렇게 육근에 의해 발생된 모든 상(지각)을 인간은 동시에 알 수는 없습니다. 그래서 육근이 외부 대상과 만나서 몸과 마음으로 들어오는 상은 아주 많으며, 이 중의 하나를 인간은 인지하게 됩니다. 그리고 이것은 수동적인 앎이며, 순수한 앎입니다. 이렇게 사람은 매 순간에 무수히 많은 외부 정보와 접촉합니다. 그러나 사람은 동시에 접촉한 이런 모든 정보를 다 인식하지는 못합니다. 마음은 한순간에는 하나의 인식만 할 수 있기 때문입니다.

그리고 마음은 1초에 1,200번의 생멸을 합니다. 그래서 찰나의 순간에도 많은 정보가 마음으로 들어왔다가 사라지기도 하고 인식되기도 합니다. 그리고 이렇게 마음으로 들어온 많은 정보 중에서 마음을 내서 하나를 알게 됩니다. 이렇게 '작용만 하는 마음'을 아는 것이 '수동적 앎'입니다. 이때 의도를 내서 희·노·애·락을 일으키는 행동을 촉발합니다. 그러면 이렇게 의도를 내서 내가 일으킨 행동에 대한 앎이 발생합니다. 이를 '능동적인 앎'이라고 합니다.

이렇게 마음에서 최초에 일어난 행동으로 인해 '작용만 하는 앎'은 '수동적 앎'이고, 그 후에 의도를 내서 일으킨 행동으로 인한 앎은 '능동적인 앎'입니다. 이렇게 앎에는 '수동적 앎'과 '능동적 앎'

이 있습니다. 그리고 이를 표로 나타내면 다음과 같습니다.

[표 IV-6] 수동적 앎과 능동적 앎

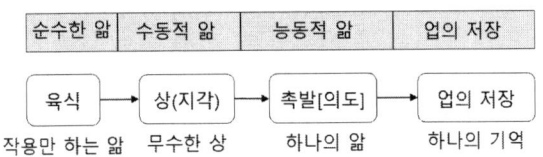

이렇게 의도가 없는 '수동적인 앎'과 의도가 있는 '능동적인 앎'이 있습니다. 수행자는 이런 앎에 수행의 촉발을 일으켜서 이를 명상 대상으로 삼습니다. 그러나 어리석은 범부는 이때 일어난 촉발에 불선한 의도를 일으켜서, 마음에 탐·진·치를 일으키고, 망상을 일으킵니다. 그래서 사량분별(망상)로 빠지며, 괴로움에서 헤어나오지 못하게 됩니다. 이렇게 어리석은 범부는 괴로움을 증장시키는 길로 마음을 인도합니다. 이것이 어리석은 범부의 마음에서 일어나는 괴로움입니다. 그러나 수행자는 이런 길로 들어서지 않습니다. 그래서 마음에서 촉발이 일어날 때 선한 의도를 내서 주시(사띠)를 확립하는 길로 나아갑니다. 따라서 이런 길이 수행자를 괴로움에서 벗어나게 하는 수행의 길입니다. 이런 '괴로움에서 벗어나는 수행의 길'을 나타내면 다음과 같습니다.

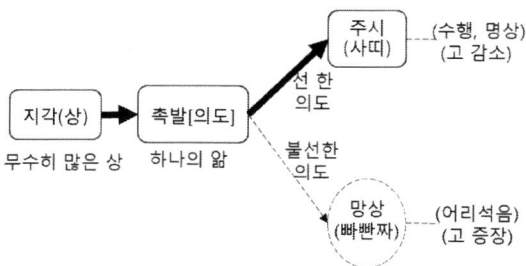

[그림 IV-8] 괴로움에서 벗어나는 수행의 길

　이처럼 한순간에도 마음에는 무수히 많은 상(지각)이 시시각각 일어납니다. 이때 수행자는 선한 의도를 내서 대상의 실재를 알려고 하는 주시(사띠)를 일으켜야 합니다. 그리고 이를 통해 집중, 성찰, 분명한 앎, 지혜를 증득하게 되는 깨달음의 길인 수행의 길을 가게 됩니다. 이것이 바로 수행이고, 명상이며, 괴로움이 소멸하는 길입니다. 이렇게 수행을 통해 인간 삶의 괴로움은 소멸하게 됩니다. 이것이 붓다가 들려주는 '괴로움은 소멸하는 것'입니다.

4. 깨달음은
세상을 밝히는 것

욕계에 있는 인간의 마음이 탐·진·치의 더러움으로 덮여 있다면, 그는 몸이 파괴되어 죽은 뒤에 불선한 세계인 사악처의 세계에 태어납니다. 그러나 인간의 마음이 탐·진·치의 더러움에서 벗어나 있으며 마음이 고요해지면 그는 하늘 세계인 천계나 천신의 세계인 범천에 태어납니다. 그리고 탐·진·치의 더러움이 완전히 제거되고 밝은 빛의 존재가 되면 청정의 세계인 열반의 세계로 나가게 됩니다. 그래서 마음에 때가 끼지 않도록 마음을 수시로 점검해서 마음을 잘 닦아야 합니다.

그리고 마음을 닦는 데는 다양한 수행 방법이 있습니다. 이렇게 다양한 수행 방법을 통해서 수행하면 마음은 단계별로 변하게 되며, 이런 마음의 변화로 인해 의식도 변하게 됩니다. 그래서 수행을 통해 의식이 점차로 맑아지며, 종국에는 의식이 통찰지혜와 결합하게 되고 이를 통해 깨달음을 얻게 됩니다.

그래서 수행의 초기에는 의식에 지각 작용(산자냐띠)이 일어나며,

이를 통해 대상을 파악하게 됩니다. 그리고 수행이 진전되면, 의식이 대상과 실재를 분리해서 인식 작용(위자냐띠)이 일어나서 대상을 알게 됩니다. 또한 수행이 더 진전되면, 이때는 의식이 실재를 분명히 알게 되는 작용(빤자냐띠)으로 마음의 상태가 변하게 됩니다. 그리고 수행력이 수승하게 되면, 분명히 알게 되는 의식은 통찰지혜와 결합하게 되며, 이를 통해 열반의식을 증득하게 됩니다.

그러면 이렇게 깨달음의 상태에 들게 된 수행자가 하는 모든 행은 지혜의 행이 됩니다. 그래서 그의 행은 걸림이 없게 되고, 팔정도에 의한 바른 행을 하게 됩니다. 그래서 그의 행에는 더는 업의 발생이 없습니다. 이렇게 수행하면 의식이 깨달음의 4단계로 진전하게 됩니다. 이렇게 '의식에서 깨달음의 4단계'를 그림으로 나타내면 다음과 같습니다.

[그림 IV-9] 의식에서 깨달음의 4단계

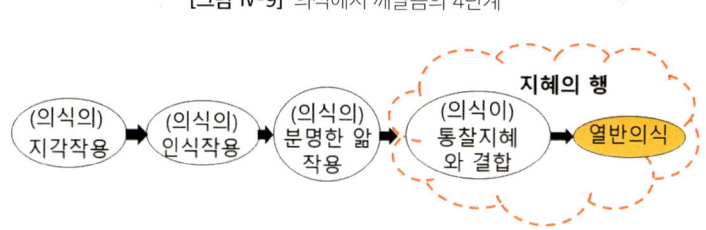

이를 통해 수행자는 성자의 최고봉인 아라한의 도·과를 증득하게 됩니다. 그래서 깨달은 아라한은 열반의식을 갖게 되며, 이때는 통찰 지혜와 결합한 열반의식이 작용하게 됩니다. 그래서 성자는 존재의 삶에 대한 통찰지혜가 일어나고, 이를 통해 탐·진·치의 번뇌는 소멸하며 깨달음을 얻어 밝게 빛나는 열반의식의 상태에 있게 됩니다. 이처럼 깨달음을 통해 세상을 밝게 밝히게 됩니다. 본 장에서는 이렇게 '깨달음은 세상을 밝히는 것'에 대해 살펴보겠습니다.

가. 두 친구와 해탈의 산

눈이 아무리 가까이 있어도 눈으로 마음을 볼 수는 없으며, 마음을 보려면 마음의 눈이 있어야 합니다. 그리고 이런 마음의 눈으로 듣고, 냄새 맡으며, 맛보고, 감촉하는 것도 볼 수 있습니다. 이처럼 수행은 마음의 눈으로 마음을 보게 됩니다. 그래서 마음을 닦아서 마음의 눈을 밝게 만들어놓으면 세상의 실상을 바르게 볼 수 있습니다.

수행을 위해서는 마음의 눈이 있어야 하며, 이것이 바로 마음챙김의 일곱 요소입니다. 이런 마음의 눈에는 '주의의 눈', '촉발의 눈', '주시(사띠)의 눈', '집중의 눈', '성찰의 눈', '분명한 앎의 눈' 및 '지혜의 눈'이 있습니다. 그리고 이런 마음의 눈을 갖고 마음을 닦으며 해탈의 산을 오르게 됩니다. 이렇게 해서 정상에 올라 '지혜의 눈'을 갖게 되면 이를 통해 세상의 실상을 바르게 볼 수 있게 됩니다. 또한 해탈 산의 정상에서 세상에 흔들림이 없는 평온한 마음으로 세상을 내려다볼 수 있습니다.

'맛지마니까야'의 '길들임의 단계 경'에 보면, 라자가하 시의 벨루 숲에 있는 다람쥐 보호구역에서 붓다는 새내기 수행승인 아찌라 바따에게 '해탈의 산'에 대한 이야기를 합니다(M. Ⅲ. 131). 여기를 보면, 한 마을에 두 명의 친구가 살고 있었습니다.

이 두 친구가 사는 마을에서 가까운 곳에는 높은 산이 있었습니다. 어느 날 두 친구는 산의 꼭대기에 같이 오르기로 약속합니다. 그리고 약속한 날에 그들은 함께 만나서 산에 오릅니다. 그런데 두 친구 중에서 한 친구는 산에 오르기 위해 준비도 잘했으며 이를 통한 실천도 잘했습니다. 그래서 그는 산에 잘 올라서 드디어 산의 정상에 잘 도달했습니다. 그런데 다른 친구는 산에 오르는 준비도 덜 되었으며 이를 통한 실천도 부족했습니다. 그래서 그는 산의 중턱에서 머무르게 됩니다.

이때 산 정상에 오른 친구는 그곳에서 바른 눈을 갖추고 이를 통해 산 정상에서 볼 수 있는 세상의 평온하고 행복한 광경을 볼 수 있었습니다. 그래서 이런 내용을 산 중턱에 있는 친구에게 말해줍니다. 그러나 산 중턱에 머물러 있는 친구는 그런 광경을 보지 못했으므로, 평온한 광경은 없다고 합니다. 그러자 산 정상의 친구가 산 중턱에까지 내려와서 그 친구를 산 정상으로 인도합니다. 이렇게 같이 산 정상으로 올라와서야 다른 친구도 바른 눈을 갖추게 되고, 이를 통해 산 정상에서 볼 수 있는 평온하고 행복한 광경을 볼 수 있게 됩니다. 이렇게 산 중턱에서 볼 수 없었던 광경을 산꼭대기에서는 볼 수 있게 됩니다.

이처럼 해탈의 산을 오르기 위해서는 마음의 눈을 갖춰야 합니다. 이렇게 해서 마음의 눈이 갖춰지면 이를 활용한 정진의 힘으로 해탈의 산을 오르게 됩니다. 이런 해탈의 산에도 욕계·색계·무색계를 거치는 팔 해탈이 있습니다. 이는 산의 정상으로 가는 길에 있는 8개의 작은 산봉우리와도 같습니다. 이런 해탈의 봉우리를 거쳐서 마침내 그는 해탈 산의 정상에 오르게 됩니다. 그러면 전에는 볼 수 없었던 갖가지 평온하고 행복한 광경을 산의 정상에서는 볼 수 있게 됩니다. 그것은 찬란하게 빛나는 광명으로 뒤덮인 대행복의 장엄함입니다. 그곳에서 그는 자유자재하게 이것을 바라볼 수 있게 됩니다. 그리고 그곳은 평온하고 행복하며 밝게 빛나는 세상입니다. 이렇게 깨달음은 세상을 밝게 비추게 됩니다.

○ 오백 명의 깨달은 성자

경전에는 붓다의 십대 제자와 더불어 천이백오십 명의 아라한에 관한 이야기가 자주 등장합니다. 이들은 깨달은 성자입니다. 또한 오백 명의 아라한에 관한 이야기도 나옵니다. 그리고 이들이 성취한 깨달음의 길에 대해서도 구체적으로 경전에서 명시하고 있습니다. 이렇게 깨달음의 길을 가는 데도 여러 갈래의 길이 있습니다.

'쌍윳따니까야'의 '참회의 모임에 대한 경'을 보면, 사왓티 시의 동쪽 원림에 있는 녹자모 강당에서 붓다는 오백 명의 거룩한 아라한들과 함께 있었습니다(S. I. 191). 여기를 보면, 붓다는 보름날에 하는 포살의식을 위해 수행승들에게 둘러싸여 있었습니다. 이런 오백 명의 수행승들은 여러 갈래의 방법으로 깨달음을 얻은 자들입니다.

그런데 이곳에 있는 수행승 오백 명 중에서 육십 명은 깨달아 삼명을 얻은 자들입니다. 그리고 육십 명은 육신통을 증득한 자들입니다. 또한 이들 중에서 육십 명은 혜해탈과 심해탈을 함께 성취한 양면 해탈자들입니다. 그리고 나머지 삼백이십 명은 혜해탈자들입니다. 이렇게 깨달음의 길을 가는 데도 여러 갈래의 길이 있습니다. 그리고 수행에 대해서도 이에 따른 다양한 방법이 경전에서 구체적으로 언급되고 있습니다. 그래서 수행은 자신이 원하는 목표와 길을 설정하게 되고, 이에 맞는 수행 방법을 선정해서 그 길을 따라 정진하게 됩니다.

'담마파다'의 '바라문의 품'에 보면, 깨달은 수행자는 몸·말·정신인 신·구·의 삼행으로 짓는 모든 행에 잘못이 없으며, 이를 잘 제어합니다(Dhp. 391). 그래서 아라한의 도·과를 증득한 오백 명의 거룩한 존재의 수행자들은 신·구·의로 하는 모든 행에 비난받을 것이 없습니다. 이처럼 붓다 재세 시에도 깨달아 도·과를 성취한 많은 성자가 있었으며, 이들의 삼행은 깨달음을 통한 지혜의 행입니다. 따라서 이들에게는 업이 생성되지 않습니다. 이렇게 이들은 붓다의 가르침을 잘 듣고, 잘 알아서 이를 직접 실천하여 체득하신 분들입니다. 그리고 붓다 이전에도 수많은 부처님이 계셨습니다. 이들은 다르면서도 같으신 분들입니다. 그리고 붓다 이전의 일곱 분의 부처님들이 하나같이 하신 말씀이 있습니다.

'담마파다'의 '깨달음 님의 품'에 보면, 사왓티 시의 제따 숲의 기원정사에서 붓다는 장로 아난다가 과거 일곱 부처님께서는 포살의식이 같았는지에 관한 질문을 하자, 이에 대한 답을 합니다(Dhp. 183). 이때 붓다께서 말씀하신 것이 칠불통계입니다.

그것은 '제악막작하고, 중선봉행하라, 자정기의면, 시제불교이니라'입니다. 그것은 바로 "모든 죄악을 짓지 말고, 착하고 선한 것들을 행하라. 이렇게 자신의 마음을 청정하게 하는 것이 모든 부처님께서 말씀하신 가르침이다"라는 것입니다. 이처럼 붓다를 포함한 과거의 칠불께서도 불선을 행하지 말고, 선한 마음을 갖고 마음을 깨끗이 닦으라고 하십니다. 그리고 이것이 바로 오백 명의 깨달은 성자들이 걸었던 깨달음의 길입니다. 그래서 깨달음의 길에서는 붓다의 가르침을 따라야 합니다. 그러면 이를 통해 대자유와 대행복을 증득하게 되며, 이렇게 깨달음을 증득한 성자는 세상을 밝게 비추게 됩니다.

나. 청정한 소를 잃은 자의 깨달음 길

시골집에 있는 소는 귀한 자산입니다. 이런 물질의 소를 잃어버리면, 잃어버린 소를 찾기 위해 사방을 두리번거리며 정신없이 찾아 헤매게 됩니다. 이처럼 마음속에도 귀한 자산인 청정한 소가 있습니다. 이런 마음속의 청정한 소는 마음으로 들어오는 괴로움을 없애주는 깨달음의 소입니다. 그래서 이런 청정한 소를 잃어버리면, 잃어버린 소를 찾기 위해 두려움과 괴로움 속에서 정신없이 찾아 헤맵니다.

'담마파다'의 '마음의 품'의 주석서를 보면, 사왓티 시의 제따 숲에 있는 기원정사에서 붓다는 수행승들에게 '때가 된 자의 고귀한 성취'에 대한 이야기를 합니다(DhpA. I. 305~308). 여기를 보면, 한 마을에 고귀한 가문의 아들인 찟따핫타가 살고 있었습니다. 그리고 그는 귀한 자산인 소를 키우고 있습니다.

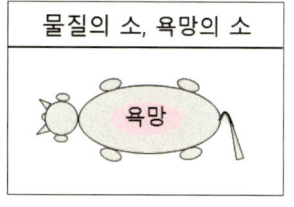

이렇게 귀한 자산인 물질의 소는 집안을 유지하는 데 소중한 자산입니다. 그래서 이런 물질적 자산인 귀한 소는 잘 돌보아지고 키워집니다. 그런 어느 날 아침 찟따핫타는 물질의 소인 욕망의 소에게 먹이를 주기 위해 소를 데리고 집 밖으로 나갑니다.

그런데 그는 마을에서 그만 소를 잃어버립니다. 그래서 그는 소를 찾기 위해 정신없이 헤맵니다. 그리고 소의 발자국을 따라 숲속으로 들어갑니다. 그러나 그곳에서도 소는 보이지 않습니다. 그리고 이렇게 소를 찾지 못하고 헤매다 보니 점심때가 되었습니다.

그래서 그는 허기와 갈증을 달래기 위해 숲속에 있는 승원으로 들어갑니다. 그리고 그곳에서 수행승들에게 인사를 드리고는 음식을 청해서 먹습니다. 이렇게 그는 필요한 만큼의 식사를 하고, 물도 마시고, 손도 씻습니다. 그리고 그는 그곳에서 충분히 휴식을 취한 후에 집으로 돌아옵니다. 이때 그의 마음은 평온했습니다. 그런데 이렇게 그가 집으로 돌아오자 물질의 소인 욕망의 소는 다시 집에 와 있습니다. 그러면 그는 욕망의 소와 함께 집안을 돌보기 위해 괴로움 속에서 삶을 살아나갑니다. 이때 그는 가만히 생각해봅니다. 자신은 열심히 일해도 먹고살기 힘든데 수행승들은 언제나 이렇게 평온하게 먹는다니, 그러면 나도 먹고사는 괴로움에서 벗어나기 위해 수행승이 되면 어떨까 하는 생각이 듭니다.

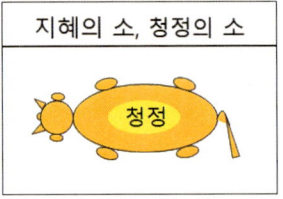

그래서 그는 이제는 괴로움에서 벗어나는 청정의 소를 찾기로 하고, 이를 위해 출가합니다. 이를 인연으로 해서 그는 승원에서 크고 작은 의무를 이행합니다. 그리고 승원에 보시되는 많은 음식을 먹고 배가 부르게 됩니다. 이렇게 배가 부르게 되자, 그는 이제 승원 생활에

권태를 느끼기 시작합니다. 그러자 그는 다시 세속으로 환속합니다. 그러나 얼마 지나지 않아서 그는 몸이 허약해지고 삶이 괴로워집니다. 그러자 그는 세속의 삶은 고통스럽다고 생각하고 다시 수행승이 됩니다. 그리고 얼마 지나지 않아서 다시 승원의 생활에 불만족이 생겨 세속으로 환속합니다. 이렇게 승원에서 생활한다고 해도 괴로움에서 벗어나는 지혜의 소인 청정의 소를 찾기란 여간해서는 쉽지 않습니다. 그래서 그는 여섯 번이나 출가와 환속을 반복합니다.

이렇게 반복하는 생활을 하던 중에 하루는 환속하여 같이 지내는 배우자가 입을 벌리며 코를 골고 부풀어오른 시체처럼 자는 것을 가만히 바라보다가, 그는 문득 세상은 무상하며 괴로운 것이라는 생각이 들었습니다. 그 순간 그는 흐름에 든 경지를 성취합니다. 이런 경지를 얻게 되자 그는 이제는 환속하지 않고 수행을 유지합니다.

이처럼 그는 청정의 소를 찾다가는 그만두고, 그리고 다시 청정의 소를 찾다가는 그만두기를 반복합니다. 이렇게 청정의 소를 찾기란 쉽지 않은 과정입니다. 그러나 이런 과정들을 통해 그의 마음속에 있는 청정의 소는 점차로 모습을 드러내게 됩니다. 그리고 그는 결국은 지혜의 소인 청정한 소를 찾아서 괴로움에서 벗어나게 됩니다.

그래서 그는 청정한 소의 큰 가르침을 알지 못했을 때는 출가와 환속을 반복했지만, 올바른 가르침을 접하고 나서는 청정한 믿음으로 수행을 지속해서 깨달은 존재가 되었습니다. 이것이 지혜의 청정인 밝음을 찾아 떠나는 깨달음의 길입니다.

○ 황금 연꽃의 변화

아름답고 영원할 것 같았던 황금 연꽃이 있었습니다. 그렇게 영원할 것 같았던 황금 연꽃도 세월이 가면서 점차 변하기 시작합니다. 그래서 그의 아름다운 모습도 세월이 흐르면 빛을 잃게 되고, 결국은 그것도 시들어서 세상에서 사라지게 됩니다. 이렇게 세상의 모든 것은 세월이 흐르면 변하고 사라지는 것이 세상의 이치입니다.

'담마파다'의 '길의 품'의 주석서를 보면, 사왓티 시의 제따 숲에 있는 기원정사에서 붓다는 수행승들에게 '물 위의 연꽃은 싱싱하지만, 물 밖의 연꽃은 시들게 된다'에 대해 이야기합니다(DhpA. Ⅲ. 425~429). 여기를 보면, 한 마을에 금 세공사가 살고 있었습니다. 그런데 그는 속세의 인연을 떠나 장로 사리불의 제자로 승가에 출가합니다.

이때 사리불은 금 세공사였던 그의 탐욕을 잠재우기 위해 부정관이라는 명상주제를 그에게 줍니다. 그러나 그는 아무리 수행해도 감각적 욕망에 대한 경향을 알지 못하게 되고, 오히려 거기에 매달리게 됩니다. 이렇게 그는 부정관이라는 명상주제로는 수행에 진전을 갖지 못합니다. 그리고 이처럼 수행의 경향을 알지 못하게 되자, 오히려 불만이 쌓이게 됩니다. 이를 지켜본 붓다는 그의 과거 오백 생을 살펴봅니다. 그러자 그가 전생에서 붉은 황금만을 다룬 것을 알게 됩니다. 그래서 붓다는 그에게 황금 연꽃을 주며, 이것을 보면서 '피 같은 붉은색'이라고 사유하면서 명상하라고 합니다.

붓다에게서 황금 연꽃의 명상주제를 받자, 수행승의 마음은 고요해졌습니다. 그리고 이를 통한 수행으로 근접 삼매를 거쳐 고요함을 가져오는 초선에서부터 사선까지의 선정을 얻게 됩니다. 이렇게 붓다는 수행승이 수행에 진전을 갖게 되는 것을 옆에서 지켜봅니다. 그리고 그가 수행의 최상경지에 오를 때가 되었다는 것을 알게 됩니다. 그래서 붓다는 그가 수행대상으로 갖고 있던 황금 연꽃을 시들게 합니다. 그러자 시든 황금 연꽃은 수행승의 손바닥에 떨어지며 이내 검은색으로 변합니다. 이를 보고 수행승은 제행이 무상함을 체득하게 되고, 일체의 괴로움의 특징을 알게 되며, 이것은 실체가 없다는 것이라는 세상의 실상에 대한 무상·고·무아의 삼특상을 증득하게 됩니다.

이렇게 '물 위의 연꽃은 싱싱하지만, 물 밖의 연꽃은 시들게'됩니다. 이를 통한 정진으로 그는 제행무상의 특상을 여실히 알게 되고, 드디어 거룩한 경지를 성취하게 됩니다. 이런 '황금 연꽃의 변화'를 그림으로 나타내면 다음과 같습니다.

[그림 IV-10] 황금 연꽃의 변화

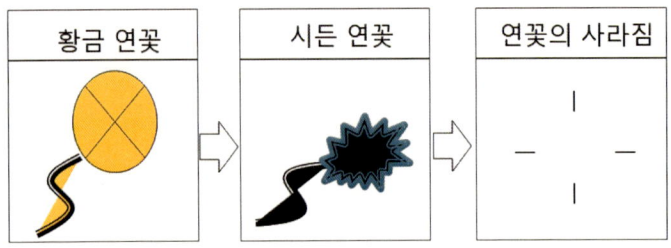

이처럼 황금 연꽃이라도 그 모습이 영원히 지속되지는 않습니다. 언젠가는 황금 연꽃도 시들게 되고, 떨어져서 자취를 감추게 됩니다. 이렇게 흔적도 없이 사라진 연꽃은 다시 찾을 수 없습니다. 그러면 '조금 전까지 내 앞에 있었던 황금 연꽃은 어디로 간 것일까요?' 이렇게 황금 연꽃도 그의 실체는 없으며, 영원하지 않습니다. 그리고 제행이 영원하지 않으므로 괴로움이 발생하게 됩니다. 이처럼 영원하지 않으며, 무아이고, 괴로운 것으로 둘러싸인 것이 욕계에 태어난 인간의 숙명입니다.

그러니 현상의 즐거움에 집착하면 할수록 마음은 괴로움에 휩싸이게 됩니다. 따라서 마음에 집착을 없애면 없앨수록 마음은 평온해집니다. 이렇게 잡으려고 하면 도망가고, 놓아주면 다가오는 것이 행복입니다. 그래서 우리는 놓아주고 보내주는 연습을 해야 합니다. 이것이 수행입니다. 잘 놓아주고 잘 보내주는 것입니다. 그러면 행복은 다가옵니다. 이것은 쉬울 듯하면서도 어려운 길입니다. 그러니 이제는 우리에게 필요한 것이 무엇인지, 삶의 우선순위가 무엇인지 살펴봐야 합니다. 그래서 수행을 통해 깨달음을 얻어서 세상을 밝게 비춰야 합니다. 그래야 존재의 괴로움에서 벗어날 수 있습니다. 이것이 인간으로 태어난 숙명입니다. 이렇게 붓다의 가르침은 깨달음을 주며, 이를 통해 증득한 깨달음은 세상을 밝게 비추게 됩니다.

다. 붓다의 시공간

사람마다 느끼는 시공간의 개념은 다릅니다. 붓다는 45년간 전법 활동을 했으며, 80세를 일기로 열반에 드십니다. 그렇다면 붓다는 인간계에서 80년을 살았으며, 45년간 전법 활동을 한 것일까요? 이것은 인간의 나이로는 그렇습니다. 그렇지만 붓다가 사용하는 시공간의 개념과 인간이 사용하는 시공간의 개념은 다릅니다. 인간계에서는 표면상으로 같은 시간이 흘렀다고 생각하겠지만, 붓다가 사용한 시공간은 그것과는 차원이 다릅니다. 그래서 시공간을 다르게 사용했던 붓다는 무량겁의 시간을 살다가 열반에 들게 됩니다. 따라서 시공간에서 느끼는 인간의 하루와 붓다의 하루는 다르게 나타납니다.

붓다와 인간이 사는 시공간의 차이로 인해 실제로 붓다는 무량겁의 시간을 살다가 가십니다. 먼저, 붓다의 하루는 인간의 하루와는 시공간의 차원에서부터 다릅니다. 아인슈타인의 상대성원리를 보더라도, 위치와 공간에 따라 존재가 느끼는 시간은 달라집니다. 하늘 세계인 사천왕천의 하루는 인간의 50년에 해당합니다. 그리고 그곳의 존재는 5백 天上년을 살게 됩니다. 그래서 사대천왕의 수명은 인간의 약 9백만 년에 해당합니다. 따라서 사대천왕이 활동한 시간은 인간계에서 느끼는 시간과는 차원이 다른 시공간입니다. 또한 사천왕천보다 높은 단계로 도리천, 야마천이 있으며, 그 위로 도솔천 등이 있습니다. 도리천에서 존재의 하루는 인간계에서의 100년에 해당합니다. 그리고 그곳의 존재는 3천 6백만 년을 살게 됩니다. 이는 지구에서 수백만 광년 떨어진 안드로메다 성운을 수십 번 왕복하는 데 걸리는 것보다 긴 시간입니다. 그리고 그 위의 세계인 색계와 무색계의 시공간의 개념은 겁으로 환산할 정도의 긴 시간입니다.

이렇게 긴 시공간을 갖는 삼계의 세계를 붓다는 수시로 왕래합니다. 그리고 한때 도솔천에서 도리천으로 내려오신 마야 부인과 천인들에게 가르침을 설하여줄 것을 제석천이 붓다에게 청합니다. 그래서 붓다는 이들에게 깨우침의 이치를 설하기 위해 도리천으로 갑니다. 붓다가 이곳에 삼 개월 동안 계셨다면 이동시간을 빼더라도 이는 인간계의 9천 년에 해당합니다. 그리고 이곳에 몇 차례만 다녀와도 수만 년의 시간을 산 것과 같습니다. 이런 방식으로 붓다는 45년간 전법 활동을 하게 됩니다.

이렇게 붓다는 천상계와 인간계를 수시로 넘나들며 가르침을 설하는 삶을 살았습니다. 이것이 인간의 시각에서 삶을 살아나가는 시공간과 붓다가 실제로 사용한 시공간이 차원상으로 다른 점입니다. 붓다는 이런 방법으로 삼계의 시공간을 자유자재로 무량하게 사용합니다. 이렇게 삼계의 시공간을 넘나들며 붓다는 무량겁의 시간을 사용하게 됩니다.

두 번째로, 붓다가 인지하는 마음과 인간이 인지하는 마음은 다릅니다. 그래서 일상생활에서 붓다와 인간이 인지하는 마음의 생멸은 다르게 나타납니다. 이를 살펴보면, 불교의 시간개념에서 찰나는 0.016초이며, 이는 1/75초에 해당합니다. 그리고 1찰나에 마음은 16번 생멸하게 됩니다. 그러면 1초에는 마음이 1,200번 생멸하고, 1분에는 72,000번 생멸합니다. 이렇게 인간은 1분에도 오만 가지 이상의 생각이 일어납니다. 그리고 인생을 100세로 본다면, 일생에 3조 8천억 번 이상으로 마음의 생멸이 일어납니다. 그래서 인생 100년 동안, 인간은 수없이 다양하게 변하는 마음속에서 다양한 삶을 살게 됩니다. 다만 인간은 이것을 나누어서 볼 힘이 부족해서 이것을 인지하지 못할 뿐입니다.

그래서 나는 다만 대나무만을 응시하고 있을 뿐인데, 눈에서 눈물이 떨어지기도 하며, 어떨 때는 웃음이 나기도 하고, 어떨 때는 극단적인 선택을 하기도 합니다. 그것은 자신도 모르는 짧은 시간에 다양하게 마음이 생멸하는 삶이 있었다는 것입니다. 그리고 그만큼 다양한 삶을 인간은 살고 있으며, 이를 통해 마음에는 다양한 감정이 일어납니다. 그러니 사람에 따라서는 마음에서 일어나는 마음의 수만큼이나 시공간의 길이를 길게 느낄 수 있습니다. 그래서 마음을 촘촘하게 보고, 이를 더 많이 활용할 수 있게 되면 그가 느끼는 실제의 시공간은 길어지게 됩니다. 그래서 사람마다 인생의 길이는 다르게 느껴질 수 있습니다. 그런데 깨달은 이는 마음의 단계를 무량하게 나누어서 볼 수 있게 됩니다. 그러면 마음속에서 일어나서 진행되고, 변화되는 것을 세세히 인지할 수 있습니다. 그러면 이를 인지한 시간만큼 그는 무량한 시간을 살다가 가게 됩니다. 그래서 마음을 세세히 인지할 수 있는 붓다는 인간계에서 무량겁의 시간을 사용하였던 것입니다.

세 번째로, 붓다는 과거·현재·미래의 삼생을 자유자재로 유행하십니다. 그리고 우리도 인생을 살다 보면 찰나의 순간에 인생이 파노라마처럼 지나가는 것을 느낄 때도 있습니다. 이것은 과거·현재·미래가 현재의 존재 안에서 형성되어 있기 때문입니다. 그래서 인간의 마음은 과거로도 갔다가, 미래로도 가게 됩니다. 실제로 붓다는 과거와 미래를 볼 수 있는 신통력을 갖고 있습니다. 이렇게 수행을 통해 신통력을 계발하게 되면 천안통과 숙명통을 얻게 되며, 이를 통해 미래와 과거에도 다녀올 수 있게 됩니다. 이렇게 현생뿐만이 아니라 과거와 미래 생까지 함께 살 수 있다면 그가 다녀온 세상에서 흘러간 시간의 흐름만큼 긴 시간을 그는 살게 됩니다. 그래서 현생에서는 짧은 시간이 지났지만, 과거와 미래를 통해서 그는 수 겁의 시간을 보내다가 온 것입니다. 그래서 그에게는 그가 흘러간 시간의 흐름만큼 긴 시간을 살게 됩니다. 이렇게 붓다는 무량겁의 시간을 사용합니다.

이처럼, 우주의 시공간과 붓다의 시공간, 그리고 인간의 시공간의 개념은 다릅니다. 그래서 이것을 받아들이는 시간의 흐름도 다릅니다. 그래서 붓다가 깨달음을 얻은 후에 사용한 45년간의 전법 행의 기간은 무량겁의 시간과도 같습니다. 이렇게 시공간을 어떻게 활용하느냐에 따라서 상대적으로 사용하는 시간은 다르게 나타납니다. 이것은 일반인들에게도 마찬가지입니다. 사람 중에는 시간을 낭비하고 허비하는 사람이 있으며, 시간을 알차게 활용하는 사람도 있습니다. 그래서 시간을 알차게 활용하는 사람이 그렇지 못한 사람보다 훨씬 더 긴 시공간을 살다가 가게 됩니다.

그래서 붓다께서 80년의 생 또는 45년간의 전법 활동을 했어도, 붓다가 사용한 시공간의 시간은 무량겁의 시간입니다. 따라서 이런 방법으로 중생을 제도하고, 전법 활동을 하신 붓다는 세상에서 가장 위대한 존재입니다. 이렇게 붓다는 세상을 청정하고, 밝은 청정 도량으로 이끌고자 했습니다. 그래서 이를 위해 세상을 밝게 밝히는 전법의 행을 하신 후에 무여열반에 들게 됩니다.

○ 존재마다 다르게 나타나는 시공간

인생을 살면서 물질과 마음이 자기의 고유 성질을 드러내는 데 걸리는 시간은 다릅니다. 물질은 찰나에 생멸이 일어납니다. 그런데 이보다 마음이 16배 정도 빠르게 나타납니다. 여기서 찰나는 1/75초를 말합니다. 그래서 물질이 한번 생·주·멸하는 시간에 마음은 16번 생·주·멸합니다. 이것은 최소단위이기 때문에 상황에 따라 다르게 나타납니다.

그래서 임종 시에는 심장의 토대가 약하기 때문에 속행(자와나, 이어지는 행)이 일곱 번이 아니라 다섯 번만 일어납니다. 그리고 인간이 사는 욕계에서도 대상이 아주 약할 때는 여섯 번의 속행만 일어날 때도 있습니다. 그래서 마음의 생멸이 16번보다도 더 느리게 나타날 때도 있습니다. 이렇게 물질은 1초에 약 75번 생·주·멸하게 되며, 마음은 1초에 약 1,200번 생·주·멸합니다. 그래서 심신으로 구성된 사람은 계속해서 변화합니다.

그러니 이렇게 순식간에 변하는 사람의 몸과 마음인데 여기서 고정된 나라고 할 만한 몸은 없으며, 마음도 딱히 나라고 할 만한 것은 없습니다. 이렇게 몸과 마음이 찰나에도 계속 변하기 때문에 사람이 느낄 수 있는 시공간의 길이와 크기도 사람의 상황에 따라 많을 수도 있고 적을 수도 있습니다. 그래서 어떤 사람은 같은 시간에도 많은 것을 길게 느끼며, 어떤 사람은 같은 시간에도 적은 것을 짧게 느낍니다. 이렇게 사람은 상황과 위치에 따라 시공간의 길이와 크기가 다르게 나타납니다. 이것이 존재마다 다르게 나타나는 시공간의 개념입니다.

이렇게 사람마다 다른 시공간으로 인해 사람마다 다른 자신만의 마음자리를 갖게 됩니다. 그래서 자신의 마음자리에 맞는 수행 방법을 선택해서 수행해야 합니다. 그리고 인간 삶의 괴로움에서 벗어나며, 대행복을 얻게 되는 깨달음의 길을 가야 합니다. 그러면 이를 통해 자신의 마음자리도 밝게 되고, 세상도 밝게 밝힐 수 있게 됩니다.

라. 열반의식과 불성

열반은 일체의 경지를 뛰어넘는 최상승의 상태입니다. 그래서 열반에서는 갈애도 없으며, 번뇌도 없고, 무명도 없는 그야말로 밝게 빛나는 명지의 상태가 됩니다. 그리고 이런 명지의 상태가 열반의식을 이룹니다. 그리고 불성인 붓다의 성품은 여래십호에서 잘 설명되고 있습니다. 그래서 수행자는 자애를 닦고, 보살행을 하며, 마음을 닦아서 열반의식을 드러냄으로써 붓다의 성품을 얻을 수 있게 됩니다.

'디가니까야'의 '께밧따의 경'에 보면, 날란다 시의 망고 숲에서 붓다는 께밧따 장자에게 '의식'에 대한 이야기를 합니다(D. I. 223). 여기를 보면, 붓다는 의식은 불가건이고 무한이며 모든 곳에서 빛난다고 합니다. 이에 대한 주석서에서는 이런 의식을 열반이라고 합니다(Smv. 393). 그래서 열반에 도달한 의식을 열반의식이라고 합니다. 그리고 깨달음을 통해 도달한 열반은 육안으로는 볼 수 없으며, 무한히 펼쳐져 있고, 모든 곳에서 밝게 빛나게 됩니다. 이를 통해 열반은 청정한 상태를 유지합니다. 그래서 마음에 번뇌의 얼룩이 있는 일반 범부의 경우에는 마음이 번뇌에 가려져 열반의 청정함이 빛을 내지 못합니다. 그러나 수행을 통해 탐·진·치의 번뇌가 사라지고, 마음이 청정해지면 청정의 빛은 드러나게 됩니다. 이것이 열반의식입니다.

'담마파다'의 '바라문의 품'에 보면 깨달음의 빛, 열반의 빛에 관한 이야기를 합니다(Dhp. 387). 여기를 보면, 해는 낮에 빛을 비추고 있으며 달은 밤에 빛을 비추고 있습니다. 그리고 깨달은 존재는 일체의 세상을 밤낮으로 밝게 비춘다고 합니다.

그래서 깨달아 해탈·열반에 든 거룩한 존재의 마음은 밝게 빛나게 됩니다. 이렇게 깨달아 해탈·열반에 든 마음이 열반의식이고, 이런 열반의식에 의해 깨달은 존재인 붓다는 통찰지혜에 의한 지혜의 행을 하게 되며, 이를 통해 열반의식은 온 누리를 밝게 비추게 됩니다. 이런 '열반의식'에 대해 이를 그림으로 나타내면 다음과 같습니다.

[그림 IV-11] 열반의식

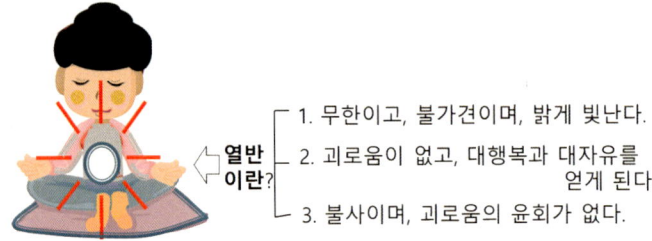

이처럼 깨달은 존재의 의식은 무한인 열반의식이며, 공간적으로나 시간상으로 무한이며 한계가 없습니다. 그래서 열반의 상태는 시공간에 대한 제한이 없습니다. 이렇게 열반의식은 불가견이며, 밝게 빛나게 됩니다. 그러나 어느 순간에 인간은 삶에서 나타나는 갖가지 탐·진·치로 인해 밝게 빛나던 마음이 점차 얼룩지게 됩니다. 이렇게 마음이 탐·진·치로 인한 번뇌로 둘러싸이게 되면 마음은 점차로 그 빛을 잃게 됩니다. 그러나 마음을 다시 고요하게 정화하고 얼룩이 닦여지면, 마음은 다시 밝게 되고 점차 마음의 빛을 되찾게 됩니다. 이렇게 되어 깨달은 존재의 의식이 통찰지혜와 결합하면 깨달은 존재가 하는 모든 행은 지혜의 행이 됩니다. 그래서 이런 행은 시공간에 걸림이 없게 되고, 모든 세상을 밝은 빛으로 감싸게 됩니다. 이렇게 깨달은 존재의 열반의식은 밝게 빛나며, 무한이고, 불가견입니다.

그리고 붓다의 성품인 불성은 여래십호인 여래, 응공, 정변지, 명행족, 선서, 세간해, 무상사, 조어장부, 천인사, 불세존에서 잘 나타나고 있습니다. 이의 뜻은 붓다는 정각을 이룬 분이며, 응당히 공경받을 만한 분이고, 올바르게 두루 아시는 분이며, 밝은 행을 하시는 분이고, 열반으로 잘 가신 분이며, 세간을 바르게 이해하시는 분이고, 위 없는 분이며, 능히 장부를 조어하시는 분이고, 하늘과 인간의 스승이시며, 깨달아 세간에 존경받으시는 분입니다. 이런 불성은 자애를 내려주고, 보살행을 취하며, 마음을 닦아서 열반의식을 드러냄으로써 일어나게 됩니다.

이처럼 불성은 종자를 이루며, 자애수행은 감로수이고, 보살행은 복 밭이며, 수행은 기둥과 가지를 이룹니다. 이렇게 수행을 통해 보살이 열반의식을 증득하면 붓다의 지위를 성취합니다. 이런 '열반의식과 불성'을 그림으로 나타내면 다음과 같습니다.

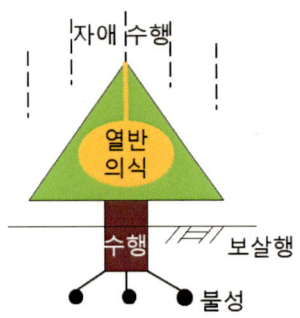

[그림 IV-12] 열반의식과 불성

불성은 종자를 이루며, 자애수행은 감로수이고, 보살행은 복 밭이며, 수행은 기둥과 가지를 이룹니다. 이렇게 수행을 통해 보살이 열반을 증득하게 되면 붓다의 지위를 성취하게 됩니다.

이렇게 수행자는 자애를 내려주고, 보살행을 취하며, 마음을 닦아서 열반의식을 드러냄으로써 붓다의 성품을 얻을 수 있게 됩니다. 이처럼 불성을 종자로 해서 붓다의 열반의식은 드러나게 됩니다. 이렇게 불자들에게는 보살행을 통해 붓다의 성품을 이룰 수 있는 불성의 종자가 있습니다.

이를 통해 마음을 닦아 열반의식을 중득하고, 불성을 드러내게 되면 수행자는 우주의 진정한 주인이 됩니다. 그리고 이를 통해 깨달은 수행자는 세상을 밝게 밝히게 됩니다.

○ 열반의 빛이 나는 깨달은 자

깨달은 자에게서는 의식에서 밝은 빛이 나옵니다. 그는 마음을 청정하게 닦음으로써 마음에 얼룩이 없습니다. 그래서 얼룩에 의해 가려져 있던 열반의 밝은 빛이 구름이 걷힌 태양처럼 밝게 드러납니다. 이렇게 그에게서 열반의 광채가 납니다.

'쌍윳따니까야'의 '각가라의 경'에 보면, 짬바 시의 각가라 연못가에서 붓다는 칠백 명의 남자 재가 신도들과 칠백 명의 여자 재가 신도들, 그리고 수천 명의 하늘 사람들 및 오백 명의 수행승 등 많은 무리와 함께 계셨습니다(S. I. 195).

이곳에서 붓다는 그 가운데에서도 가장 뛰어나게 빛을 내십니다. 방기싸는 이렇게 빛나는 붓다의 모습을 직접 보고서는 이를 '구름이 걷힌 달처럼, 그리고 밝게 빛나는 태양처럼 영광스럽게 온 세상을 두루 비춘다'라고 붓다를 묘사하고 있습니다(S. I. 195).

이렇게 깨달음을 증득한 붓다는 열반의 밝은 빛이 위광을 내서 온 누리를 밝게 비춥니다. 이것은 삿된 도나 일시적인 신통력에 의해 발생하는 빛과는 차원이 다릅니다. 이렇게 깨달은 존재에서는 불가견이고, 무한인 깨달음의 빛이 나옵니다. 이것은 세상을 밝게 비추는 깨달음의 청정한 빛입니다.

마. AI 시대를 향한 깨달음의 길

앞으로 다가오는 시대는 AI 시대입니다. 이런 AI 시대는 인공지능의 시대이며, 상상력의 시대입니다. 그래서 이에 대비하기 위해서는 마음에 끌려다니지 말아야 하며, 마음에 주도권을 갖고 마음의 주인이 될 수 있는 행을 해야 합니다. 이를 위해서는 수행해야 하며, 이를 통해 마음에 집중력과 통찰력을 만들어야 합니다. 이것이 상상력의 시대인 AI 시대를 대비하는 길입니다. 그리고 이것이 인간으로 태어나서 할 수 있는 최상의 길이며, 인간이기 때문에 가능한 가장 거룩한 길인 깨달음의 길입니다.

수행의 길은 여러 갈래의 길이 있습니다. 그래서 수행자는 우선 자신이 가고자 하는 수행의 목적지와 그곳으로 가는 길을 선정합니다. 이런 수행의 길에는 '복 받고 선처로 가는 길'이 있으며, '편안함으로 가는 길'이 있고, '고요함으로 가는 길'이 있으며, 그리고

'괴로움의 소멸로 가는 길'이 있습니다. 이 중에서 어떤 길로 가고 싶은지를 먼저 선정해야 합니다.

그리고 이렇게 선정한 수행 방법으로 수행을 하게 됩니다. 따라서 이로 인해 발생한 과보는 수행의 길을 선정한 자신이 받게 됩니다. 그리고 이런 길 중에서도 최고의 길은 당연히 '괴로움의 소멸로 가는 길'인 깨달음을 향해 가는 길입니다. 이런 깨달음의 길은 붓다가 계발하여 제시한 해탈의 길이며, 열반의 길입니다. 그리고 이것이 바로 팔정도의 길이며, 중도의 길입니다. 그래서 수행자가 이 길을 통해 잘 가게 된다면 그는 이를 통해 집중력과 통찰력을 얻게 됩니다. 그러면 이렇게 해서 얻어진 집중력과 통찰력을 AI 시대에 잘 활용할 수 있게 됩니다.

그러니 AI 시대를 맞이해서 지금부터라도 수행해야 합니다. 이렇게 수행하면 한 만큼 당신의 공덕의 장에 선한 과보가 쌓이고, 선한 수행의 기제인 집중력과 통찰력이 향상되기 때문입니다. 바로 이것이 인간으로서 할 수 있는 최상의 행위이며, 존재로서 얻을 수 있는 최상의 축복입니다. 그러니 지금 순간부터라도 수행해야 합니다. 그것은 자신을 위한 길입니다. 그러니 자신을 위해 마음을 내서 수행에 투자해야 합니다. 이처럼 집중력과 통찰력을 갖는 것이 AI 시대를 대비하는 최상의 길이며, 깨달음을 통해 세상을 밝게 밝히는 깨달음의 길입니다.

○ 시간 속에 있지 않은 열반

다가오는 AI 시대를 비롯한 정신의 세계에서는 현재에 안주해 있지 않습니다. 특히 깨달음을 통해 얻게 되는 열반에서는 과거·현재·미래를 따로 규정하지 않으며, 과거·현재·미래를 초월합니다. 그래서 여기서는 시공간의 구별이 없습니다. 이렇게 열반은 시간 속에 있지 않습니다. 이것은 슬기로운 사람이라면 누구라도 알 수 있습니다. 이렇게 시간 속에 있지 않은 무차원의 세계까지 넘나드는 무한한 상상력의 시대가 AI 시대입니다.

'앙굿따라니까야'의 '열반의 경'을 보면, 살라국 바라문 마을 마나싸까따에서 붓다는 바라문 자눗쏘니에게 '열반'에 대한 이야기를 합니다(A. I. 158). 여기를 보면, 열반은 인간의 삶을 윤택하게 하며, 누구에게라도 권할 만한 것입니다.

그리고 수행을 통한 깨달음의 궁극적인 목적인 열반은 시간 속에 있지 않으며, 시간을 초월합니다. 그리고 이런 내용은 슬기로운 수행자라면 누구나 알 수 있습니다. 이런 열반에는 유여열반과 무여열반이 있습니다. 유여열반은 수행을 통해 탐·진·치를 제거하고 깨달음을 증득하였으나, 현생에서 해야 할 과보가 아직 남아 있는 것을 말합니다. 이렇게 현생에서 처리해야 할 과보가 아직 남아 있다면 해탈·열반에 들었어도 바로 무여열반에 들지 않고 과보가 해소될 때까지 존재로의 삶을 유지합니다.

그래서 깨달은 자도 살면서 어려움은 있을 수 있습니다. 그러나 이로 인한 괴로움은 발생하지 않습니다. 그리고 깨달은 자가 하는 행은 지혜의 행입니다. 그래서 더는 업의 발생이 없으며, 다만 남아 있던 과보가 해소되면 무여열반에 들어서 더는 해야 할 일도 없으며, 윤회함도 없는 불생불멸인 불사의 경지를 증득하게 됩니다. 그래서 열반에서는 죽음도 태어남도 없게 되며, 시간의 속박에서도 벗어나게 됩니다. 이렇게 깨달음인 열반은 시간 속에 있지 않습니다. 이를 살펴보면 다음과 같습니다.

먼저, 열반을 증득하게 되면 삼명을 얻게 됩니다. 여기서 삼명은 숙명명, 천안명, 누진명을 말합니다. 그래서 깨달은 자는 숙명명으로 과거인 전생에도 갈 수 있으며, 천안명으로 미래인 후생에도 갈 수 있습니다. 그래서 이를 통해 깨달은 자는 시공간에 갇히지 않고 자유자재하게 됩니다. 따라서 열반은 시공간에 묶여 있지 않습니다. 그리고 이는 현재에서 현재를 뛰어넘게 되며, 과거·현재·미래를 뛰어넘게 됩니다. 그래서 열반은 시간에서 벗어나 차원이 없는 무차원의 세계입니다. 그리고 이런 세계까지 넘나드는 무한한 상상력의 시대가 AI 시대입니다. 이렇게 열반은 더는 시간 속에 있지 않으며, 시간을 초월하게 됩니다.

두 번째로, 우주는 공으로부터 생성되었으며 이 상태가 유지되고 소멸하는 과정을 거쳐서 다시 공의 상태를 향해 나아가고 있습니다. 이를 통해 세계는 열반으로 들어가게 됩니다. 따라서 우주의 태초에는 시공간의 개념이 애초에 있지도 않았으며 그래서 딱히 과거·현재·미래라고 할 만한 것도 없었습니다. 이렇게 하나의 시공간으로부터 출발한 세계이므로 이를 통해 시간 속에 있지 않은 깨달음인 열반을 향해 나아가게 됩니다.

이렇게 세상은 열반을 향해 점차 나아가고 있습니다. 그래서 이렇게 열반을 향해 점차 나아가고 있는 시대가 상상력의 시대이며, 정신적인 영역을 확대해나가는 시대인 AI 시대입니다. 이를 위해서 인간의 마음에 집중력과 통찰력을 키우고, 정신적인 수승함을 키우는 수행을 해야 합니다. 이것이 진정으로 AI 시대를 대비하는 길이며, 괴로움이 소멸하는 수행의 길이고, 세상을 밝게 밝히는 깨달음의 길인 열반의 길입니다.

○ 깨달음의 길

눈·귀·코·혀·몸·정신이 외부에서 마음으로 들어온 대상인 색·성·향·미·촉·법과 화합할 때 대상을 알게 됩니다. 이때 대상에 주의하면 여기에 촉발이 일어납니다. 이때 선한 의도에 의해 선한 촉발이 일어나면 그때서야 수행하게 됩니다. 이렇게 선한 마음을 내고, 가르침을 배우며 익히고, 수행하면서 깨달음의 길로 나아가게 됩니다.

이처럼 마음에서 일어나는 깨달음의 길은 선한 의도로부터 시작됩니다. 그래서 수행을 통해 괴로움에서 벗어나려는 선한 의도를 일으키지 않으면 깨달음의 길로 다가서지 못합니다. 따라서 마음을 일으킬 때 선한 의도를 내서 마음을 집중 쪽으로 유도하면 이를 통해 마음의 고요를 얻을 수 있습니다. 이것이 집중 수행입니다.

그리고 마음을 일으킬 때 선한 의도를 내서 마음을 통찰 쪽으로 유도하면 이를 통한 깨달음으로 괴로움의 소멸을 얻게 됩니다. 이렇게 괴로움의 완전한 소멸을 위해서는 수행을 통해 깨달음의 길을 가야 합니다. 그리고 이것이 통찰 수행인 깨달음의 길입니다.

우리의 지난 생은 이미 지나간 과거입니다. 이제는 다가올 미래를 준비해야 합니다. 그래서 수행의 선근인 수행의 선한 종자를 마음에 심어놓아야 합니다. 이것이 미래의 자신을 위한 길입니다. 그래서 밭에 콩의 씨를 심어놓으면 콩이 나듯이 마음에 깨달음을 위한 선한 씨앗을 심어놓으면 행복의 열매가 열립니다. 그래서 이번 생에서는 수행의 선한 씨앗을 심기만 해도 다행입니다. 그리고 수행으로 쌓아놓은 공덕의 밭에 심어놓은 선한 씨앗에 물을 주고, 따뜻한 온기를 줘서 잘 자라게 해야 합니다.

그러나 선근의 씨앗을 심지 않았다면 여기에 아무리 물을 주거나, 따뜻한 온기를 주어도 소용이 없습니다. 또한 선근의 씨앗을 심었어도 심은 후에 여기에 물과 온기를 주지 않으면 이것도 소용이 없습니다. 여기서 씨앗은 수행하고자 하는 선한 마음인 불성이며, 온기는 붓다의 가르침이고, 물은 깨달음의 길을 내려주는 수행입니다. 이렇게 수행의 선한 마음을 드러내고, 가르침을 배우고 익히며 수행하는 삼박자가 잘 맞아야 깨달음의 열매가 잘 열리게 됩니다. 이것이 깨달음의 길입니다. 이를 표로 나타내면 다음과 같습니다.

[표 IV-7] 깨달음의 길

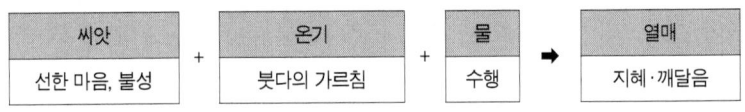

지금까지 이 책을 읽으신 여러분들은 인간 삶의 괴로움에서 벗어나고자 하는 붓다의 가르침을 이해하셨을 것입니다. 그리고 수행을 위한 선한 마음인 불성도 갖고 있습니다. 그러니 이제는 수행해야 합니다. 지금까지 이렇게 마음의 괴로움을 소멸하기 위해 많은 공을 들였으니, 이제는 열매를 맺을 시간입니다. 그러면 선근을 심어놓은 마음에서 지혜가 서서히 열릴 것입니다. 그래서 여러분이 공을 들인 만큼의 결실이 따라올 것입니다. 이런 결실이 대행복의 열매입니다. 그러니 이번 생에서는 수행의 씨앗인 대행복의 씨앗을 잘 심어서, 잘 키워야 합니다. 이것이 바로 나 자신을 위한 길이며, 나의 미래 생을 위한 길이고, 깨달음의 길이며, 세상을 밝게 밝히는 길입니다. 이것이 붓다가 들려주는 '깨달음은 세상을 밝히는 것'입니다. 지금까지 본서를 통해 살펴보고, 알아본

'돌고 도는 인생', '달려가는 인생', '쉬어가는 인생' 및 '멈춰서 보는 인생'이 붓다가 들려주는 참다운 인생길이며, 대행복의 수행길입니다. 그러니 이 길을 잘 가야 합니다.

나가는 말

수행은 인간만의 특권

　인간은 '달려가는 인생'을 살면서 앞만 보고 달려가고 있습니다. 옆을 돌아다볼 시간도 없고, 돌아볼 엄두를 내지도 못합니다. 그리고 자신이 가는 길이 어디로 가는 길인지도 모른 채, 남들이 달려가고 있으니 자신도 죽을힘을 다해 달려만 갑니다. 그런데 그들은 자기들이 이렇게 바쁘게 달려가는 것은 행복해지기 위해서라고 말합니다. 그러나 욕계에 사는 인간이 하는 행은 감각적 욕망의 행이며, 이런 감각적 욕망의 행은 단속하지 않으면 괴로움을 낳는 방향으로 움직입니다. 그래서 인간이 감각적 욕망을 채우기 위해 삿된 길로 달려가면 갈수록 그에게 다가오는 괴로움은 더욱 커집니다. 왜냐하면 감각적 욕망은 채워짐이 없으며, 만족을 모르기 때문입니다. 이렇게 인간의 마음을 선한 쪽으로 단속하지 않고 가만히 놓아둔다면 인간은 불선한 방향으로 '달려가는 인생'을 살게 됩니다.

　또한 인간은 '돌고 도는 인생'을 살면서 갈애와 집착에 휩싸여 살고 있습니다. 그런데 이런 갈애와 집착은 인간에게 업을 생성합니다. 그래서 자신이 쌓아놓은 이런 업에 의해 존재로의 삶은 윤회하게 됩니다. 그래서 윤회의 원인은 갈애와 집착으로 인해 발생한 업입니다. 그리고 이렇게 해서 쌓인 업이 불선한 업이라면 이로 인해 인간은 괴로움 속에서 존재의 삶을 살게 됩니다. 이것은 욕계에 윤회하는 존재로 태어난 인간의 운명입니다. 그래서 이렇게 갈애와 무명에 집착하는 한 인간은 괴로움 속에서 '돌고 도는 인생'의 삶을 살게 됩니다.

그래서 인간은 '쉬어가는 인생'과 '멈춰서 보는 인생'을 통해 행복해지려는 마음을 가져야 합니다. 그러면 이것을 원인으로 행복한 마음이 일어나게 됩니다. 그러나 아무리 많은 것을 갖고 있어도 그것에서 행복을 느끼지 못한다면 그것은 아무 소용이 없습니다. 오히려 작은 것을 갖고 만족해하는 삶이 더욱 행복합니다. 이렇게 가진 것이 많다고 해서 행복한 것은 아니며 오히려 가진 것을 비울 때 그곳에 행복이 채워지게 됩니다. 그래서 행복해지려면 마음을 비워야 합니다. 따라서 앞만 보고 달려가지 말고, 달려가는 인생길에서 멈추어서 전·후·좌·우를 살펴보면서 행복해지기 위한 참다운 길이 무엇인지 알아보고, 이를 실천해야 합니다. 이것이 '쉬어가는 인생'이며, '멈춰서 보는 인생'입니다.

그래서 탐·진·치에 이끌리는 자동적 삶에서 벗어나, 선한 방향으로 마음이 움직이는 주체적 삶을 살아야 합니다. 이것이 마음의 주인이 되는 길입니다. 붓다는 이렇게 괴로움이 소멸하고 대행복을 얻게 되는 방법을 몸소 체험하고 터득해서 이를 계발합니다. 그리고 이를 괴로움 속에서 사는 중생들에게 전합니다. 그래서 붓다의 가르침인 수행을 통해 깨달음의 길을 가는 것은 인간이 할 수 있는 가장 고귀한 행이며, 가장 최상의 행입니다. 그리고 이런 수행은 삼계의 존재 중에서 인간만이 할 수 있는 인간의 특권입니다.

그래서 지옥 등의 사악처에 있는 존재들이나, 천계의 천신들도 수행을 통해 깨달음을 얻을 수 있는 인간을 부러워합니다. 그러니 이렇게 다른 존재들이 부러워하는 인간의 몸으로 태어났으므로 이제는 이런 특권을 활용해서 현생에서는 수행해야 합니다. 이에 대해 붓다는 이야기합니다. 복을 받으려면 복을 지어야 하며, 자신의 운명을 바꾸려면 수행해야 한다고 말합니다. 그래서 보시해야 하고, 계를 지켜야 하며, 선한 마음을 가져야 하고, 마음을 닦아야 하며, 마음을 고요히 해야 하고, 지혜를 얻는 수행을 해야 합니다. 그러면 이런 과정을 통해 자신에게 자연스럽게 복과 행복이 쌓이는 것을 경험하게 될 것입니다.

본서를 통해 붓다가 말씀하신 인생에 대해 다양한 이야기를 전했습니다. 이 중에 가장 중요한 것은 대부분의 존재는 이번 생만으로 존재의 여정이 끝나지 않는다는 것입니다. 그래서 지금까지 존재의 삶이 이어져왔듯이 앞으로도 얼마나 많은 존재의 삶이 펼쳐질지는 모릅니다. 그러니 이제는 미래 생을 위해 대비해야 합니다. 그리고 미래를 미리 대비하는 선한 행의 길을 가야 합니다. 그러면 이런 길이 현생을 행복하게 하고, 미래 생을 행복으로 이끌게 됩니다. 그래서 수행해야 하며, 이를 통해 선한 길인 깨달음의 길을 가야 한다는 것입니다.

이 글을 읽으신 분들은 이미 수행을 위한 선한 마음의 씨앗을 심었으며, 그리고 붓다의 가르침에 대해서도 알고 있습니다. 그러니 이제는 수행해야 합니다. 그러면 이런 수행의 공덕이 다른 누구에게 돌아가는 것도 아니고, 오롯이 수행한 사람에게 공덕으로 돌아갑니다. 그리고 이를 통해 그에게는 대행복의 길이 열리게 됩니다. 이것이 붓다가 설한 수행의 길이며, 대자유의 길이고, 대행복의 길입니다. 그러니 이를 통해 대행복의 길로 나아가야 합니다. 이것이 바로 '붓다가 들려주는 행복 여행'이며, '쉬어가는 인생 이야기'입니다.

약어

- A: Aṅguttara-Nikāya, PTS. 앙굿따라니까야.
- Abh: Abhidhammatthasaṅgaha, PTS. 아비담마타상가하.
- D: Dīgha-Nikāya, PTS. 디가니까야.
- M: Majjhima-Nikāya, PTS. 맛지마니까야.
- Mrp: Aṅguttara-Nikāya Aṭṭhakāthā, Manoratha pūraṇī, PTS. 앙굿따라니까야 주석서.
- Pps: Majjhima-Nikāya Aṭṭhakāthā, Papañcasūdanī, PTS. 맛지마니까야 주석서.
- S: Saṁyutta-Nikāya, PTS. 쌍윳따니까야.
- Smv: Dīgha-Nikāya Aṭṭhakāthā, Sumaṅgalavilāsinī, PTS. 디가니까야 주석서.
- Srp: Saṁyutta-Nikāya Aṭṭhakāthā, Sāratthappakāsinī, PTS. 쌍윳따니까야 주석서.
- Sn: Sutta Nipāta, PTS. 숫따니빠따.
- Dhp: Dhammapada, PTS. 담마빠다.
- DhpA: Dhammapada Aṭṭhakāthā, PTS. 담마빠다 주석서.

※ " "는 대화를 표시합니다. 그리고 ' '는 강조를 나타냅니다.

참고 문헌

○ C. A. F. Rhys Davids (Ed.)(1985), Visuddhi-Magga, London: PTS.
○ D. Anderson and H. Smith (Ed.)(1984), Sutta Nipāta, London: .
○ E. Hardy (Ed.)(1976), Aṅguttara-Nikāya vol. III, London: PTS.
○ E. Hardy (Ed.)(1958), Aṅguttara-Nikāya vol. IV, London: PTS.
○ F. L. Woodward (Ed.)(1977), Saṃyutta-Nikāya Aṭṭhakathā, London: PTS.
○ F. L. Woodward (Ed.)(1977), Saṃyutta-Nikāya Aṭṭhakathā, London: PTS.
○ F. L. Woodward (Ed.)(1977), Saṃyutta-Nikāya Aṭṭhakathā, London: PTS.
○ GA. Somaratne(2005), "CITTA, MANAS & VINNANA" DHAMMA-VINAYA, Sri Lanka: Sri LankaAssociation for Buddhist Studio.
○ Hammalawa Saddhatissa (Ed.)(1989), Abhadhammaṭṭhasaṅgaha, Oxford: PTS.
○ H. C. Norman(Ed.)(1970), Dhammapada Aṭṭhakathā, London: PTS,
○ M. Leon Feer (Ed.)(1975), Saṃyutta-Nikāya vol. III, London: PTS.
○ M. Leon Feer (Ed.)(1990), Saṃyutta-Nikāya vol. IV, London: PTS.
○ O. Von Hinuber & K. R. Norman(Ed.)(1995), Dhammapada, Oxford: PTS.
○ Paul Steinthal (Ed.)(1982), Udāna, London : PTS.
○ Robert Chalmers (Ed.)(1977), Majjhima-Nikāya vol. II, London: PTS.
○ Rupert Gethin(2011), "On Some Definition of Mindfulness" Contemporary Buddhism, An Interdisciplinary Journal Routledge.
○ T. W. Rhys Davids·William Stede(1972), The Pali Text Society's Pali-English dictionary, London: The pāli text society.
○ T. W. Rhys Davids (Ed.)(1975), Dīgha-Nikāya vol. I, London: PTS.
○ V. Trenckner (Ed.)(1979),Majjhima-Nikāya vol. I, London: PTS.
○ 대림 옮김(2012), 맛지마 니까야 제1권, 울산: 초기불전연구원.

- 대림 옮김(2012), 맛지마 니까야 제3권, 울산: 초기불전연구원.
- 대림·각묵 역주(2017), 아비담마 길라잡이 제1권, 울산: 초기불전연구원회.
- 대림·각묵 역주(2017), 아비담마 길라잡이 제2권, 울산: 초기불전연구원회.
- 전재성 역주(2013), 앙굿따라니까야 제1,2권, 서울: 한국빠알리성전협회.
- 전재성 역주(2007), 앙굿따라니까야 제4권, 서울: 한국빠알리성전협회.
- 전재성 역주(2007), 앙굿따라니까야 제5권, 서울: 한국빠알리성전협회.
- 전재성 역주(2008), 앙굿따라니까야 제11권, 서울: 한국빠알리성전협회.
- 전재성 역주(2011), 디가 니까야, 서울: 한국빠알리성전협회.
- 전재성 역주(2014), 쌍윳따니까야, 서울: 한국빠알리성전협회.
- 전재성 역주(2012), 법구경-담마파다, 서울: 한국빠알리성전협회.
- 전재성 역주(2012), 이띠붓따까-여시어경, 서울: 한국빠알리성전협회.
- 전재성 역주(2018), 청정도론-비쏫디막가, 서울: 한국빠알리성전협회.
- Buddhapāla(2006), Buddha 수행법, 경남: Sati school.
- 남일희(2016), 불교명상에서 의식의 역할에 대한 연구, 서울불교대학원대학교 석사학위논문.
- 남일희(2017), 의식의 확립과 소멸에 관한 상관관계 연구, 불교상담학연구 제9호, 3-32, 서울: 한국불교 상담학회.
- 남일희(2018), 의식과 열반의 상관관계 연구, 문화와 융합 제40권 7호, 913-940, 서울: 한국문화융합학회.
- 남일희(2019), 마음작용에서 촉발의 역할에 대한 연구, 서울불교대학원대학교 박사학위논문.
- 남일희(2020), 명상수행에서 심의식의 동의분리성과 다원적 마음치유, 명상심리상담 제24권, 서울: 한국명상심리상담학회.
- 남일희(2020), 바라만 봐도 치유되는 마음, 서울: 북랩.
- 미산(2009), 변화무쌍한 마음을 어떻게 바로잡아야 하는가?, 마음, 어떻게 움직이는가, 37-91, 서울: 운주사.
- 백도수 역주(2009), 법의 분석 1, 서울: 해조음.
- 이필원(2014), 초기불교의 정서 이해, 불교와 사상의학의 만남, 85-106.서울: 올리브그린.

○ 임승택(2002), 선정(jhāna)의 문제에 관한 고찰, 불교학연구 제5호, 247-277, 서울: 불교학연구회.
○ 정준영(2009), 대념처경에서 나타나는 심념처에 대한 연구, 한국불교학 제53집, 203-250, 서울: 한국불교학회.
○ 정준영(2010), 위빠사나, 서울: 민족사.
○ 정준영(2019), 있는 그대로, 서울: 에디터.